甲山事件
えん罪のつくられ方

上野勝・山田悦子 編著

現代人文社

甲山事件
えん罪のつくられ方

現代人文社

まえがき

　1974（昭和49）年4月7日山田悦子（旧姓沢崎）さんの誤認逮捕で始まったえん罪甲山事件は、1999（平成11）年10月8日、第2次控訴審判決に対する検察官の上訴権放棄により、差戻審の無罪判決が確定した。第1次逮捕から実に25年6カ月が経過していた。1978（昭和53）年2月27日の第2次逮捕、その後の同年3月9日のS君殺害の起訴より21年7カ月の長期裁判であった。えん罪甲山事件は事件発生以来今日では34年、裁判確定以来9年経過しており、今更出版するには時がたちすぎると思われるので、出版の経過とその意義について説明したい。

　私の執筆分の第1部は、2000（平成12）年3月から2004（平成16）年3月にかけて、大阪弁護士会刑事弁護委員会編集発行の「刑弁情報」に、「甲山事件の審理経過について」とのタイトルで10回にわたり、私が投稿し掲載された担当事件報告記事を加筆したものである。また、山田悦子さん執筆分の第2部は、2004年8月から2007（平成19）年2月にかけて、「山田悦子さんの投稿について」と題する私の説明文付で「刑弁情報」に、「甲山事件裁判から日本の司法を考える」とのタイトルで6回にわたり投稿され、掲載されたのを加筆したものである。山田悦子さんは長年にわたる過酷なえん罪者体験を通じ、裁判と法の在り方を思考するという崇高な精神的営みを遂行され、投稿文にその果実を見ることができる。是非広く一般に読んで貰いたい内容となっている。

＊

　2009（平成21）年5月21日からスタートする裁判員裁判の意義を考えるにあたり、異例の長期裁判となった甲山事件を素材とすれば、イメージが具体化する

のではないか、と私と山田悦子さんは出版を決意した次第である。そこで上告審段階から弁護団に加入して下さった弁護士石松竹雄先生（元大阪高等裁判所判事）と甲山裁判の内容を良く知って下さっている弁護士渡辺修先生（甲南大学法科大学院長）にご協力をお願いして、私と山田さんとの4者で「裁判員裁判では、甲山事件はどうなるか」のテーマで座談会を開催し、第3部とした。ご協力下さった石松先生と渡辺先生に深く感謝の意を捧げる次第である。

　甲山事件の裁判で尋問した証人92人の内訳は、弁護人申請2名であるのに対し、検察官申請は90人である。甲山裁判と同じ証人数では裁判員裁判は長期化し、市民は裁判員として参加できないことになる。したがって、検察官申請証人の削減を検討しなければならない。

　そこで検討するに、検察官証人申請の大半は、甲山学園や甲山福祉センター関係者にはアリバイが存するのに、山田さんのみがアリバイがないという立証趣旨の証人であり、およそ立証不可能な立証趣旨であるのに採用されたものである。連日開廷の裁判員裁判で無実の者が処罰されるという事態の発生を防止するには、公判前整理手続で無意味な検察官立証を制限することが重要なこととなる。

　繊維鑑定についても同様のことが指摘できる。繊維鑑定の証人尋問に関して全日（午前10時から午後5時ころまで）開廷で19期日を要した。大量生産される染料や繊維の同一性や類似がたとえ立証されても「特定」に役立たないことは自明と言わなければならない。これも不要であった。さらに自白調書の任意性立証に全日12期日を要した。これも取調べの全過程を録画しておれば不要となる。裁判員裁判の実施にあたり、取調べの可視化が求められる由縁である。

　最後に、本書の出版にあたり、迷っていた私を励まされ、出版を決意するきっかけを作ってくださり、さらに、このような地味な書籍の出版を了承され、企画、構成、校正でお世話になった現代人文社・成澤壽信社長に厚く御礼を申し上げたい。

2008年5月

　　　　　　　　　　　　　　　　　　　　　　　　　　　　上野　勝

まえがき　ii

第1部　甲山事件から学ぶ......1
えん罪のつくられ方

上野勝

第1章　甲山事件とは

1　はじめに　2
2　S君事件発生時間帯の山田さんの行動　3
3　5本の電話　4
4　兵庫県警の見込捜査（職員犯人説）　5
5　神戸地検の誤った再捜査　7
6　本来の事件像　8
7　園児C女の供述と事件像　10
8　利用された検察審査会　12
9　再捜査で事件関係者の供述変更　13

第2章　神戸地裁の無罪判決

1　審理経過　15
　❶ 弁護側、公訴権濫用を理由に公訴棄却の申立て　15
　❷ 証拠調べ　16
2　第一次第一審判決の概要　18
　❶ 捜査段階での園児供述の経過に見られる特異性　18
　❷ 園児供述に内在する疑問点　18
　❸ 新供述の出方に関する検察官の主張について　18

　　　　　４　本件当夜の園児証人らの言動　*18*
　　　　　５　精神遅滞者の供述だからという理由を排除　*19*
　　　　　６　自白調書の信用性　*19*
　　　　　７　いわゆる繊維鑑定について　*21*
　　　　　８　荒木さん・多田さんの無罪判決　*22*

第３章　　神戸地検の控訴

　　　１　虚構のストーリーの控訴趣意書　*23*
　　　　　１　事件現場の密室性　*23*
　　　　　２　「被告人にアリバイがない」　*25*
　　　　　３　罪証隠滅工作　*27*
　　　　　４　弁護活動への非難　*27*
　　　　　５　特異な証拠構造論　*28*
　　　２　第一次控訴審の審理と判決　*30*

第４章　　差戻審の審理と判決

　　　１　差戻審に至るまで　*33*
　　　２　差戻審の審理経過　*34*
　　　３　差戻審判決の内容・その１ ── 破棄判決の拘束力　*36*
　　　４　差戻審判決の内容・その２
　　　　　　　── 園児供述の信用性判断についての総論的考察　*38*
　　　　　１　精神遅滞児の一般的能力・特性についての考え方　*38*
　　　　　２　年少児であることによる留意点　*38*
　　　　　３　園児証言における根本的疑問　*39*
　　　５　差戻審判決の内容・その３ ── 自白調書の信用性　*44*
　　　６　検察官のその余の主張に対する判断　*48*
　　　　　１　いわゆる繊維の相互付着について　*48*
　　　　　２　Ｓ君の胃の中にあったみかん片について　*49*
　　　　　３　被告人に関するアリバイの虚偽性等について　*49*
　　　７　完全無罪判決　*50*

第５章　　偽証事件差戻審判決

　　　１　偽証事件の捏造　*51*
　　　２　管理棟事務室内での出来事　*52*
　　　３　事実のスリ換え・その１ ── 時間の圧縮　*56*
　　　４　事実のスリ換え・その２ ── 若葉寮職員室　*58*

5　事実のスリ換え・その3──㈠電話と㈡電話の重なり　59
  6　荒木さんに対する無罪判決　60
  7　多田さんに対する無罪判決　62

第6章　第二次控訴審判決

  1　迅速な審理　63
  2　破棄判決の拘束力についての判断　67
  3　審理不尽の主張に対する判断　69
  4　事実誤認の主張に対する判断
　　　──山田さんの無実性を全面的に打ち出す内容　71
　❶　アリバイについて先行して判断　71
　❷　園児供述の信用性判断の方法　75
　❸　「園児らの供述の一致」は疑問　75
　❹　自白について　78
  5　荒木さん・多田さんに対する偽証事件判決　80
　❶　偽証事件の最大争点　80
　❷　「アリバイ工作」の主張について　82
　❸　荒木さんに対する検察官の取調べ方法について　83
  6　すべての甲山事件は終了した　85

第7章　甲山審理の経過と弁護活動

  1　全審理経過の概要　86
  2　第一次第一審の審理　88
  3　分離された偽証事件公判の審理　94
  4　第一次控訴審の審理　95
  5　上告審　99
  6　偽証事件第一次控訴審の審理　99
  7　差戻審の審理　100
  8　第二次控訴審の審理　105

第8章　甲山事件の教訓

  1　捜査の任務分担　107
　❶　取調べの3段階　107
　❷　捜査本部の山田さん犯人絞り込み過程　108
　❸　初動捜査で判明した事実　109
　❹　根拠なき見込捜査　110

❺ 無視された〈M子事件でのC女供述〉 *112*
　　❻ 本格捜査の誤り *114*
　2 誤った取調べ *116*
　　❶ 山田さんのアリバイ *116*
　　❷ 時刻の操作による虚偽自白の獲得 *117*
　3 客観的な第三者の立場から捜査を見る *120*
　4 警察の見込捜査をコントロールできなかった検察 *120*
　5 甲山事件と検察官控訴 *122*
　　❶ 検察官控訴は異例の長期裁判の原因 *122*
　　❷ 憲法39条と検察官控訴 *124*
　6 甲山事件における証拠開示問題 *131*
　　❶ 手持証拠を開示しない検察 *131*
　　❷ 甲山事件における全面的証拠開示の必要性の一例（お礼電話） *131*
　　❸ 全面的証拠開示制度と弁護活動 *132*
　　❹ 全面的証拠開示は審理促進のために必要である *134*
　　❺ 検察官手持証拠の全面的開示を迫る弁護活動 *134*
　7 迅速な裁判を受ける権利の実現 *136*

第2部　甲山事件から学ぶ……2
日本の刑事裁判のかたち

山田悦子

第1章　甲山学園と子どもたち
　1 就職 *140*
　2 学園での第一歩 *141*
　3 甲山学園とは *142*
　4 子どもたちの世界 *144*

第2章　事件発生から逮捕まで
　1 抑えることのできない怒り *146*
　2 職員による殺人事件と断定した警察 *147*

　　　　3　C子さんの隠された告白　*148*
　　　　4　晴天の霹靂の逮捕　*149*
　　　　5　地下留置場へ　*150*
　　　　6　刑事たちの罵詈雑言　*151*
　　　　7　迫るアリバイ証明　*152*
　　　　8　与えられたヒント　*153*
　　　　9　仕組まれた〈父との面会〉　*156*
　　　　10　自白　*157*
　　　　11　自殺未遂、そして再び取調べの朝　*160*
　　　　12　刑事から聞いた〈お母さんの血〉　*160*
　　　　13　弁護士の話で〈取調べの眠り〉から覚めた　*163*

第3章　　国家賠償訴訟の提起
　　　　1　苦い体験から学んだ黙秘権の尊さ　*165*
　　　　2　国家賠償の提訴　*166*
　　　　3　不起訴の検事正談話、そして検察審査会　*169*
　　　　4　再逮捕の理由発見　*170*

第4章　　再逮捕、そして保釈
　　　　1　拘置所へ　*172*
　　　　2　逢坂検事の取調べ　*173*
　　　　3　保釈　*190*
　　　　4　山のような新聞記事　*192*
　　　　5　目撃証人とされた園児との出会い　*193*
　　　　6　弁護士との打合せ　*194*
　　　　7　支援運動の質　*195*

第5章　　司法制度改革に期待したこと
　　　　1　法の目的が刑罰権強化におかれた司法制度改革　*197*
　　　　2　えん罪の温床〈代用監獄〉を放置した司法制度改革　*199*
　　　　3　元警察官からの手紙　*201*
　　　　4　検察官が体現する国家意思とは　*203*
　　　　5　裁判員制度で日本の刑事司法はよくなるか　*205*

第6章　法、人間、そして国家

1　呼び起こされた法に対する関心　*208*
2　「知的障害者」の目撃証言をどう捉えるか　*209*
3　「知的障害者」の証言に対する弁護団の方針　*211*
4　イェーリング『権利のための闘争』との出会い　*212*
5　侵略という蛮行に責任を取らない日本　*213*
6　絶望的司法はどこから生まれたのか　*215*

第3部　座談会
裁判員裁判では、甲山事件はどうなるか

渡辺修・石松竹雄・山田悦子・上野勝

1　甲山事件を公判前整理手続に付する　*220*
❶ 捜査復命書の問題　*220*
❷ 捜査復命書の開示　*222*
❸ 鑑定書の問題　*222*
❹ 公判前整理手続に必要な期間　*223*
❺ 証拠を開示させるための戦略　*225*
❻ 捜査弁護と公判前整理手続　*225*
❼ 園児供述の鑑定証人　*227*
❽ 証拠採用は変化するか　*228*
❾ 園児供述の信用性　*229*

2　裁判員裁判での証拠調べのあり方　*230*
❶ 裁判員裁判と専門家証人　*230*
❷ 供述証拠の全部証拠申請　*231*
❸ 弾劾証拠の申請の仕方　*232*
❹ 有罪証拠だけの提示になるか　*233*

❺ 2段階の争点整理手続　*234*
　　❻ 園児証言弾劾の特殊性　*236*
　　❼ 警察の捜査は変化しているか　*236*
　　❽ 公判前整理手続で繊維鑑定はどうなるか　*238*
　　❾ 裁判員にとってのわかりやすさ　*241*

　3　任意性の立証　*242*
　　❶ 任意性立証の時期・方法　*242*
　　❷ 任意性とは何か　*243*
　　❸ 任意性がないという立証をいかにするか　*247*
　　❹ 日本の身体拘束状況の異常性　*249*
　　❺ 日本的取調べ　*253*
　　❻ 取調べ可視化の必要性　*255*

　4　アリバイの問題　*257*
　　❶ 検察官によるアリバイ不存在の主張　*257*
　　❷ 裁判員裁判でアリバイ問題はどうなるか　*259*

　5　公判前整理手続でえん罪を防げるか　*263*
　　❶ 公判前整理手続は心証の先取りか　*263*
　　❷ 公判前整理手続のとらえ方　*264*
　　❸ 裁判員制度はどのように運用されるか　*265*

　6　裁判員裁判で甲山事件は無罪になるのか　*267*

甲山事件仮名一覧　*270*
甲山事件の経過一覧　*272*

あとがき　*274*

第1部

甲山事件から学ぶ……1

えん罪のつくられ方

上野 勝

第1章
甲山事件とは

1 はじめに

　1974（昭和49）年3月17日、兵庫県西宮市の甲山の山麓にある知的障害児（なお、判決書の引用やその解説では、精神遅滞児の表現はそのままとした）の養護施設である「甲山学園」において一人の女子園児、M子ちゃんが行方不明になり、2日後の19日には男子園児、S君（いずれも12歳）が行方不明となった。捜索の結果その夜遅く、二人とも園内のトイレ浄化槽から水死体で発見された。

　そして、4月7日、当時同施設の保母をしていた山田悦子さん（22歳）がS君殺害の容疑で逮捕された（第一次逮捕）。この第一次逮捕時（第一次捜査）、山田さんは警察の巧妙な「事実のスリ換え」によって「虚偽自白」を余儀なくされた。弁護活動の成果もあって一度は嫌疑不十分で不起訴処分となったが、山田さんと第一次逮捕時に警察官に抵抗して暴行を受けた学園職員2名の、計3名が起こした国家賠償請求訴訟（国賠訴訟）の途中で、1978（昭和53）年2月に、山田さんは再びS君殺害の容疑で逮捕された（第二次逮捕）。そして、S君殺害で起訴された。

　また、第二次逮捕時（第二次捜査）には、国賠訴訟で山田さんの無実を証言した甲山学園園長・荒木潔さんと同学園職員・多田いう子さんが偽証したとして逮捕され、起訴された。

　甲山事件の裁判は、一審で無罪であったが、検察官が控訴した控訴審（第一次控訴審）で一審無罪が破棄差し戻された。差戻第一審でも無罪判決、続く差

戻控訴審（第二次控訴審）でも無罪判決がそれぞれ言い渡された。1999（平成11）年10月8日、検察官が差戻控訴審判決に対する上訴権放棄の手続をとることにより、ようやく終結を見た。1974（昭和49）年4月7日の逮捕以来25年6カ月余、1978（昭和53）年4月9日の起訴以来21年6カ月余の長期間にわたった刑事事件は終了した。

このように異例の長期裁判になったのであるから、甲山事件は難事件であるかのごとく思われるが、決してそうではない。山田さんが犯人ではないという点に関しては、きわめて明白な事件であった。後で詳しく述べるように、警察が事件像を見誤り、山田さんが犯人であるとの見込捜査を行い、訴訟追行する検察官が全面的証拠開示に応じず、無理な主張・立証を行い、第一次控訴審が誤判をしたことにより長期裁判になってしまったのである。

なお、山田さん、荒木さんおよび多田さんを除く事件関係者は仮名とした。巻末に「甲山事件仮名一覧」を掲載したので、参照いただきたい。

2　S君事件発生時間帯の山田さんの行動

甲山学園（別紙図面〔本書9頁〕参照）は社会福祉法人が経営する知的障害児の養護施設であり、原則として18歳未満の重度（IQ35以下）、中軽度（IQ75以下）の知的障害児を収容していた。重度棟を「若葉寮」、中・軽度棟を「青葉寮」と呼んでいた。事件当時青葉寮には男子31名、女子16名の園児が収容されており、最高年齢者は24歳であった。山田さんは短大卒業後の1972年春、甲山学園に就職し、青葉寮に勤務していた。

1974（昭和49）年3月19日、青葉寮園児S君（12歳）の行方不明に当直職員（男女）2名が気付き青葉寮内を探し始めた時刻は午後8時2、3分ころである。S君の存在が確認されている時刻は午後7時である。したがって、事件発生時間帯は午後7時から午後8時ころの1時間である。

ところが、山田さんは事件発生時間帯の午後7時から午後8時までの行動が明確であり、犯行の余地はないのである。それは以下のとおりである。

3月17日山田さんとNさんが当直であった。3月17日午後5時の夕食時に青葉寮園児M子ちゃん（12歳）の行方不明に山田さんが気付き、以来警察にも通

報し、学園あげての捜索活動をしていた。S君事件発生の3月17日山田さんは学園外にM子の捜索活動に出かけ、午後7時30分ころNさんの運転する車で学園に戻り、午後8時15分ころまで、山田さん、Nさん、荒木園長、若葉寮指導員多田いう子さんの4名は学園管理棟事務室に在室していた。

3 5本の電話

　S君事件の発生時間帯の山田さんの行動は、園長、Nさん、多田さんの3人と一緒である。しかも午後7時40分から午後8時15分までの間、管理棟事務室では以下のとおり5回、外部との電話のやりとりがある。山田さんの行動を詳しくみていこう。

　①　午後7時40分ころ青葉寮園児の父から園児への電話（㋑電話）があり、Nさんがそれを青葉寮へ取り次いだ。

　②　M子の捜索活動を園長に報告しているなかで、ラジオ放送による捜索の話が出た。山田さんは、お花の教室にラジオ大阪の部長の妻も来ているので、その人にたのめば放送してもらえるかもしれないと3人に話したところ、そうしようということになった。お花の先生の電話番号がわからなかったので、電話帳で調べて番号を学園の休暇届用紙の裏にメモし、お花の先生に電話して事情を説明し（㋺電話）、ラジオ大阪の部長の電話番号を同用紙の裏にメモした。

　③　ラジオ大阪の部長宅へ電話（㋩電話）し、その妻に事情を説明したところ、「それなら主人と代わります」と言われたので、詳しい説明をNさんにしてもらうため、Nさんと電話を代わった。Nさんが行方不明の状況や捜索活動の状況・神戸の放送局で放送してもらっていること、M子の特徴等を説明したところ、部長は「自分から局へ電話をして依頼してみるから、5分後にラジオ大阪に電話するように」と言われた。

　④　5分後にNさんがラジオ大阪に電話（㋥電話）し、部長に話したのと同じ内容を再度説明したところ、ラジオ大阪職員は、「警察に行方不明を確認したのち放送する」との返答であった。

　⑤　M子捜索用のビラに貼るM子の写真が不足していたので、Nさんは写真の趣味がある神戸のボランティアグループ「お誕生日ありがとう運動本部」の人の事

務所に焼き増しを依頼するため電話をしていたが、不在であったので、電話をしてくれるように伝言していた。そのボランティアから電話（㊅電話）があり、園長が電話をとり、Nさんに電話を代わった。Nさんがボランティアの人に用件を伝えたが、ボランティアは園児の写真をたくさん撮っているが、どの子がM子かわからないと言うので、神戸に帰宅しようと思っていた園長がボランティア事務所のある三宮までM子の写真を届けることになった。時計を持っていなかったNさんは園長に時間を尋ね、園長の時計で午後8時15分であることを確認し、Nさんは車なら30分で行けると判断し、午後8時45分の待ち合わせを決め、ボランティアの人は三宮新聞会館前を待ち合わせ場所に指定した。この電話のあと園長は事務室の隣りの部屋で着換えたのち、M子の写真を持って自分の車で三宮へ向けて出発した。

　この5本の電話と合わせて午後7時30分以降、山田さんは自分が買って来た果物やお菓子を、園長は自分が買って来たおはぎをそれぞれ出し、互いにM子捜索活動の報告をし、相談し合い、お湯をわかしてお茶を飲み、話をしている。午後7時30分ころから午後8時15分ころまでの山田さんを含む4人の事務室での行動は、実に豊富なのである。山田さんに犯行の余地がないのは明らかである。前述したとおり、ボランティアへの電話の終了後、山田さんはお花の先生に2回目の電話、すなわちお礼の電話をしている。

　この5本の電話は捜査側にとって山田さんを犯人とするためにたいへん不都合なものであった。捜査側がとった「事実のスリ換え」に関しては、第5章で詳しく述べる。

4　兵庫県警の見込捜査（職員犯人説）

　このようにS君事件について山田さんに犯行の余地はないにもかかわらず、1974（昭和49）年4月7日、兵庫県警はS君殺害容疑で山田さんを逮捕した。それは、本件の事件像を見誤り、合理的な捜査を行わず、ズサンな見込捜査を行ったからにほかならない。

　兵庫県警は当初から職員犯人説に立って捜査を行い、早い段階から職員の中では山田さんに犯人を絞っていた。その根拠となったのは、3月19日夜のM子の死体発見を知ったことにショックを受けた山田さんの状況と、3月22日のM子の

学園葬時の山田さんの悲しみのあまりの行動を、それぞれ、錯乱状態で異常であり、S君殺害の犯人だからそのような行動をとったと短絡的に考えたからである。兵庫県警西宮警察署の山崎清麿警視は、公判で犯人としての「後発現像」と見たと証言している。しかし、典型的な非合理的見込捜査と言わなければならない。精神的に強い衝撃を受けたときの反応は人それぞれに異なる。山田さんの場合は以下のとおりであった。

　M子行方不明は山田さんが当直として勤務していたとき発生したので、当直者として責任を感じており、感受性の強い山田さんにとってM子の死体発見を聞いたときはそれまでの人生で経験したことのない強いショックを受けたのである。また、M子の葬式は、M子の世話を自分が十分にしていなかったためにM子が死んでしまったとの思いや自分の責任を改めて印象づけるもので、山田さんはいたたまれない気持ちに追い込まれたのである。しかし、職員犯行説（山田さん犯人説）に固執する警察から見れば、殺人犯としての異常行動としか思えなかったのである。

　本件の事件像を合理的に分析すれば、職員犯行説に行きつくはずはない。まず、
　①　M子・S君の死体が発見された青葉寮裏の浄化槽であるが、マンホールが2カ所ある。東北のマンホールには水中ポンプがあり、底は浅く、汚水もない。南西の隅にあるマンホールから死体が発見されたが、鉄蓋を開けて見ただけでは汚水の深さはわからない。職員による殺人行為としては不確実な実行行為である。他方、3月20日の実況見分により、このマンホール内から鉄のボルト・爪切り・鍵等多数の物が発見されており、園児は17.5キログラムの鉄蓋を開けて物を投げ込んで遊んでいたと思われる。この鉄蓋を開けることのできる園児は何人も存在するが、捜査本部はそのことを無視してしまった。
　②　このマンホールは青葉寮デイルームからわずか4メートルの至近距離にある。S君が声をあげればデイルームにいる職員や園児に気付かれる状況にあり、デイルームの灯りで明るい状況にある。このような場所での職員による殺人実行行為はきわめて想定し難い。マンホールの内径はわずか43センチメートルであり、S君が抵抗すれば落とし込むことは難しい。
　③　捜査本部が山田さんの犯行時間帯（S君事件）と想定していた午後8時ころの青葉寮では、小学生等の年少園児の就寝時間であり、着換え、歯磨き、洗面、トイレ等の用事で年少園児と当直職員が廊下をウロウロしている時間帯である。そ

こに当直でない職員が入って行けば、園児から「○○先生」と声をかけられ、または職員に見られることになり、犯行はほとんど不可能と言ってよい。

④　職員には園児殺害についての動機が想定し難い。仮に、特定の園児について、殺害に及ぶほどの心理的相克があったとしても、甲山学園を退職してほかの施設で働くか、転職すれば心理的相克は解消する。現に福祉施設職員による収容者への殺人はこれまでに例がない。

⑤　したがって、本件は職員による犯行は想定し難い。むしろ、以上述べたところから、「殺人事件」と言うよりは、園児が関与してM子、S君をマンホールに転落させた「事故」と見るべきである。現に、3月17日のM子事件については、3年後に園児のC女がM子をマンホールに転落せしめたと捜査官に供述しているのである。職員に気付かれないところで園児同士の人間関係があり、その感情が原因で事故が発生した可能性がある。

　このようにM子・S君事件とも園児が関与した「事故」である事件像が想定されるにもかかわらず、捜査本部は園児を「関与者」としての捜査対象から除外してしまった。3月22日のM子の学園葬の山田さんの行動を見て「犯人として直観」してしまい、その直後から山田さんに的を絞った捜査を展開したのである。**3**で述べたような事実の裏付け捜査は山田さんの逮捕前にはほとんど行っていない。この裏付け捜査を本格的に行い、電話の相手方から事情聴取すれば、山田さんの無実は簡単に判明したのである。現に逮捕後に実施した捜査の結果、当時の主任検事は「被疑者が3月19日阪急電車神戸線西宮北口付近でのM子捜索活動後、甲山学園管理棟事務室へ午後7時30分頃、帰園してから、S君が行方不明になった時間帯の行動については、被疑者が各所へ電話連絡した経過が、参考人N、多田、荒木等の各供述で明らかにされており、被疑者の犯行とすると、ごく短時間の犯行と考えられ、その可能性については疑問が生じ、A（お花の先生）、B（ラジオ大阪の「重役」）の各供述は、信用度が高く被疑者に有利な証拠となりかねない」とアリバイ成立の可能性を検察審査会で述べているのである。

5　神戸地検の誤った再捜査

　山田さんは、4月28日処分保留のまま釈放された。主任検事の心証としては

無実に近いものであったと推測される。1975（昭和50）年9月23日、神戸地検は山田さんに対し、嫌疑不十分を理由とする不起訴処分をした。本来なら、捜査当局はこの不起訴処分を契機に、異った視点から甲山学園における園児連続死亡事件の真相解明に取り組まなければならなかったのである。しかしながら、兵庫県警は、不起訴処分のあとも山田さんが犯人であるとの視点で捜査を継続したのである。

それでは、異った視点からの真相解明とは具体的にはどのようなことを意味するのであろうか。それは本件の事件像からの真相解明である。

6　本来の事件像

本件の事件像とはどのようなものであろうか。事件発生現場から検討しなければならない。

1974（昭和49）年3月17日行方不明となったM子、3月19日行方不明となったS君は、二人とも学園青葉寮裏のコンクリート（東西3.22メートル、南北2.45メートル、高さ39センチメートルの四角形）で覆われた浄化槽の南北隅にあるマンホール内で、死体となって3月19日に発見された。このマンホールからは3月20日の警察の実況見分により、歯ブラシ3本、下着、くつ下、鉄のボルト、爪切り、「青葉ピアノ」と書かれた札がついた鍵、ブリキ製玩具等が発見されている。これらの物品は浄化槽の構造から見てトイレ等から流入したものではなく、青葉寮園児がマンホールの鉄蓋を開けて投げ込んだものとしか考えられない。しかもこの浄化槽は上から見ただけでは汚水の深さがわからず、ここに園児を落下させても確実に死亡させることができるという認識を持つことはできない。

学園内の実況見分では外部侵入の痕跡はまったく見当らず、職員や園児も外部侵入者を見ていない。学園は鉄製フェンスで囲まれており、正門は落し錠で施錠されており、外部からの侵入は困難であり、侵入すれば職員に発見されると考えられる。事件の発生原因は学園内部と考えざるをえない。そうすると学園職員か園児かということになる。

事件発生現場のマンホール内の状況から、本件は健常者としての成人（職員）による殺人事件ではなく、青葉寮園児が被害園児を浄化槽に何らかの形で転落

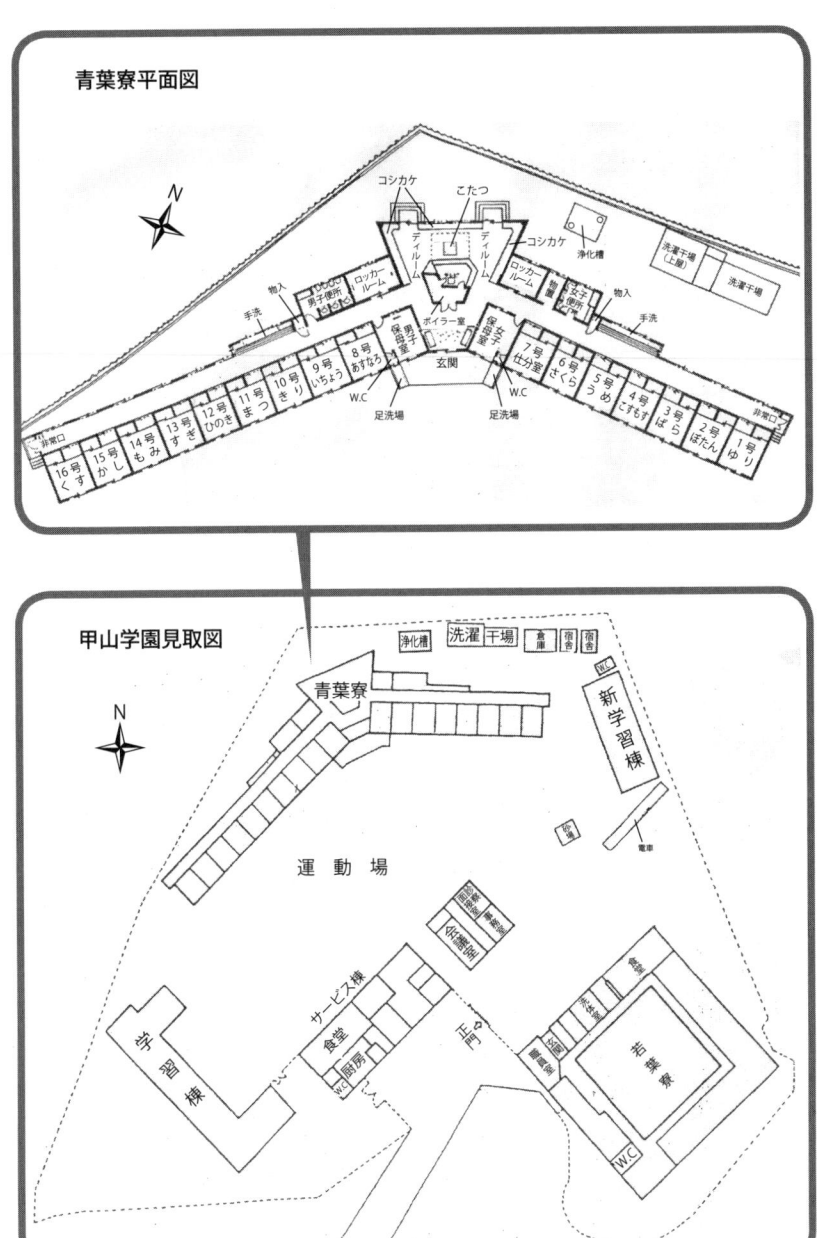

第1章 甲山事件とは 9

させたものであり、刑法で処罰される殺人事件ではないということが推測される。

　本件浄化槽は地面より約 40 センチメートル高くなっており、広さも約 2 坪弱と遊ぶのに適当な広さである。また、地面から一段高い舞台のようなものとなっており、地面から浄化槽へと上り降りしたり、浄化槽の上で遊んだりと、青葉寮園児にとっては格好の遊び場であったと思われる。そのような浄化槽で青葉寮園児は日常的に、マンホールの鉄蓋を開けて物品を投げ入れたりするなどして遊んでいたのである。甲山学園園児連続死亡事件は、そのような場所で発生した、園児が園児をマンホールに転落させた事件と推測されるが、加害者に刑事責任能力がないので「事故」と同視せざるをえないのである。3月17日と3月19日の両事件は基本的には同一の園児を加害者とする「事故」と推認することができる。

　甲山学園の設置者である社会福祉法人は、浄化槽のマンホールの鉄蓋を柵で囲んで施錠しておくか、鉄蓋を施錠しておかねばならなかった。それを、被収容者が簡単に開けることができる状態で放置していたのである。甲山学園における園児連続死亡事件の責任は、甲山学園の設置者である社会福祉法人にあると言わなければならない。

7　園児Ｃ女の供述と事件像

　ところで、山田さんの不起訴処分の約2年後である1977（昭和52）年7月、警察官による事情聴取で青葉寮園児のＣ女（当時16歳）が、Ｍ子事件の当日、Ｍ子、Ｓ君、その他青葉寮園児2名とＣ女の合計5人で青葉寮裏浄化槽の上で遊んでいるときにＭ子がマンホールに転落したとの事実を供述した。後にＣ女はマンホールの鉄蓋を開けてＭ子の手を引っ張って転落せしめたのは自分であると捜査官に供述するに至るのである。

　まさに、Ｃ女の供述は本件の事件像に合致する事実なのである。しかも、Ｃ女は捜査官には浄化槽の鉄蓋を閉めたとの供述をしていなかったが、期日外証人尋問において、Ｍ子が転落したあと浄化槽の鉄蓋を閉めたのも自分であると供述したのである。このＣ女の供述について、第二次控訴審判決は次のように指摘している。「Ｍ子転落事実に関するＣ女供述は、本件において重大な意味を持つものであるが、これは第一次捜査段階では全く現れず、第二次捜査段階で初めて供述さ

れたものである。このような重大な供述に直面した捜査官としてはその時点で、今一度捜査を原点に戻して事件を見直すべきであったのではないかとの念を禁じ得ない」。

このC女供述は第二次捜査段階で初めて供述されたものであるが、第一次捜査段階では得ることができなかった、とは言えないのである。

1974（昭和49）年5月18日、当時の捜査主任検事はC女の事情聴取にあたり、問答形式の供述調書を作成している。その中で、「問　M子ちゃんがいなくなった日は、物干場に行きましたか。答　私一人で行った」との調書を作成している。洗濯物干場は浄化槽のすぐ近くにある。主任検事はM子事件の日にM子の死体が発見された浄化槽の近くに行ったかと尋ねているのである。また、同月20日の調書では、S君がいなくなった3月19日夜、外に出たことはないかとの質問をしている。園児の供述調書の中で、このような質問を記載しているのはC女のこの調書のみである。C女のみがM子、S君の死亡日に死亡と関連する質問を受けているのである。当時の主任検事のもとに、M子とS君死亡についてC女が関与しているのではないかとの情報が寄せられていたものと考えられる。

したがって、第一次捜査の段階から、C女について、3月17日および3月19日の行動を真剣に捜査すれば、第二次捜査段階で得られたような供述がされている可能性がきわめて高かった。ところが、兵庫県警は本件の事件像を見誤り、甲山学園職員による殺人事件、ことに「山田さんが犯人」との誤った観念にこり固ってしまい、甲山学園青葉寮園児の関与の可能性を事件発生のきわめて当初から無視してしまったのである。

第二次控訴審判決が指摘するように、せめて、第二次捜査段階でM子転落に関するC女供述が得られた時点で、捜査を見直せば、甲山えん罪事件は防止できたのである。ちなみに、3月17日のM子マンホール転落についてのC女供述を得たのち、捜査官は、通常ならば3月19日のS君事件についてC女に質問すると思われるのに、S君事件についてC女に供述を求めた形跡は訴訟記録のうえでは存在しない。実に不自然なことである。

驚くべきことに、兵庫県警はC女に3月19日のS君事件関与を質問せず、3月17日のM子事件に関する山田さんの虚偽供述（3月17日夕食のときM子が来なかったので探しに行くとM子が浄化槽の上に立っており、M子と声をかけたらM子

がマンホールに転落した、との供述）を裏付けさせ、3月17日C女がM子を転落せしめた現場に山田さんがいたという供述をC女から引き出そうとしたのである。そのようなC女の供述調書が存在するが、C女は公判期日外尋問では、3月17日C女がM子を転落せしめたとき山田さんはいなかった旨証言した。C女供述のM子転落は午後3時のおやつの直後ころであるのに対し、山田さんの虚偽供述の3月17日M子転落は午後5時の少し前ころであり、時間帯が異なっている。したがって、3月17日M子転落についてのC女供述により、3月17日M子事件に関する山田さんの身体拘束中の供述の虚偽架空性が明白となったのである。

　ところで、兵庫県警は神戸地検の不起訴処分に直面しても、捜査の見直しをしなかった。逆に、神戸地検に不起訴処分の見直しをさせようとしたのである。そのために利用されたのが、検察審査会制度である。

8　利用された検察審査会

　神戸地検の不起訴処分に対し、S君の遺族（その代理人弁護士は元地検尼崎支部に勤務していた元検事である）は検察審査会への申立てを行い、検察審査会はこの問題を職権で審査することとした。そして、兵庫県警は捜査主任・高橋亨警部、山田さんから虚偽自白を得た西宮署刑事官・山崎清麿警視、虚偽自白のとき立会いしていた田中勇郎刑事、繊維鑑定の技官等の警察官を検察審査会に証人として出席させて審査員に警察の考える事件像をプレゼンテーションするとともに、警察協力者としての甲山学園職員3名と遺族を証人として審査会に出席させ、山田さんが犯人であると審査員説得にあたらせたのである。これに対し、山田さん本人や山田さんの支援者としての学園職員は誰一人として検察審査会に呼ばれなかった。

　その結果、検察審査会の議決書は以下の荒唐無稽な事件像を開陳することとなった。「以上の各資料に基づき審査会議16回、小委員会4回、証人調8人を実施し慎重審査した結果被疑者に対し、容疑十分と判断した。然し被疑者の単独犯行と断定するには躊躇し、他に共犯者が存在する疑いを強くしている。即ち本件は複数人の犯行で被疑者は主犯若しくは従犯で、共犯者に対する捜査不十分と思料し表記の通り議決した。付言　本件審査の対象外であるが当審査会は

被疑者と相勤者であった某の行動について重大な関心を持っている。即ち」として、10点相勤者が疑わしい点を挙げているが、いずれも立証されていないかまたは単なる思い込みでしかない事実、誤った事実等々である。この検察審査会の議決書にみられる誤った事件像は、それをプレゼンテーションした兵庫県警が持っていた事件像であり、ひいては再捜査後の検察庁が兵庫県警と共有した事件像でもある。

　1976（昭和51）年10月28日、検察審査会は不起訴不当の議決をした。それを受けた当時の別所汪太郎神戸地検検事正が逢坂貞夫検事を主任検事として、再捜査を指示したことにより、甲山えん罪事件は後戻りすることなく、誤った道へと突き進むこととなった。

9　再捜査で事件関係者の供述変更

　再捜査で兵庫県警と神戸地検が手を携えて行った捜査手法は、事件関係者の供述変更である。

　S君事件の発生は3月19日の午後7時から午後8時までの約1時間と考えられた。山田さんは午後7時30分過ぎに帰園し午後8時20分過ぎに青葉寮当直女子職員からS君行方不明を聞くまで学園管理棟事務室に青葉職員のN指導員、若葉寮職員の多田いう子指導員と在室しており、荒木潔園長が午後8時15分過ぎころ神戸三宮へと自分の車で出発するまで同園長も在室していた。その間、山田さんやNさんはM子行方不明の捜索活動の一環として各所へ架電したり、電話がかかってきたりしているが、その電話の相手方に対しても警察・検察は第一次捜査段階での供述変更を迫っている。もちろん、青葉寮・若葉寮の多数の職員らも供述変更をさせられている。

　その供述変更を青葉寮園児に適用した結果生まれたのが、第二次捜査での元園児による、いわゆる「目撃供述」（新供述）と言われるものである。神戸地検は前述のC女によるM子転落新供述を無視し、この元園児の誤った供述を根拠に、1978（昭和53）年2月27日、山田さんの再逮捕を強行したのである。さらに、第一次捜査の違法性を追及するために起こした国賠訴訟で山田さんのアリバイを証言した荒木元園長と多田指導員を、偽証罪で逮捕したのである。さらにその後、

国賠訴訟で証言した神戸国際会館の保安係職員すら、偽証罪で逮捕したが、これについては勾留請求が却下され、検察官の準抗告も棄却となった。

　神戸地検は山田さん、荒木さん、多田さんと弁護人の接見交通を一般的指定により妨害し、弁護人はほとんどすべての接見を準抗告を通じて実現するという異例の接見妨害を受けた。

　神戸地検は山田さんの勾留延長請求をしたが、裁判所は勾留延長請求を却下し、この却下決定に対する検察官の準抗告も棄却されたため、3月9日、S君殺害で起訴した。荒木さんと多田さんは勾留延長のうえ、3月19日、偽証罪で起訴された。弁護団は3月20日、山田さん、荒木さん、多田さんの保釈を申請したが、山田さんは却下され、荒木さんと多田さんは保釈が認められた。そこで山田さんについては弁護人、荒木さんと多田さんについては検察官が準抗告し、この3件の準抗告は神戸地裁第三刑事部（荒石利雄裁判長）に係属することとなった。第三刑事部は3月24日、山田さんについて弁護人の準抗告を認容し保釈保証金100万円で保釈を許可し、荒木さんと多田さんについて検察官の準抗告を棄却する決定をした。殺人事件について第1回公判前に保釈が認められたのは異例のことであり、検察庁の行った誤った再捜査と逮捕・勾留の濫用、違法な接見妨害について、裁判所が良識を示したと言ってよいであろう。ちなみに荒木さんと多田さんの保釈金は各々70万円であった。

第2章
神戸地裁の無罪判決

1 審理経過

❶ 弁護側、公訴権濫用を理由に公訴棄却の申立て

　甲山事件第一審の公判は神戸地裁第四刑事部（高橋通延裁判長）に係属することとなった。1978（昭和53）年6月5日の第1回公判において弁護団は起訴状に対する求釈明を行うとともに、3名の被告人について公訴権濫用を理由に公訴棄却の申立てを行った。山田さんに関しては第一次逮捕・第二次逮捕の違法捜査を前提とする起訴であり、荒木さん・多田さんに関しては、両名を偽証罪で起訴することにより山田さんの殺人事件の重要証人である両名の証人適格を奪い、山田さんの防御権行使を妨害するという違法目的をもって、民事事件である国賠訴訟で証言した両名を、国賠訴訟の被告である国の利益を代表する検察官が、あえて起訴したものであるというのがその理由である。
　裁判長は7月10日の第2回公判で「弁護人ら申立の公訴棄却の問題について実体的範囲に及ばない限度で先行して審理する」との決定を下し、検察官の異議申立を棄却した。そこで弁護人は実体的範囲に及ばない限度での各証拠調を請求した。ところが裁判所は何ら審理をすることのないまま8月15日付で「本件各公訴を棄却しない」との決定をした。9月4日の第3回公判では裁判所の姿勢の変更について弁護人が釈明を求め、異議申立を行った。更に検察官に手持証拠の全面的開示を求めた。
　10月2日の第4回公判は証拠開示と起訴状に対する求釈明、釈明、再求釈明等をめぐる弁論ののち、弁護団は全面的な証拠開示を求める申立書を提出し、

裁判所に全面的開示命令を求めた。11月6日の第5回公判では検察官の冒頭陳述と証拠請求が行われ、弁護団はこれらについて求釈明するとともに証拠開示について意見を述べた。第6回公判（12月4日）でも主に証拠開示をめぐるやりとりがなされ、第7回公判（1979年1月16日）で裁判長は証拠開示について開示を命ずる訴訟指揮を行わないとの判断を示し、弁護人はこれに異議申立てを行ったが棄却された。裁判長の訴訟指揮に弁護団は強い不満を持ったが、主張段階の手続に長期間を費やすのは不本意であるので、証拠調手続へと進むこととした。

❷ 証拠調べ

証拠調べは検証から始まることとなった。甲山学園、甲山福祉センターの各施設等の検証を3回行ったのち、3月19日のS君事件当日の青葉寮の当直職員（男・女）の証人尋問が行われ、その反対尋問の途中で検察官は元園児5名（被告人が青葉寮女子棟さくらの部屋にいたS君を呼び出し、連れ出す状況を立証趣旨とするもの。いずれも青葉寮元園児）の非公開での期日外尋問を先行するように請求した。

弁護団は元園児についても証人尋問の原則どおり法廷で証言を求めるべきであるとして、非公開の期日外尋問に反対したが、1978（昭和53）年12月4日、裁判所は神戸家庭裁判所尼崎支部審判廷で取り調べるとの決定をした。弁護団は最高裁に特別抗告したが、12月21日抗告は棄却された。弁護団が非公開での元園児証人の尋問に反対したのは、非公開での期日外尋問は捜査過程における取調べや証人テストにできるかぎり近い状況下で尋問をし、取調べや証人テストのときと同じ供述を引き出す点に検察官の狙いがあると考えたからである。

非公開の期日外尋問では、5人の元園児について裁判長が宣誓の意味を理解しているかを吟味するための質問をしたうえで、その理解ができない宣誓無能力者であるとして宣誓が免除されたうえで証言が求められた。5人のうち、最後の証人が前述のC女（事件当時16歳で3月17日にM子を浄化槽に転落させたとの1977〔昭和52〕年7月18日付警察官に対する供述調書等が存在する）である。1981（昭和56）年5月14日のC女への反対尋問で、弁護団は3月17日のM子転落状況に関して詳細に質問し、M子を浄化槽マンホール内に転落させた

のち、マンホールの蓋を閉めたのは自分であるとの証言を得た。このC女証言のあと、裁判所の心証が無罪方向へと転換していったように見受けられた。

　非公開の園児証言の後、S君事件発生日である3月19日の当直職員の証人尋問を再開し、その尋問を続け、1982（昭和57）年5月21日の第25回公判から繊維鑑定（山田さんとS君とが接触した際に付着したとする衣服の繊維）に関する証人尋問へと移行した。その途中である1983（昭和58）年4月26日の第37回公判から、裁判長が角谷三千夫判事と交替した。角谷裁判長はその訴訟指揮や発言内容から、本件訴訟記録を詳細に検討されていることが十分窺われた。

　1983（昭和58）年8月30日の第43回公判で長期・長時間にわたる繊維鑑定に関する証人尋問が終了し、以後園児に関する取調べ状況、捜査過程、被告人の取調べ状況等について検察官申請証人を取調べ（この時点までに取調べられた検察官申請証人30人）、最後に弁護人はただ1人のみ証人申請し採用された。その証人は青葉寮の男子職員で、当時の青葉寮での職員の勤務内容と園児の生活状況の証言であった。その後山田さんの被告人質問を実施し、1984（昭和59）年12月26日、今後の審理をめぐるやりとりがあった。

　検察官が今後取調べを請求するとしたのは、事前の三者協議では4人であると言明したにもかかわらず、公判期日で請求したのは①園児供述に関する鑑定書と証人、②公判の途中で立証を放棄した、S君の胃の内容物であるみかん関係（S君の死亡推定時間の立証）、③山田さんにはアリバイがないこと、の立証と称して証人数で実に23人という多さであった。検察官は将来の無罪判決を予測し、審理不尽を控訴理由とするために急きょ不必要な証拠調請求をしたことが明らかであった。裁判所は検察官の申請証拠を却下し、山田さんと荒木さん・多田さんの弁論分離を決定した。その後の公判期日において論告、弁論ののち、1985（昭和60）年10月17日、神戸地方裁判所は山田さんに無罪判決を言い渡した。起訴以来実に7年6カ月に及ぶ公判であった。角谷三千夫裁判長言渡しの無罪判決の概要は以下のとおりである。

2 第一次第一審判決の概要

❶ 捜査段階での園児供述の経過に見られる特異性

5名の園児証人について第一次捜査において多数回の事情聴取が行われ、多数の供述調書が作成されているのに、山田さんがS君を連れ出すのを見たという新供述は、D男、E男については、事件後約3年2カ月、C女、F男に至っては事件後約4年を経た時期に顕在化したものであり、かような供述の出方自体すこぶる特異なものと言うことができる。

❷ 園児供述に内在する疑問点

これらの新供述が、もし各園児の体験と記憶に沿った真実を述べているものであるとすれば、なぜもっと早い時期に供述が出ていなかったのかが第1の疑問点である。本件では、①供述の対象となっているのが3〜4年前の出来事である。②デイルームや廊下で保母である被告人と園児であるS君が一緒にいる情景は学園内の日常生活でしばしば見受けられる場面であるうえ、午後8時から2、3分という短時間のうちの動静にかかる状況であるから、③新供述にあらわれる目撃事実（少なくともD男の内容以外）記憶に残りにくい性格のものであり、④果して事件当夜の出来事として正確に認識されているのか、が第2の疑問である。

❸ 新供述の出方に関する検察官の主張について

検察官主張のような〔職員による〕口止め等の圧力が加えられていたとうかがわせる客観的な証拠はなく、ただ園児証人の何人かが漠然とした表現で口止めをされていたかのような証言・供述をしているのにとどまり、その時期や内容など具体的な事実はまったく明らかにされていない。口止めがあったなら第一次捜査でも各園児証人は3月19日夜の出来事について供述をしないはずなのに、3月19日夜の出来事についていろいろ供述しており、口止めがあったとは思われない。

❹ 本件当夜の園児証人らの言動

真実園児証人らが供述・証言した内容を目撃したのなら、午後8時過ぎになってS君の行方不明に気付いた青葉寮当直職員、その後捜索に同寮内に来た多数

の学園職員が、園児証人らに「Sを知らないか」と尋ねているのに、誰一人として供述・証言内容を職員に伝えていない。この段階ではS君の死亡もわからず、口止めもないのだから、職員に伝えなかったのは真実目撃していたとすれば、不可解である。

5 精神遅滞者の供述だからという理由を排除

本件では園児供述につき、それが精神遅滞者の供述であるという視点からの議論がいささか過剰であった。新供述と呼ばれているものの証拠価値を検討・判断するについては、精神遅滞者であるからといって特別な問題があるわけではない。知能程度が優れていようと劣っていようと、事件後間もないころ犯行との結びつきをうかがわせる供述をしていなかった者が、常識では考えられぬ程経過した時期になって、にわかに犯行を裏付けるような重要な供述をはじめた場合、格別の合理的事情がないかぎり、軽々しくこれを有罪認定の証拠とすべきではないという平凡かつ一般的な採証法則の適用で足りる場合での問題にすぎないのである。

角谷判決は右に引き続いて園児供述の個別的考察を行っているが、ここでは省略する。角谷判決は、要旨、M子を浄化槽のマンホールに転落させたとのC女の供述については、C女が自己に不利益で言いたくない自らの行動を述べているものであるうえ、体験したことがなければ言えないような生々しさをそなえており、一緒に遊んでいた園児の動きについても具体的な供述があること、事柄の性質上、C女の記憶に深く刻み込まれる類の印象的・衝撃的な出来事を述べていること等に徴し、その信用性は高いものと評価できる、としている。

6 自白調書の信用性

第一次捜査で「自白」調書が作成されているが、取調べのため相当の時間が注ぎこまれながら、自白調書の内容はきわめて断片的・概括的で、これを「自白」と言ってよいのかどうか、躊いを覚えるほどである。

取調べの状況に照らすと、被告人は一方において、本件当夜のボランティア電話（午後7時40分ころと取調官に教示された）以後の時間帯での行動につき克明な供述を要求され、他方被告人がS君を連れ出すのを目撃した園児がいるなど被告人に不利な証拠が揃っているうえ、父親や学園の関係者までが被告人を疑っ

ているかのように示唆され、次第に絶望的な心理状態に追い込まれた経過をうかがうことができる。このような経過に鑑みると、被告人の自白の信用性を判断するについては、きわめて慎重でなければならない。

　本件の場合、被告人は精神薄弱児施設の甲山学園に保母として勤務し、園児の介護にたずさわっていた者であり、被害者Ｓ君は学園に収容されている児童であるから、客観的な外形的事実を見るかぎり、被告人がＳ君を殺害する動機を推測させるような事情は見当らず、更に犯罪事実そのものがきわめて明白な事実でもない。したがって、本件では、首肯するに足る動機の証明が尽くされているか否かが有罪・無罪の判断に決定的影響を及ぼさずにはおかないと言うことができる。

　「3月17日被告人が当直の夕食時にＭ子が食堂にいないことに気付き、青葉寮うらに探しに行ったところ、Ｍ子が浄化槽の上で遊んでいて、Ｍ子と声をかけたところ、Ｍ子がよろけて姿が見えなくなって、走って行ったところ浄化槽の蓋が開いていて、マンホール内にＭ子が落ちたことが判ったが、これは大変なことになった自分の当直の時の責任になると考えて、つい蓋を閉めてしまった。自分の責任をカムフラージュするために、ほかの当直中の人の時に事故が起きたら自分が助かると思い、それで19日にＳ君をマンホールに入れて殺してしまった」との動機に関する（被告人の）供述に関して、第1に供述どおりとして、Ｍ子を助けようとせずにマンホールの蓋を閉めて見殺しにする行動に出ることが常識的に首肯できるか。証拠上被告人がＭ子をうとんでいた等の事情はまったく見当らない。相勤者の力を借りることも容易であった。また学園内には若葉寮職員や用務員もおり、これらの手助けを求めることも容易であった。あえてマンホールの蓋を閉める行動に出たとの供述はとうてい理解し難い。次に「自分が助かり」たいため、あるいは「私がＭ子を殺したと疑われはしないか」と懸念したため、別の園児の殺害を思い立ったというのも、論理の飛躍が甚だしく、不可解と言わなければならない。

　ところで、被告人の動機供述は、Ｍ子転落の現場を被告人が目撃していたという事実を前提としているが、この前提自体、Ｃ女供述を検討した部分で述べたとおり、これを裏付けるに足る証拠がなく、この点からみても、動機供述は信用性を欠く。

　犯行の前後の状況等に関する被告人の供述には、本件自白の顕著な特徴、すなわち、あいまいで断片的・概括的であること、著しく迫真性を欠き、真犯人で

なければ述べえないような事実の供述がなく、臨場感を伴わないものであること等の特徴が随所に散見される。

7 いわゆる繊維鑑定について

　本件における繊維鑑定は、事件当時の被告人の着衣（ダッフルコート）とS君の着衣（青色セーター）を構成する各繊維が相互に付着していた事実を明らかにし、これによって、被告人が検察官主張のような経過・方法で本件犯行に及んだことを裏付けようとするものである。

　しかしながら、本件繊維鑑定の結果は、被告人とS君の着衣の各繊維がいつどのようにして相互に付着したのかという点までも明らかにするものではないから、仮に相互付着の事実が立証されたとしても、付着の時期・原因・態様と本件犯行との関連性をうかがわせる事情が不明確であれば、情況証拠としての証明力に大きな限界のあることを否定できない。浦畑鑑定は、S君のセーターの繊維の染料と「非常に酷似する」とともに、S君の着衣に付着していた繊維片2本の染料が被告人のコートの繊維の染料と「非常に酷似する」、「類似する」旨判定している。

　ところで、右のような異同判定に際しては、分光曲線の解読にたずさわる者の主観が影響を与えることを否み難いとしても、ひとまずはその所見を尊重するのが相当であろう。

　しかしながら、本件では、試験片が非常に小さいこと、資料の破壊が許されないこと等の制約があって、化学分析等の手法を併用できなかったため、右の浦畑鑑定の結果を尊重するとしても、色相ないし繊維質の点での相似性が高いことを肯認しうるにとどまると言うべきであろう。

　一方、検察官は、本件犯行時以外の場面で相互付着を生ずる可能性は皆無に近いとの見解をとっているが、もともと繊維の相互付着という現象は着衣が直接接触した場合のみに起こるとは断定し難い上、本件当夜以外の時期・場所においても相互付着の原因となる事態があり得たとの疑いを差しはさむ余地もあり、結局のところ、本件繊維鑑定の結果が被告人の犯行を裏付けるものと解することはとうてい許されない。

8 荒木さん・多田さんの無罪判決

　山田さんに対する無罪判決ののち、1986（昭和61）年2月12日から荒木さん・多田さんの偽証罪公判（第76回）が再開して証拠調べを実施し、1987（昭和62）年11月17日（第84回公判）、2人に対し無罪判決が言い渡された。

第3章
神戸地検の控訴

　1985（昭和60）年10月17日、山田さんに対する殺人被告事件につき、神戸地方裁判所第四刑事部（角谷三千夫裁判長）が言い渡した無罪判決に対し神戸地方検察庁は控訴し、判決から1年経過した1986（昭和61）年11月28日、控訴趣意書を大阪高等裁判所第三刑事部に提出した。この神戸地検の控訴趣意書の内容が虚構であったにもかかわらず、大阪高裁第三刑事部（西村清治裁判長、石井一正・瀧川義道陪席裁判官）がこれを軽信し、角谷判決を破棄し、差戻判決をしたことにより、甲山事件の裁判は異例の長期裁判になってしまった。

1　虚構のストーリーの控訴趣意書

　検察官の控訴趣意書の虚構性は、①事件現場の密室性、②山田さん以外に犯行を行いうる者がいない、③山田さんについてのアリバイ工作、山田さんとS君を青葉寮女子棟廊下で目撃した園児に対する口止め工作等の罪証隠滅工作が行われた、④園児証言に際しての弁護活動への非難の4点を指摘できる。また、主張の虚構性を糊塗するために、⑤特異な証拠構造論を展開していることである。

❶ 事件現場の密室性

　検察官は控訴趣意書の冒頭に「本件は、精神薄弱児収容施設という、社会から隔離されたいわば密室内で発生した殺人事件であり、事件発生直後から、学園職員の中で組合活動家を中心に、熾烈な証拠湮滅工作や捜査妨害が展開された事件であった」と記載している。

さらに、施設の概況の項で「学園の敷地は高さ約2.2メートルの金網のフェンスで囲われて施設外と区切られており、正門以外には出入口はない。この学園敷地内には、重度の精神薄弱児を収容する若葉寮、中・軽度の精神薄弱児を収容する青葉寮」等々の施設があり、「それらの配置状況は別紙（一）〔本書では省略〕のとおりである」「青葉寮内の各室の配置及び本件汚水浄化槽の位置関係は（二）〔本書では省略〕のとおりである」と記載している。別紙（二）を見れば、青葉寮への出入は、玄関と非常口のみであると理解される。

　控訴趣意書冒頭の「精神薄弱児収容施設」、「社会から隔離」、「密室内で発生した殺人事件」、若葉寮・青葉寮の図面からは、園児が建物に閉じ込められているというイメージが裁判官に与えられる。建物に閉じ込められている園児が青葉寮外に出ることは考えられず、被害園児の死亡に園児が関与している可能性は裁判官の頭から消去され、密室内の青葉寮から被害園児を連れ出して浄化槽に投げ込むことができるのは建物に自由に出入りできる学園職員のみであるという印象を裁判官に植え付けてしまう。これは検察官が描いた虚構のストーリーのまず第1点である。そして控訴趣意書の冒頭に学園職員の罪証隠滅工作、捜査妨害を述べていることと結びつき、学園職員の中で疑われた山田さんが犯人に間違いないとの予断を裁判官が形成することとなる。控訴審裁判官は検察官の虚構のストーリーの術中に嵌ってしまったのである。

　しかしながら、事件現場である青葉寮は密室ではない。青葉寮は荒木園長が、北欧に視察に赴き、北欧の開放的な精神遅滞児施設を参考にして建設したものである。若葉寮は施錠された玄関を職員がマスターキイで開けなければ出入りできない構造であるが、青葉寮は園児を閉じ込めて収容するという思想を捨てた、開放的な施設なのである。検察官は若葉寮と青葉寮の区別を一切無視することにより、密室のストーリーを作り上げたのである。

　青葉寮はグランドに面した各居室から園児が自由に出入りできるようになっている。浄化槽の直近にあるデイルームからも浄化槽のある青葉寮の裏側に出入りできる。したがって、青葉寮の園児が被害園児を青葉寮の裏側に連れ出すことはたやすくできることなのである。

2 「被告人にアリバイがない」

　検察官は控訴趣意書冒頭の部分で「被告人にアリバイがなく」、「被告人以外には本件犯行を行いうるものがいない」と虚偽の断定を行って、裁判官に印象付けをしている。そして、「第一次捜査の経過」の項で、「荒木園長から用務員宿舎に入居している2名の用務員がおかしいのではないかという情報の提供があり、この両名について徹底的に捜査し、両名に対する容疑が消えると、同園長らは、次に青葉寮の年長園児がおかしいのではないかと具体的にある程度の能力のある園児の氏名を挙げての情報を提供した。そこで、捜査本部はこれら園児についても捜査したが、疑わしいものは発見されなかった。むしろ、このような捜査を展開する中で、部外者による犯行の線が薄くなり、学園関係者も3月19日夜、学園内にいた13名を除けばいずれも学園外にいたことが明らかになり、しかも、学園内にいた者のうち青葉寮及び若葉寮にいた職員及び用務員のアリバイが明確になってきたのに、管理棟事務室にいた荒木園長以下4名の供述が相互に食い違うばかりか、客観的な裏付け証拠とも矛盾することが浮び上がり、特に、午後8時前後の時間帯における被告人のアリバイに関する供述の不自然な食い違いがクローズアップされて来た」と記載している。

　アリバイの存在は通常被告人側から主張され、たとえ罪体が立証されても、アリバイの反証が成功すれば無罪となる。ところが甲山事件では、アリバイがないのは山田さんのみであると検察官は控訴趣意書で記載しているのである。アリバイを問題とするのであれば、事件発生場所と事件関係者との距離が離れていなければ犯人絞り込みのうえで取り上げることの意味がなくなる。

　まず第1に、事件発生現場の青葉寮で生活している多数の園児にはアリバイはありえない。また、青葉寮で3月19日夜当直勤務していた男・女各1名の職員にもアリバイはない。第2に、浄化槽から10～15メートル離れた宿舎にいた用務員2名にもアリバイは成立しえない。第3に青葉寮と若葉寮は100メートル未満の距離であり、若葉寮で事件発生当時勤務していた職員についてもアリバイはありえない。第4に学園敷地内に職員寮がある。ここから青葉寮までは100メートル未満であるので、この職員寮にいた職員についてもアリバイはありえない。このように、3月19日の事件について、アリバイの存否で犯人の絞り込みをするので

あれば、上の第1〜第4を検討しなければならないのに、検討されていないのである。にもかかわらず検察官は、控訴趣意書ではもっともらしく、「青葉寮及び若葉寮にいた職員及び用務員のアリバイが明確になった」、「午後8時前後の時間帯における被告人のアリバイに関する供述の不自然な食い違いがクローズアップされて来た」等と虚偽の事実を主張したのである。

　次にアリバイを問題とするのであれば、事件発生時間帯を特定しなければならない。捜査本部が想定したのは午後8時前後であるが、これは山田さんが犯人であることを前提としての時間帯であり、客観的なものではない。被害園児の死体の鑑定結果、食事から2〜3時間後に死亡したとされ、食事が午後5時から午後5時30分の間であるから、死亡推定時刻は午後7時から午後8時30分となる。青葉の当直職員が被害園児の行方不明に気付いたのが午後8時直後であるので、午後7時から午後8時直後が事件発生時間帯となる。

　すでに述べたとおり、事件が発生したときに甲山学園敷地内にいた園児・職員にはアリバイがありえないが、仮に検討するとしても、青葉寮にいた園児・職員については1分間未満の行動について客観的証拠に裏付けられていなければアリバイがあるとは言えない。その他の職員については青葉寮から100メートル未満なのであるから、1分間単位でその行動が裏付けられなければならない。そのような捜査は一切行われていないのである。にもかかわらず、山田さんを犯人と決めつけている検察官は、山田さん以外の者についてはアリバイが明確になったと虚偽の事実を主張したのである。

　冒頭で述べたとおり、山田さんは3月19日午後7時30分過ぎに帰園したのち、午後8時16分ころ園長が神戸三宮新聞会館に向けて出発するまで学園管理棟事務室にいたのであり、引き続き同事務室から午後8時20分ころお花の先生にお礼の電話をしているのである。同室していた3人（荒木園長、職員のNさんと多田さん）により、その行動が裏付けられており、電話の通話相手によっても行動が裏付けられている。にもかかわらず、捜査本部はこれらの裏付捜査をすることなく山田さんが簡単に自白するとの見込みで逮捕し、その後上記の事実が明らかになったにもかかわらず、事実の評価をねじ曲げて、山田さんを犯人にすることにこだわり続けたのである。

❸ 罪証隠滅工作

　たいへん乱暴な見方であるが、捜査本部は、山田さんを犯人と決めつけたうえで、事件発生時間帯に山田さんと一緒にいたと供述する3名は、アリバイ工作をしている、と決めつけたのである。これが、端的に表現する検察官主張の罪証隠滅工作論の核心である。

　検察官の控訴趣意書では、「検察官の立証計画」の項で、「第一段階での罪体立証の中でも、このアリバイをめぐる争点を重視し、Nらの虚偽のアリバイ工作の実態や、そのアリバイ工作が破綻した経緯の立証については特に重点を置いていた。このアリバイ工作についての立証は、同時にNらの園児あるいはその父兄及び学園職員に対する口止めや警察の取調べを拒否するようにという働きかけなど、捜査妨害の実態や、被告人に対する組織的な支援活動の実態をも明らかにするものであった」と記載している。

　控訴趣意書では、冒頭で「事件発生直後から、学園職員の中の組合活動家を中心に、熾烈な証拠湮滅工作や捜査妨害が展開された事件であった」と主張するとともに、各所で繰り返し罪証隠滅工作が記載されている。

　しかし、検察官のこの主張が虚偽であったことは、差戻審で検察官の申請する罪証隠滅に関するすべての証拠を取り調べたにもかかわらず、差戻審判決では一切認定されなかったことからも明らかである。第二次控訴審判決も同様であった。

　一般的に言って、事件発生当時一緒にいた職員が捜査機関により犯人と疑われた場合、一緒にいたほかの職員は、疑われた職員が犯人でないことを体験的に知っている。勇気を出して、この人は犯人ではありません、と捜査機関や同僚、社会に訴えかけるのは正義感の発露であり、人間としての当然な感情表現である。Nさんらの行動は、差戻審判決、第二次控訴審判決でそのようなものとして受けとめられた。

❹ 弁護活動への非難

　検察官は控訴趣意書の冒頭で「目撃園児の証人尋問に際しては、弁護人の過激で執拗な異議がくり返され、異様な興奮状態となり、動揺した証人が再三泣き出して退廷する事態となったり」、「異常な混乱状態が続発した」、「弁護人は反対

尋問で園児の能力に限界があることを無視し、証人の理解の能力を越える内容の発問をしたり、到底応答しえないような供述を求めるなどしたため、園児の混乱はますますひどくなった」と記載し、弁護人の正当な弁護活動を不当に非難している。

　この不当な検察官の主張にはどのような意図があったのか。それは各園児の証言が主尋問においてすら検察官の主張に沿うものでなかったり、反対尋問で主尋問が崩されて、園児証言の信用性がなくなったのをごまかすためである。「弁護人の不当な行為により証拠価値が低下したが、不当な行為がなければちゃんと証言できた筈であるから、証拠価値は高いのである」と検察官は主張しているのである。

　そもそも園児証人が「泣き出して退廷する」場面は弁護人の異議とは関係なく、記憶に自信がないのに答えを求められて泣き出したのであった。

　また、弁護人は、各園児の知的レベルを考慮し、各園児の理解能力に応じた発問をしており、弁護人の発問で混乱した事実はなかった。園児が混乱したとすれば、体験していない事実を証言していたからにほかならない。

5 特異な証拠構造論

　検察官は控訴趣意書の冒頭で「物的証拠も乏しく、目撃者も犯行直前の被告人の行動を目撃した精神薄弱児が中心であるため、公訴事実の立証は、数多くの間接事実を立証し、これを積み上げるという形をとらざるを得なかった」と記載している。山田さんを犯人とする証拠に乏しい事件であることを検察官が自認するという内容になっているが、この記載の前に「本件は精神薄児施設という、社会から隔離されたいわば密室内で発生した殺人事件であり、事件発生直後から、学園職員の中の組合活動家を中心に、熾烈な証拠湮滅工作や捜査妨害が展開された事件であった」との記載がある。

　すなわち、検察官は控訴趣意書の冒頭で裁判官に対し、本件は密室内の事件で、犯人は職員の山田さんに違いないのに、それを隠蔽しようと組合活動家のNさんらが職員とともに証拠湮滅工作をしたので証拠に乏しいが、乏しい証拠の積み上げで有罪にすべきである、とアピールしているのである。この検察官の特異な証拠構造論は、控訴趣意書の「本件の証拠構造」の項の以下の記載でさらに明らかとなっている。

　「凶器とか指紋などの物的証拠に乏しく、被告人の自白といっても完全な自白で

なく」、「事件の全貌を明らかにしておらず、また、被告人がS君を連れ出すのを目撃したのが年少のしかも精神薄弱児であるため、科学的にはその信用性がきわめて高いことは明らかであるのに、精神薄弱児の能力限界等についての一般の無理解から、信用性に欠けるという誤解を受け易いことなどの問題があり」、「検察官にとって苦心の存するところであった」。

控訴趣意書の「検察官の立証計画」の項では以下のとおり記載されている。

「罪体に関する情況証拠による間接事実の立証をきめ細かく行うことを立証の第一段階とした」。「第一段階での罪体立証の中でも、このアリバイをめぐる争点を重視し、Nらの虚偽のアリバイ工作の実態や、そのアリバイ工作が破綻した経緯の立証については特に重点を置いていた。このアリバイ工作についての立証は、同時にNらの園児あるいはその父兄及び学園職員に対する口止めや警察の取調べを拒否するようにという働きかけなど、捜査妨害の実態や、被告人に対する組織的な支援活動の実態をも明らかにするものであった。

ところで、これらの諸事実の中心は、やはり犯行直前に被告人がS君を連れ出すのを目撃したという園児らの供述であるが、これらの園児供述は、ぽつんと孤立しているものではなく、被告人にアリバイがないこと、アリバイ工作が行われ捜査妨害が行われたこと、繊維の相互付着が本件犯行時以外にはありえないことなど他の間接事実と密接に関連していて、これらの各事実と相互に有機的に結合してはじめて罪体を証明できるものである」。

検察官は、「アリバイ工作」、「捜査妨害」、「被告人にはアリバイがない」等の事実があってはじめて検察官の立証（虚構のストーリー）が成立するという、特異な証拠構造であることを裁判官に訴えているのである。控訴趣意書で「被告人にはアリバイがない」、「アリバイ工作が行われた」「捜査妨害があった」だから証拠に乏しいことを理解せよ、と繰り返し訴えているのである。

「園児供述は、ぽつんと孤立しているものではなく」、「これらの各事実と相互に有機的に結合してはじめて罪体を証明できるものである」との検察官の主張は、捜査妨害で十分な証拠を収集できなかったが、捜査妨害がなければ十分な証拠を収集できたはずであることを考えて（有機的に結合）、不十分な証拠でも、罪体の証明ができたと判断すべきであると裁判官に訴えているのである。

2　第一次控訴審の審理と判決

　検察官の控訴趣意書に対し、弁護人はその問題点を指摘する答弁書を作成し、1987（昭和62）年11月30日、裁判所に提出した。1985（昭和60）年10月17日、山田さんの第一次第一審無罪判決（角谷判決）ののち、1986（昭和61）年2月12日から荒木さんと多田さんに関する偽証事件の審理が再開し、1987（昭和62）年11月17日、角谷裁判長により無罪判決が下されたが、その直後に、山田さんに関する第一次控訴審の答弁書を提出したことになる。この間、偽証事件の弁護活動と山田さんについての答弁書作成作業を併行して行っていた。

　弁護人が答弁書を提出して、さらに約1年後の1988（昭和63）年10月12日、山田さんに関する第一次控訴審の第1回公判が開催された。控訴審における検察官の立証の中心は園児供述の信用性であった。検察官は一審で5名の元園児の証人申請をなし、裁判所は公判期日外尋問を行った。このうち2名の園児の供述につき、鑑定書3通が作成されており、鑑定書作成に関与した5名につき、控訴審は採用して証人尋問をした。

　そもそも検察官の園児供述の信用性に関する主張は、要旨、精神遅滞児（者）は、知能の発達が遅れているので、虚偽の供述をすることができないから、その供述は信用できるという内容であった。これは園児それぞれの特性をまったく無視し、精神遅滞児（者）の「特性」を強調するという、学問的にも誤った見解に基づくものであった。弁護人の見解は、知的発達が遅れているという点以外に精神遅滞児特有の特性は認められないというものであった。5名の鑑定証人は、供述の信用性分析をこれまで行ったことのない、その点については素人も同然であることが明らかにされ、とくに京都教育大学の心理学者は心理学の基礎的知識についても誤っていることが反対尋問で明らかにされた。弁護人は発達心理学の第一人者である京都教育大学岡本夏木教授を申請し、採用され、精神遅滞者特有の特性は存在しないことを立証した。

　そのほか、第一次捜査で園児から供述を録取した警察官やその際の立会人等の証人5人を検察官が申請し、採用され、尋問が行われた。

　1990（平成2）年1月19日、第18回公判で検察官および弁護人の弁論が

行われ、同年3月23日に言い渡された判決は「原判決を破棄する。本件を神戸地方裁判所に差し戻す」という主文であった。西村清治裁判長の判決内容は、虚構のストーリーの検察官控訴趣意書の引き写しと言ってよいものであった。

① 密室性
　西村判決は、甲山学園と青葉寮の密室性について、ほぼ控訴趣意書と同内容を認定した。ことに青葉寮については、「非常口は通常施錠されており、開錠は職員の持っているマスターキーによってなされており、デイルームの二箇所の出入口は机などを置いて出入りできないようになっている」と認定している。しかし、この机は容易に動かせるものであり、差込み錠も内部から自由に開錠できるものであった。玄関、各居室から自由に外へ出入りできる事実は、ことさら無視されている。

② 山田さんの犯人性
　西村判決は捜査の概要の項で控訴趣意書記載と同旨の認定をしている。

③ 罪証隠滅工作
　西村判決は総論の園児供述の部分で、「本件発生後における一部職員等による証拠隠滅工作あるいは捜査妨害とも思われる動きの中で、いわゆる園児に対する口止めの事実を糾すことをしなかった」と角谷判決を批判する形で、証拠がないのに、控訴趣意書の受け売りで、ありもしない罪証隠滅工作の存在を認めている。

④ 弁護活動への非難
　原審の園児証人の尋問調書、尋問の際のテープを検討すれば検察官の主張は事実に反することが容易に見抜くことができたはずであるのに、西村判決は控訴趣意書どおりの認定をしている。

⑤ 証拠構造論
　西村判決は、検察官主張の本件の証拠構造論に共鳴し、総論の結論部分で以下のとおり述べている。「以上に説示の当裁判所の判断によると、今後これらの

証拠を正しく評価判断するためには、少なくとも、園児供述に関しては、園児の知的及び供述能力やその置かれていた立場、特に学園関係者らによるこれら園児に対する口止め等の罪証隠滅工作の有無とその初期供述をした時点の取調状況を、また、自白に関しては、被告人のアリバイ及びアリバイ工作の有無、繊維の相互付着に関しても、本件犯行時以外に付着の可能性があったか否かの点を取調べる必要があるものといわなければならず、結局原判決が以上の証拠調べをすることなく、これらの事実を正視しないで、園児供述及び自白の信用性を否定し、また、繊維の相互付着の本件との結び付きを否定するなどした判断はこれらの点につき審理を尽くさず、ひいては事実を誤認したものである」。

　要するに罪証隠滅工作やアリバイ工作が行われた事実について証拠調べをすれば、弱い証拠構造が補強される、と述べているのと同じであり、検察官が控訴趣意書で述べた虚構のストーリーを信じ込んでいるのである。

第4章
差戻審の審理と判決

1 差戻審に至るまで

　1985（昭和60）年10月17日宣告の、山田さんに対する殺人事件についての神戸地裁角谷三千夫裁判長の無罪判決から1年4カ月経過した1986（昭和61）年2月12日から、荒木さん・多田さんの偽証事件の審理が再開された。16回の公判審理ののち、1987（昭和62）年11月17日、「被告人両名はいずれも無罪」の判決が言い渡された。検察官は荒木さん・多田さんについても控訴した。
　1988（昭和63）年10月12日から、山田さんの第一次控訴審の第1回公判期日が開催された。その直後の同年10月28日検察官は荒木さん・多田さんの偽証事件についての控訴趣意書を提出した。第一次控訴審は偽証事件を殺人事件と併合審理せず、殺人事件の審理を先行させ、偽証事件は進行をさせないままにしてあった。
　1990（平成2）年3月23日、大阪高裁西村清治裁判長は山田さんの無罪判決を破棄差戻する判決を言い渡し、弁護人はこの判決に対し上告した。弁護人は大阪高裁西村判決を上告審で破棄させるべく、1991（平成3）年6月28日、詳細な上告理由を展開した77万余字の上告趣意書を提出し、調査官面接を行うなど努力したが、1992（平成4）年4月7日付で上告棄却の決定がされた。したがって、山田さんは、差戻審で再び裁判を強いられることになった。
　この山田さんの上告棄却の決定を受けて、大阪高裁第三刑事部（裁判長池田良兼、陪席裁判官石井一正、飯田喜信）は荒木さん・多田さんの偽証事件の

審理を進行させることとなり、1992（平成4）年7月31日、弁護人は答弁書を提出した。

同年10月16日、第1回公判が開かれ、11月11日の第2回公判で検察官および弁護人が弁論を行い、事実調べをすることなく終結した。山田さんに対する西村判決と同一内容で破棄差戻判決となることは予想されていたところである。

1993（平成5）年1月22日、逢坂芳雄裁判長が代読（終結時の裁判長池田良兼判事は神戸地裁所長に就任）した主文は山田さんに対するものと同一内容であった。弁護人は偽証事件についての池田判決を不当と思いながらも、これ以上の長期化を避けるため、あえて上告せず確定させることとした。

2　差戻審の審理経過

偽証事件池田判決の1カ月後の1993（平成5）年2月19日、山田さんの事件の差戻審第1回公判が、神戸地裁で開かれた。そして第1回公判から1993（平成5）年11月9日の第12回公判まで、弁論更新的な差戻審の手続を行った。この手続の中で弁護人は、これまで取り調べられた証拠について弁護人の立場からの説明を行うとともに、検察官の主張の矛盾について釈明を求め、争点を明確にする努力を行った。

1993（平成5）年12月3日、差戻審における荒木さん・多田さんの偽証事件の第1回公判が開かれ、12月14日午後1時の第2回公判ののち、同日午後3時の公判から偽証事件と殺人事件は再び併合審理を受けることとなった。

併合審理での第一次第一審の証人数は31人であったが、差戻審は、無罪判決が検察官控訴により破棄差戻しとなったことから、検察官申請証人はすべて取調べをすることとなり、その結果、第一次第一審を上回る45人の証人尋問が実施された。弁護人が申請した4人の証人について、検察官も証人申請をしたので、双方申請の形となった。したがって、差戻審での弁護人のみの申請証人はゼロである。

第一次控訴審判決が、虚構のストーリーの検察官控訴趣意書に欺罔されて破棄差戻しを命じたのであるから、差戻審の事実調べは、結論的に言えば、無意味なものであった。公判廷で検察官から20年前の記憶に基づく証言を求められ

る証人は、既に当時の記憶を失っており、「当時供述調書でそう述べているなら、そのとおりです」との証言を繰り返すだけであった。弁護人が20年前の供述調書の供述を反対尋問で弾劾しても、証人はそれに対応する記憶を失っており、反対尋問権は実質上保障されていないことに等しかった。

　差戻審での検察官の立証の中心は、「山田さんにはアリバイがない。ほかの職員にはアリバイがある」ことに置かれた。45人の証人のほとんど（約30人）はこの立証に関連するものであった。しかし、この立証は成功せず、逆に、山田さんは被害者S君の行方不明が判明した時間帯に学園の管理棟事務室に在室していた事実が立証されることとなった。

　一例をあげると、3月17日行方不明となったM子の捜索をラジオ大阪の部長の妻に依頼するため、山田さんが3月19日、午後8時少し前ころにお花の先生に電話をした事実がある。山田さんが習っているお花の先生とラジオ大阪の部長の妻が知人であり、お花の先生に部長宅の電話番号を聞くために電話をしたのである。そのお花の先生（女性）が証人となり、部長宅の電話番号を尋ねる山田さんからの第1回目の電話のあと、しばらくして午後8時20分前後に、山田さんが2回目の電話（M子捜索についてラジオ大阪が協力してくれそうですとのお礼電話）をかけてきたことを証言した。S君の行方不明に当直職員が気付いたのが午後8時直後であるから、犯行時間帯頃の山田さんの行動が裏付けられ、山田さんに犯行の余地がないことを印象付けた証言であった。

　検察官は、アリバイ工作が行われたことも立証できず、園児に対する口止め工作が行われたことについても立証できなかった。そのような事実が存在しない以上、当然のことであった。

　差戻審の審理が終結に向い、証拠関係の整理を行っていた1997（平成9）年3月4日の第63回公判が終了したあと、甲山事件弁護団は、多田さんから裁判所に全員の解任届が提出されたことを知った。多田さんには国選弁護人2名が選任されることとなり、同年3月25日の公判から、多田さんの公判手続は分離された。同年7月1日検察官の論告、同年11月4日、5日に弁護人の弁論が行われ、1998（平成10）年3月24日午前10時から山田さんの判決、午後から荒木さんの判決が言い渡されることとなった（第74回公判）。第一次第一審の判決期日が第70回公判であり、差戻審は第一次第一審以上の審理回数を重ねた

ことになるが、検察官の虚構のストーリーの立証のための審理であったから、実に無意味な裁判であった。山田さんに対する判決も、荒木さんに対する判決も、ともに無罪判決であり、結果的には、角谷判決の正しさを検証しただけの差戻審手続であったと言ってよい。

同月30日、多田さんに対しても無罪判決が宣告された。

3　差戻審判決の内容・その1──破棄判決の拘束力

第一次第一審の無罪判決について第一次控訴審判決が破棄差戻しを命じ、上告棄却により確定しているので、差戻審においては、破棄判決の拘束力が問題となる。

この点につき、弁護人は、「破棄判決の拘束力は、差戻後一審裁判所において関連する証拠調べをすることによって消滅する」と主張した。

これに対し判決は、「破棄判決の拘束力は、『破棄の直接の理由、すなわち原判決に対する消極的、否定的判断について生ずる』ものであり、その判断を裏付ける積極的、肯定的判断については生じない」と弁護人と意見を同じくしながらも、以下の点が弁護人と意見を異にした。

すなわち、「右『破棄の直接の理由となった判断』というのは、それだけにとどまらず、右の要証事実に関する結論的事実認定の判断と直結する特定の点についての事実判断やその判断に必要な特定の証拠の証明力に関する判断も含み、それらの判断にも破棄判決の拘束力が及ぶと解すべきである」、「したがって、当審としては、本件控訴審判決時と同一の証拠関係にある限り、一審判決のような『園児供述の信用性を否定する判断』、『被告人の自白の信用性を否定する判断』、『繊維鑑定結果そのものが犯行を裏付けるものとは解されないとする判断』はできないことになり、この点において本件控訴審判決に拘束されているといえる」と事実認定について本件破棄判決の拘束力を認めた。

この点につき、後に第二次控訴審判決は、事実認定について第一次控訴審判決に一切の拘束力を認めず、差戻審判決を訂正した。

検察官は事実認定の拘束力をさらに幅広く認められるべきであるとして、「控訴審判決が、園児供述の信用性に関してはG女及びD男の供述の信用性につい

て『事件の核心的部分に関する供述は信用できるとみるべきである』旨、被告人の自白の信用性に関しては『被告人の自由な意思が残され供述したもので虚偽のものとは考えられず、信用性を否定することは相当でない』旨判示して、原審の判断を否定していることが明らかであるから、少なくとも、これらの控訴審の判断（積極的、肯定的判断）が破棄の直接の理由たる判断として拘束力が生じることになる」旨主張した。

　判決は、「しかしながら、前記のように、本来拘束力が及ぶのは、要証事実に関する結論的事実認定についての判断であり、それは、具体的には『被告人と公訴事実とを結び付ける立証が不十分としたことが誤りである』という消極的、否定的判断であり、それ以上に『被告人と公訴事実とを結び付ける立証が十分である』という積極的、肯定的判断ではないことは明白である」として、検察官の主張を排斥した。

　判決は要証事実に関する結論的事実認定についての判断に破棄判決の拘束力が及ぶという誤った判断をしたが、結論としては、「本件控訴審判決が取り調べるべきであると指摘した点に関するる証拠を含め各種の新たな証拠を取調べた現段階での当審においては、本件控訴審判決時とは事実判断の資料を異にするに至っているというべきであるから、もはや右本件控訴審の判断には法律上拘束されるところはなく、自由な心証により公訴事実の存否を認定することができると解するのが相当である」と拘束力から解放されていると判断した。

　このように差戻審判決が破棄判決の拘束力についての判断を誤った原因は、第一次控訴審判決が破棄差戻判決の理由として、審理不尽のみでなく、事実誤認もあげていたからである。無罪判決を原審に差し戻すのなら、審理不尽のみを破棄理由にすべきであった。事実誤認を理由にするなら、破棄自判で有罪としなければならない。有罪を認定できないからこそ、原審に差し戻したのである。本件の場合事実誤認は破棄理由とならないのである。第一次控訴審判決の誤りはこのように差戻審判決までも混乱させてしまったのである。

4　差戻審判決の内容・その2
——園児供述の信用性判断についての総論的考察

❶ 精神遅滞児の一般的能力・特性についての考え方

　検察官は、精神遅滞児は自分が経験したこと以外は言えないし、論理的矛盾を含まずまた深い見通しを持って虚偽の事実を構成することが困難であると主張した。すなわちありていに言えば、精神遅滞児はうそをつく能力に欠けている、だから、精神遅滞児である5人の園児の供述は信用できる、と検察官は主張した。

　このように、検察官は精神遅滞児には特有の特性があると主張したが、判決は以下のとおり、発達心理学の第一人者である岡本夏木証人の第一次控訴審の証言を引用して、検察官の主張を排斥した。「同じ精神年齢の精神遅滞児と健常児を比べたとき、それぞれのグループに特有の知的能力の違いはない。両方とも、非常にそれぞれ大きい個人差を持ちあるいはそれぞれ皆個性を持っている。知的能力以外の面では、その生活環境から行動とか性格面での違いが出てくるが、それは健常児でも遅滞児でも同じである。記憶能力についても、精神年齢が同じだと際だった差はない。再生あるいは表現する能力、裁判などで問題になる供述する能力について、同じ精神年齢の児童と比較した場合、健常児と精神遅滞児では大きい差はない」。

❷ 年少児であることによる留意点

　判決は、「一つはその園児の能力、性格等を考慮する必要はあるが、そのことを過大視してはいけないということである。そのことは、例えば、頭が良い人であるとか、記憶力が良い人であるとか、正直な人であるということだけから、具体的な供述内容の分析等をしないまま、直ちにその人の供述が信用できるということは経験則上できないことからも明らかであり、その能力、性格等はその供述の信用性の判断の一資料になるにすぎないというべきである。もう一つは、年少児の場合、誘導や暗示により影響を受ける危険性が極めて大きいのであるから、その影響の有無については特に慎重に検討すべきであるということである。(中略)さらに、園児らは証人として証言はしているが、いずれも、宣誓の趣旨を理解することができない者として、宣誓させられないまま証言していることである。このことから直ち

に供述の信用性を否定する方向に傾くというものではないが、その供述の信用性の判断には慎重さを要求する一つの事情ということができる」と指摘した。

3 園児証言における根本的疑問

① 3月19日の当直職員L男とO女の捜索の際、園児の誰一人としてその後の目撃供述に関連することを述べていないこと

S君が行方不明となったことに気付いた青葉寮の男子棟当直職員Lは、女子棟担当職員のOに「Sがおらへん」と伝え、両名は手分けして青葉寮内を探し、各園児らに「S知らんか」と尋ねて回ったのである。

判決は、「右園児5名がそのような場面を実際に目撃していたのであれば、それは検察官の主張によれば右LらがS君を捜し始める数分前、長くみても10分ないし15分前の出来事であるから、各園児の記憶に残っていると考えるのが自然であり、しかも、LらからS君を知らないかと聞かれたり、目撃したことについて話す機会ときっかけは十分あったと考えられる。そうであるのに、D男の場合はその目撃内容からみて話さなかったことが不自然ではないといいうる面はあるとしても、全員そろって、その目撃したことについてLらに一切話していないのであり、このことは、後に各園児の供述の信用性を検討する際にD男を除くそれぞれの園児について具体的に検討するが、不自然であるといわざるを得ない」と述べている。

② 園児に対する口止め事実の主張自体が罪証隠滅工作のものとして評価できないこと

この点についての判示は以下のとおりである。

「したがって、検察官の『口止め工作状況』に関する右主張については、それを罪証隠滅工作の一つ（検察官がそのようなものとして主張していないともいえるが）とみることはできないのであり、検察官が指摘する事実があったとしても、それは、園児に対して単に警察官に言ってはいけないということがあったことを示すものにすぎないとみるべきである。後記のとおり、Nらが捜査のやり方に対して不満を持ち、事情聴取を拒否したりしたことがあることに照らすと、その一環として、Nが園児らに対して警察官に何も言うなと一般的に言ったということは十分推測可能であり、検察官の主張事実もその程度のものとしてみるのがむしろ自然ともいえ

る。

　そうすると、検察官の主張は、特定の事実（例えば目撃事実）に関して特定の園児らに対して具体的に言わせなくするという罪証隠滅工作としての『口止め』とは異質なものというべきであり、これを「口止め工作状況」として主張し、園児らがそれぞれ目撃事実を当初から供述しなかったことを右口止めによって説明すること自体に問題があるというべきである」。

　③　園児らが最初に目撃事実を供述したのはいずれも捜査官に対してであること
　この点についての判示は以下のとおりである。
「各園児が目撃事実あるいはそれに関連する事実を最初に供述したのは、証拠上はいずれも捜査官に対してである。各園児は、その期間の長短はあるものの、いずれも甲山学園に入所して指導員、保母のもとで生活していたものであり、何か出来事があれば、日常生活を共にしている指導員や保母に対して、あるいは面会や帰省の際に両親に対してまず話すのが自然と思われる。各園児全員が、あるものは何年も誰にも話さなかったことを、最初に捜査官に対して話していることは不自然というべきである。しかも、この供述には、後に検討するように、各園児の供述の相互の影響もみられるのである」。

　④　各園児供述にはお互いの関わりに関するものがほとんどなく、またL、Oの供述による裏付けがまったくないこと
　判決は「各園児供述にはお互いの関わりに関するものがなく、あっても情景描写に極めて乏しいものである。このことは、各園児が供述する内容の真実性に疑いを抱かせる事情の一つといえるものである」、「各園児は、後に検討するように、それぞれ目撃事実あるいはそれに関連する事実を供述しているのであるが、その供述を裏付けるものは各園児の供述でしかなく、次のとおり、19日の当直者であるL、Oの供述中にはそれを裏付けるものがないのであり、いかにも不自然である」と述べている。

⑤　D男供述の信用性について

　D男は、第一次捜査段階では目撃供述をまったくしていなかったにもかかわらず、事件から3年後に、山田さん（被告人）がS君を連れて女子棟の廊下を非常口の方に歩いて行き、非常口からS君を引きずり出すのを目撃した旨捜査官に供述するに至った。

　判決は121頁から427頁まで詳細にD男の供述を検討した結果、「以上を総合すれば、『D男の目撃供述が、それまでに得ていた情報からの推測によるものであるとは考えられない』旨の検察官の主張はとることができず、むしろ、弁護人が主張するように、『D男の目撃供述は、すべてD男の創作によるものではなく、事件直後から目撃供述の基本的な骨子について徐々にD男に情報が提供されていた』と理解することが可能なのであり、したがって、全く何も目撃していないのに具体的かつ詳細な供述をすることも何ら不思議ではないというべきである」、「D男証言には客観的事実に反するもの、不自然、不可解なもの、矛盾したものが多くみられ、その信用性には大きな疑問があるうえ、D男証言を含めたD男の供述については、検察官がそれが信用できるとしてあげる諸点はいずれも疑問点が指摘できるとか理由がないといえるのであり、殊に、D男が、本件目撃事実を事件後3年以上経って供述するに至った経過、供述状況には多くの疑問点があって不自然である。結局、D男の供述は信用できないといわざるを得ない」と述べている。

⑥　G女供述の信用性について

　G女は、「自分の部屋にS〔君〕が遊びに来ていて、被告人がS〔君〕を呼び出して連れて行った。自分はその時ふとんの中に入っていた」旨、第一次捜査段階から捜査官に供述していた。

　G女は3月17日のM子事件についても供述しているが、そのことについて判決は、「G女が17日にM子がいなくなったことを知るまでの行動についての供述内容をみると、結局は、学園で生活するG女ら園児の日常生活のことであり、それ以上に何ら特別なことが出てこないうえ、他の証拠による裏付けもない。したがって、右供述内容が、実際の17日の出来事であったのかは疑問であり、G女が17日の出来事として記憶していたといえるのかも疑問である。そうすると、M子を捜した日という特定ができる17日の出来事に関する供述が右にみたように疑問であると

いうことは、自らS〔君〕を捜すという非日常的体験をしていない19日については、なおさら、19日の出来事として記憶に残るのか、記憶していたのか疑問である」とし、結論として、「以上みてきたように、G女証言は、主尋問において検察官が主張する目撃事実が出ているが、その供述の出方、反対尋問でのG女の供述状況に照らすと、右証言はその信用性を疑わしめる状況があるといわざるを得ず、また、捜査段階も含めたG女の目撃供述については、49・3・27 捜復については、他の日の出来事を19日の出来事として供述している疑いがあり、また、その後の供述内容には、捜査官の影響や看過できない変遷や疑問点がみられるのであって、信用できないといわざるを得ない」と述べている。

⑦ E男供述の信用性

E男は、第一次捜査段階でG女の供述が出たのち、「G女の部屋にいるS〔君〕を見た」とG女供述を裏付ける供述をした。また、第二次捜査段階でD男が前述の新供述をするや、E男はそれを裏付ける新供述をした。

判決は、第一次捜査段階での供述を、第二次捜査段階の供述を対比して、「このように、第二次捜査段階での各場面の供述内容は、第一次捜査段階で供述されていた内容が消失したり、全く異なった状況としか考えられない供述があらわれており、E男が、具体的な記憶に基づいて供述しているのか疑問であるといわざるを得ない。捜査官から詳しく供述を求められ、E男がその場で思い浮かぶままを次々と供述したのではないかとの疑問を払拭できない」と述べている。

判決は第二次捜査段階の新供述について、「以上みてきたように、E男の第二次捜査段階での供述内容には疑問とすべき点が多く、これに、前記の第二次捜査段階に至って供述したことに関する疑問を総合すれば、E男の供述内容は信用性に乏しいといわざるを得ず、また、前記のとおり、D男の供述の影響が否定できないことにも照らし合わせると、E男の供述はD男の供述を裏付けるものとは到底いえない」と述べたうえ、結論として、「以上を総括すると、E男証言については、検察官の主尋問においてさえも検察官主張の事実がすべて出たわけでなく、また、反対尋問の結果に照らすと、E男が特定の日の出来事を記憶喚起して証言しているのか疑問を抱かざるを得ないのであり、極めて信用性に乏しいものといわざるを得ない。また、捜査段階での供述も含めたE男の供述は、他の園児や捜査官の

影響を受け、具体的な記憶に基づかないでその場で思い浮かぶまま供述していた疑いがあり、信用できないといわざるを得ない」と述べている。

⑧　F男供述の信用性
　F男は第一次捜査段階で、青葉寮の事件当時の状況について捜査官に供述している。その供述内容は、午後7時ころからの青葉寮デイルームの状況、午後8時ころLがデイルームにS君がいないことを伝えに来てそれからS君を職員とともに探したこと等を供述するもので、目撃に関する供述をしていなかった。
　F男は事件から4年後に、目撃に関する新供述をするに至った。その内容は、女子棟廊下で被告人とS君を目撃した事実と、男子棟と女子棟の間を往き来するD男を目撃した事実である。
　判決はF男供述の信用性について詳細に検討したうえで、「以上みてきたように、F男の捜査段階における供述については、第一次捜査段階におけるF男の供述は比較的安定していて信用性が高いが、第二次捜査段階で新たに出た供述は、大きく変遷しており、そこには合理的理由がなく不自然であって、信用性に乏しいといわざるを得ない。F男が、第二次捜査段階において新たな供述をしたこと自体、極めて不自然であって、それまで供述しなかったことに関する検察官の主張は理由がなく、また、新たに供述をするようになったことについて合理的に説明することはできない。したがって、F男の新たな供述は信用できない」と述べている。

⑨　C女供述の信用性
　検察官は、「C女は、第一次捜査時においては、S君の行方不明を知らされる以前における青葉寮内女子保母室付近での被告人目撃事実を供述し、昭和53年3月13日の検察官による事情聴取において、女子棟廊下における被告人とS君の目撃事実を供述した」とする。
　判決は、C女の供述・証言を詳細に検討したうえで、「以上を総合すると、C女の供述については、C女証言では検察官の主張を根拠付ける証言は出なかったこと、C女の捜査段階の供述では、全体としてC女が真に記憶を喚起して供述しているのか疑問であること、被告人を2回見たとの供述は、具体性、迫真性に欠けるなど信用できないこと、被告人を見たとの供述は、同様に信用しがたいも

のではあるが、ある程度一貫していることや被告人の位置などからすると、本件事件当夜に青葉寮にＳ〔君〕を捜しに来た被告人を見た記憶がＣ女にあり、その記憶が明確でないため、被告人を見た旨の右供述になった可能性があること、Ｄ男を見たとの供述は、不自然であって信用できないことが指摘できるのであり、結局、検察官が主張するＣ女の供述内容は信用できないといわざるを得ない」と述べている。

5　差戻審判決の内容・その3──自白調書の信用性

　山田さんは、1974（昭和49）年4月7日、本件殺人の被疑事実によって逮捕（第二次逮捕）され（4月9日）勾留、4月13日勾留理由開示公判、4月18日勾留延長）、4月28日、処分保留のまま釈放されるまでの間、検察官および司法警察員の取調べを受け、検察官面前調書8通、司法警察員面前調書18通が作成されている。

　判決は動機について次のとおり述べている。

　　「〔本件における動機の重要性〕

　　本件のような殺人罪の場合、犯行の動機が重要な意味を持っていることは多言を要しないところである。そして、検察官の主張では、本件は、甲山学園の保母として園児の介護にあたっていた者が、同園の園児を殺害し、しかも、それ以前に行方不明になっていた園児Ｍ子も同じ浄化槽から発見されたという、極めて特異な事案である。前記のとおり、被告人は、早い時期から精神遅滞児施設で働くことを考え、短期大学卒業後甲山学園に勤務し、事件当時で約2年間の勤務を経ていた22歳の女性であり、園児に対する介護等についてことさら問題があったりした様子もうかがわれないのであって、そのような被告人が、自己の勤務先である甲山学園のしかも被告人が担当していた青葉寮に入所していた園児を殺害するということは、それ相応の動機があってしかるべきものであり、それとともに、Ｓ君の殺害行為とＭ子の行方不明についても何らかの関連があると考えるのが自然である。

　　したがって、被告人の自白の信用性を判断するに際しては、その動機及びＭ子の行方不明との関連について合理的な説明がなされているかどうかが大

きな意味を持つといわざるを得ず、ひいては、そのことが犯罪行為の存否の判断にも影響するといわざるを得ない」。

〔被告人の述べる動機の検討〕
「そこで、検討するに、動機に関連する被告人の供述は、①M子が浄化槽に転落したが、自分が一人でいる当直のときの責任になると考え、それでつい浄化槽の蓋をしてしまったという点と、②自己の責任をカモフラージュするためにS君を殺害したという点に分けることができる。

Ⅰ　まず、右の①の点についてみると、被告人の供述するように、被告人がM子に声をかけたところM子が浄化槽に転落したというのであれば、被告人にことさら責任があるわけではなく、また、これを秘密にしておく理由もないのであるから、学園内にいる相当直者であるNや、用務員、若葉寮の当直職員等に助けを求めるのが普通であり、しかもそれが困難であるような事情は何もうかがえないのであって、自らM子を助けることや他人に助けを求めることをしないばかりか、自らの責任になると考えて浄化槽の蓋をしてしまった、それも『つい』してしまったというのは、これを素直にみれば、不自然、不合理、不可解といわざるを得ない。

Ⅱ　次に、右②の点についてみると、その意味するところは、昭49・4・19員面では『ほかの当直中の時に事故が起きたら自分が助かると思い、殺してしまった』というものであり、昭49・4・20員面では、『非常に責任を感じていたのと、M子ちゃんを他の者に私が殺したと思われはしないかと思い、他の宿直のときでも事故があれば、いくらか私の責任は軽くなると考えて、S君をひどい目に合わせてしまった』というのであるが、この記載からでは園児を殺害するという重大な犯罪を犯す理由が釈然としない。『自分が助かる』ためとか、『責任が軽くなる』ためというものの、その原因事実はあやまってM子が浄化槽に転落したという事故であり、つい蓋をして見殺しにしたとしても、右のような理由で他の園児を殺害するということは、あまりにも均衡を失しているといわざるを得ないうえ、園児を殺害すれば、なぜ『自分が助かる』のか、なぜ『いくらか私の責任が軽くなる』のか理解に苦しむところである。

しかも、殺害の方法として、M子が転落した浄化槽に園児を落とし込むということが、その目的に適うものか疑問であり、これを素直にみれば、やはり不自然、不合理、不可解といわざるを得ない。もっとも、これらについて、見方によってはいずれも不自然、不合理、不可解ではないという評価も可能であるが、そうであっても、それ以上に、積極的に自然であるとか合理的であるとか、十分理解できるとは到底いえないものである」。

〔M子の浄化槽転落事実に関するC女供述〕

M子の浄化槽転落について、第二次捜査に至って、C女が、昭52・7・18員面、昭52・12・6検面で自己が関与してM子を浄化槽に転落させたと供述するに至った。通常であれば、C女がS君事件にも関与している疑いが発生し、被告人に対する嫌疑が晴れて、被告人を犯人とする捜査は方向転換をする筈であるのに、そうすることなく捜査側は被告人の動機供述に関して秘密の暴露に準じた価値を持つものとしてC女供述を利用しようとした。この点につき、判決は次のとおり述べている。

「被告人の供述内容と右C女の供述内容とを子細にみてみると、次のとおり、それぞれの供述内容には相違点が多く、それも基本的といってよい部分で食い違いがみられるのであって、右C女の供述が被告人の供述の裏付けになっているとは到底いえず、この点においても、秘密の暴露に準じた価値を持たせることはできないといわざるを得ない。

ア　被告人の供述とC女の供述とを対比すると、①M子が転落した時間帯、②M子転落時に誰がいたのか、③M子の転落原因、④転落後誰が浄化槽の蓋を閉めたのかについて、次のような大きな食い違いがみられる。

①のM子が転落した時間帯については、被告人の供述では、夕食の準備ができてから後ということであるから、夕食の時間帯ということになるが、C女の供述では、おやつの後で夕食の前ということであり、夕食の時間帯より前になる。

②のM子転落時に誰がいたのかについては、被告人の供述では、M子以外に誰がいたのか不明であるが、C女の供述では、C女とM子以外に、H女、I男、S君がいたことになっており、また、①の時間帯と密接に関係すること

であるが、被告人の供述では、M子がいなくなったのに気付いたときほかに食堂にいなかった者として名前をあげている者の中には、C女、H女、I男、S君は含まれていない。

③のM子の転落原因については、被告人の供述では被告人がM子に声をかけるとM子が立ち上がったとたんよろけて落ちたということであるが、C女の供述では、H女がM子の手を引っ張ったため落ちたというのである。

④の転落後、誰が浄化槽の蓋を閉めたのかについて、被告人の供述では、被告人が閉めたということであるが、C女の供述では、誰が閉めたか知らないというのである。

イ　このように、被告人の供述とC女の供述とでは、相違点が多く、それも基本的といってよい部分での食い違いがみられるのであって、被告人が供述した内容と、その後供述したC女の供述内容とが一致していれば、被告人の供述の信用性を高めるものであり、秘密の暴露に準じた価値を持たせることは可能であるが、そういう場合ではない本件においては、そのようなものとしての価値を持たせることはできないといわざるを得ない」。

判決はさらに、M子の浄化槽転落事実に関するC女の供述・証言の信用性につき詳細に検討したうえで、次のとおり述べている。

「以上を総合すると、C女の供述のうち、M子転落事実に関する供述は、被告人がその場にいたことの点を除き、信用性が高いのであり、それに反する被告人のこの点に関する供述は信用できず、また、被告人がその場にいた旨のC女の供述は信用できないのであり、C女のこの点に関する供述は、被告人の自白の裏付けにはならないというべきである。

したがって、M子転落に関する事実を原因事実とする被告人の動機に関する自白供述の信用性には、大きな疑問があるといわざるを得ない」。

〔S君行方不明時のC女の行動〕

判決は「C女の供述の信用性」を検討する項目のなかで（「自白調書の信用性」の項目のなかではない）、S君行方不明時のC女の行動についての供述に触れており（判決885〜891頁）、C女にアリバイがないことを示唆している。

それは、S君行方不明が職員によって判明する直前の時間帯である。事件発生から間がない昭和49年4月5日付の捜査復命書の記載によれば、午後7時30分過ぎころ、C女は、園児J女の就寝介護をしていたと供述している。
　ところが、女子棟担当のO職員は、自分がJ女の就寝介護をしたと事件発生当時から供述しており、C女がJ女の就寝介護を手伝ったとの供述をしていない。3月19日午後7時30分過ぎころの時間帯は、S君が行方不明になったと思われる、まさのそのころなのである。C女がJ女の就寝介護をしていないとすると、S君の行方不明時のC女の行動につき、判明しない空白の時間帯が生じることになる。
　判決は自白調書の信用性について、結論として、以下のとおり述べている。

>　「以上を総合すると、被告人には自白調書があるが、それは逮捕当初からのものではなく、しかも、最初の自白をしてからも短時日のうちに自白と否認を繰り返し、最初の自白をしてから6日目には否認に転じ、以後は一貫して否認している状況であり、その自白内容も、概括的、断片的で、あいまいな表現が多く、さらに、否認していた者が自白するに至った際に通常供述するであろうところの自白をするに至った理由、犯行の動機や迫真性のある具体的事実に関する供述等がないのであり、自白調書といっても極めて信用性の乏しいものである。検察官は、自白内容及び自白状況から被告人の自白に信用性がある旨主張するが、それは積極的に被告人の自白に信用性を与えるものとはいえなかったり、理由がないものであり、被告人が弁解する自白するに至った経緯については一概に否定できないものがあることにも照らすと、被告人の自白に信用性を認めることはできないといわざるを得ない」。

6　検察官のその余の主張に対する判断

❶　いわゆる繊維の相互付着について

　判決は、「繊維についての鑑定結果は、色相や繊維片が類似すると言っているにすぎず、繊維の同一性までいっているものではないので、状況証拠としての意味は極めて小さい」と判断している。

❷ S君の胃の中にあったみかん片について

判決は、「以上のように、検察官のみかんに関する主張には根本的といってもよい問題点を指摘せざるを得ないのであり、その余の事実について判断するまでもなくとり得ない主張であるというべきである」と述べている。

❸ 被告人に関するアリバイの虚偽性等について

検察官は、被告人およびNらが主張する被告人のアリバイは客観的事実に反する虚偽のものであり、また、Nらによるアリバイ工作が存在する旨主張し、それに関連して、S君が行方不明となった時間帯の行動が不明な者はNを除いては被告人のみであること、被告人の供述するS君不明を知った経緯、状況は不自然であること、Nらが行った被告人の支援活動は異常であること、被告人らのアリバイ供述には不自然な変遷があることなどを主張する。

判決はこの点について1274頁から1483頁にかけて検討した結果、次のとおり述べている。

「以上みてきたように、検察官が主張する被告人の本件犯行前後の行動及びその時刻についての証拠には、その重要な部分において拭いがたい疑問をそれぞれ指摘せざるを得ないのであり、検察官が被告人の犯人性を指摘する右主張自体に大きな問題があるといわざるを得ない。検察官は、右検察官の主張を前提として、被告人及びNらが主張する被告人に関するアリバイは客観的事実に反する虚偽のものであるとか、被告人の供述するS君不明を知った経緯、状況は不自然であるなどと主張しているのであり、その前提に大きな問題がある以上、さらに検討する必要はないといわざるを得ない。また、検察官が主張するアリバイ工作に関しては、その主張の基本となる『Nが行った被告人の支援活動は異常である』との事実については、それをアリバイ工作のものとして認めることはできないのであり、この点に関する検察官の主張は理由がないといわざるを得ない」。

7　完全無罪判決

　最後に判決は次のとおり述べている。
　　「以上検討してきたように、被告人の犯行を裏付ける主要な証拠である各園児の供述及び被告人の自白については、いずれも信用できないものといわざるを得ず、また、その余の検察官主張の証拠については本件について被告人の犯人性を認めるに足りるものではなく、結局、本件については被告人が犯人であることを認めるに足りる証拠はないことに帰着する。
　　したがって、被告人に対する本件公訴事実については、その証明が不十分であって、犯罪の証明がないので、刑訴法336条により無罪の言渡しをする。よって主文のとおり判決する」。
　2度目の無罪判決も、一度目の無罪判決と同様、完全無罪判決であった。判決文は全文1557頁、約47万9,000字であった。

第5章
偽証事件差戻審判決

1　偽証事件の捏造

　偽証事件の被告人とされた荒木潔さんは事件発生当時、甲山学園の園長であり、多田いう子さんは甲山学園若葉寮の指導員であった。このお二人は、山田さんが第一次逮捕・勾留の違法性を理由として提訴した国家賠償請求を審理する神戸地方裁判所尼崎支部で原告申請証人として、山田さんが犯人でありえないことを裏付ける事実を証言した。ところが、山田さんが第二次逮捕を受けるのと同時に荒木さん、多田さんも偽証罪で逮捕され、のちに起訴されたのである。そして荒木さん、多田さんは偽証罪の雪冤のため山田さんと同様に25年余の歳月を要したのであった。山田さんと同様、荒木さんと多田さんもえん罪甲山事件の被害者であり、楽しかるべき人生の大半を司法権力者によって踏みにじられたのである。

　この偽証罪は、捜査機関が事実を捏造して無理矢理にデッチ上げたものと言うほかない。山田さんの無実を証明する証人である荒木さんと多田さんを偽証罪で起訴することにより、二人の証人適格を奪ったのである。二人への偽証罪起訴は山田さんへの起訴事実を検察側有利に進めるための舞台作りである。それとともに山田さんに有利な証言をしようとする者への威嚇的効果も果たすものであった。

　このことは以下の事実が証明している。すなわち、検察官は、荒木さん・多田さん逮捕のあと、神戸国際会館の保安係職員をも偽証罪で逮捕した。この方は、国賠訴訟で原告申請証人であった。原告代理人の求めに応じて、神戸国際会館のテナントとして入っているボランティアグループ「お誕生日ありがとう運動本部」

が退室する時刻という、ビルの保安係の日常的業務について証言された。ところが、検察官はこの証言内容を偽証ときめつけたのである。この方は筆者が事実調査のため神戸国際会館を訪問した際、たまたま勤務中であり、筆者の事情聴取に応じられたため、国賠訴訟で証言することとなり、神戸地検により偽証罪で逮捕されるという仕打ちを受けることとなってしまった。誠に気の毒なことであった。この保安係職員については筆者も勾留請求担当裁判官に、この方からの事情聴取の際録音していたテープを再生する等の事情説明をした結果、勾留請求が「嫌疑の相当性がない」との理由で却下され、検察官の準抗告も棄却されたので、検察官は偽証罪で起訴することを断念した。しかし、この検察官の暴挙は、山田さんのえん罪事件を何としても有罪にしようとする検察官の不当な意図の表われにほかならないと言うべきである。

　この保安係職員の逮捕中の取調べにおいて、検察官はこの方が、筆者から金銭の提供を受けて偽証したときめつけ、筆者からいくらもらったのかと虚偽自白を強要したのである。もちろん金銭提供の事実はないのでその方は否定されたが、いくら否定しても、検察官は聞き入れず、虚偽自白の強要を続けたとのことである。甲山事件を捜査・起訴して殺人・偽証のえん罪事件を作った検察庁（別所汪太郎検事正・逢坂貞夫主任検事）が、いかに弁護団への予断と偏見を持っていたかを示す一例と言えるであろう。

2　管理棟事務室内での出来事

　荒木園長が偽証とされたのは、電話の順序の証言と電話中に腕時計を見たら午後8時15分であったとの証言であり、多田指導員が偽証とされたのは、ずっと管理棟事務室に在室していたという証言と園長の腕時計を覗き込み午後8時15分を確認したとの証言である。これらの事実の理解のため、S君が行方不明となった1974(昭和49)年3月19日夜の甲山学園管理棟事務室を中心とする出来事を、もう一度以下に述べる。これは、前述した山田さんの無実を証明するものでもある。

　3月17日行方不明となった青葉寮園児M子ちゃんの捜索活動に、3月17日夕方から甲山学園職員は従事していた。3月19日N指導員と多田指導員は、Nさん運転の学園の車で学園外に捜索活動に出かけたが、途中で多田さんはNさん

とはぐれて、先に帰園して若葉寮職員室にいた。Nさんは阪急神戸線西宮北口駅で捜索活動のビラ配りをしていた山田さんと出会い、Nさん運転の車で二人は午後7時30分ころ甲山学園に戻って来た。

　Nさんが帰園してきたのを見た多田さんは若葉寮職員室を出て、Nさんを出迎え、先に帰ったことを詫び、Nさん、多田さん、山田さんの3人は捜索活動の報告をするため荒木園長の在室する管理棟事務室に入った。当時管理棟事務室は職員によるM子捜索の対策本部となっていたからである。3人は当日それぞれが行ったM子捜索活動を荒木園長に報告し、4人は互いにM子のことを心配し、今後どのような捜索活動をすればM子を見つけることができるか話し合っていた。当時学園内はすべてくまなく調べていたので、学園内にいるとは考えられず、何者かに連れ出されたのではないかと心配していたのである。

　園長は神戸へ捜索活動に出かけた帰りにおはぎを職員への差し入れとして買って帰っていたので、3人におはぎを食べるように勧め、山田さんは果物を買って帰ったので、それも勧めて、4人でお茶を飲むため多田さん、山田さんは、やかんでお湯をわかした。

　そんななかで最初にかかってきたのが、青葉寮園児D男の父からの電話（㋑電話）であった。D男の父は電話に出たNさんと話をしたのち、D男と話したいとのことであった。Nさんは、内線電話で青葉寮職員と連絡をとったが誰も出ないので、事務室から青葉寮へ走って行き、青葉寮入口から声をかけ、O保母に伝えて、また、事務室に戻って来た。お茶を飲みながらの事務室での4人の話のなかで、ラジオ・テレビ等の放送によりM子捜索をすることが話題となった。山田さんは彼女が習いに行っている西宮の苦楽園のお花の先生宅にラジオ大阪の重役（実は重役ではなく報道部長〔以下「報道部長」〕であったが）の妻が来ていることを思い出したので、3人にそのことを言ったところ、その妻を通じてラジオ大阪でM子捜索の放送をしてもらえるのではないかとのアイデアが生まれた。しかし、報道部長宅の名前と電話番号を山田さんは知らなかったので、お花の先生に聞くことにした。山田さんは事務室の電話帳でお花の先生の家の電話番号を調べ、それを事務室にあった休暇届の裏にメモし、お花の先生宅に電話した（㋺電話）。

　山田さんは最初に、最近お花を習いに行ってないことを詫び、自分の当直のときにM子がいなくなった事情、学園全体で捜索活動をしていることを説明したうえ

で、広域的な捜索活動をする必要があること、そのためにラジオでの放送が有効であることを話したうえで、ラジオ大阪の報道部長の妻に協力をお願いしたいと相談した。お花の先生は協力すると言って、報道部長の家の電話番号を山田さんに伝え、山田さんは休暇届の裏に名前と電話番号をメモした。

山田さんは㊁電話のあとすぐラジオ大阪の報道部長の妻へ電話（㊅電話）した。最初に「お花で一緒の」と自己紹介したが、すぐには思い出してもらえなかった。しばらくして、報道部長の妻も山田さんのことを思い出し、お花の先生に話したのと同じ内容を彼女にも説明したところ、主人と代わりますと言われたので、山田さんもNさんと電話を代わった。NさんはM子行方不明の事情、ラジオ放送の有効性を訴え、M子の人相特徴等を説明したところ、報道部長は「自分が放送局へ言っておくので、5分後にラジオ大阪に電話するように」とNさんに言った。

5分を過ぎたと思われるころNさんがラジオ大阪に電話（㊆電話）したところ、H職員が応対した。Nさんは報道部長へ話したのと同じ内容をH職員に説明したところ、西宮署に電話し了解を得られたら放送するとのことであった。3月17日夜から西宮署もM子捜索活動に従事していたので、西宮署が放送に反対するはずがない、ラジオ大阪がM子捜索の放送をしてくれると4人は喜んだ。

そのあと神戸国際会館にテナントとして入室しているボランティアグループ「お誕生日ありがとう運動本部」のI氏から電話（㊇電話）があり、荒木園長がその電話を取った。Nさんと代って欲しいとのことであったので、荒木園長はNさんに受話器を渡した。電話は、NさんがこのボランティアグループのI氏に電話したが不在であったので、Nさんにその用件を問うものであった。NさんがこのボランティアのI氏に電話したのは、M子捜索のビラに貼る写真が不足したのでM子の写真の焼増しを依頼するためであった。I氏は写真が趣味で、ボランティアとして学園に来て園児の写真を撮っているので、M子の写真を持っていること、焼増しの設備も持っていることをNさんは知っていたからだ。

NさんがI氏へ用件を伝えると、I氏はM子ちゃんと言われても、どの子かわからないので、特定のため写真を渡してほしいと返事した。Nさんが荒木園長、多田さん、山田さんに相談したところ、荒木園長が神戸の御影なので車で帰宅する足を伸ばしてボランティア事務所のある神戸市三宮までM子の写真を届けに行くことになり、I氏の提案で待ち合わせのしやすい神戸新聞会館前でI氏と荒木園長

が出会うことになり、待ち合わせの時刻を決めることとなった。

　そのときNさんは時計を持っていなかったので、荒木園長に「園長今何時ですか」と尋ねたところ、荒木園長は自分の腕時計で8時15分であることを確認し、「8時15分ですよ」とNさんに伝えた。そのとき多田さんも荒木園長の腕時計を見て時刻を確認した。Nさんは甲山の近くの学園から神戸新聞会館までなら30分で十分到着すると判断し、I氏に「8時45分待ち合わせ」を伝えて、電話が終了した。

　この電話が終わったのち荒木園長は仕事着から背広に着替え、3人は荒木園長を見送り、園長は自分所有の車で神戸市三宮を目指して走行した。園長が学園を出発したのち、Nさんは山田さんと多田さんに、職員の学園外での捜索活動の場所が重なったりして効果的にされていないので、各人が捜索活動の場所を書き込む一覧表をわら半紙を貼り合わせて作成しようと提案して作成することになった。多田さんはそのための糊を自分の勤務場所である若葉寮職員室に取りに行って、事務室に戻って来た。ところで、多田さんが若葉寮職員室に行ったのはこの1回だけではない。多田さんは、自分もバナナを買って来てそれを若葉寮職員室に置いて来たため、バナナをみんなに勧めようと思ってバナナを取りに、午後8時少し前の時間帯に若葉寮職員室に行っている。当夜多田さんは、管理棟事務室と若葉寮職員室を2回往復しているのである。

　荒木園長が出発したのち、山田さんは報道部長の妻に「ラジオ大阪で放送してくれそうです。有難うございました」とのお礼の電話（⑧電話）をしている。

　このころ、Nさんは小便をするため管理棟のトイレに行った。そのころ、山田さんは青葉寮の当直職員に事務室にあるおはぎや果物を食べるかどうかを尋ねるため、管理棟裏出入口からスリッパのままで運動場へ出たところ、青葉寮の当直職員O保母が管理棟と青葉寮の間のグランド上にいるのを見かけ、「どうしたの」と声をかけた。O保母は、「Sがいない」と言い、山田さんはM子に続いてS君もいなくなったことに驚き、事務室のNさんと多田さんに伝えるべく引き返し、管理棟のトイレから出て来たNさんに伝え、事務室で作業中の多田さんに伝え、3人は管理棟事務室を出て、S君の捜索活動を行った。

　以上が管理棟事務室の出来事であり、山田さんにS君殺害の余地はまったくないのである。しかし、この事実関係では検察官は山田さんを殺人事件の犯人とす

ることができないため、事実をすり換え、荒木さん・多田さんが偽証していると捏造したのである。Nさんの国賠訴訟での証言が偽証とされなかったのは、Nさんは国賠事件の原告だったからである。Nさんとほかの一名の青葉寮職員は山田さんの第一次逮捕の際、警察官に暴行を受けたことを理由に山田さんと国賠訴訟の原告として共同訴訟をしていたので、検察官はNさんを偽証罪で逮捕・起訴ができなかったのである。Nさんが国賠訴訟事件の原告でなかったならば、Nさんにも偽証罪の攻撃がされていたことは間違いないと思われる。

3　事実のスリ換え・その1──時間の圧縮

　2で述べた事務室内の出来事は内容が豊富であり、午後7時30分ころから8時20分ころまでの時間を要したと容易に理解しうるところである。特に㋑〜㋬の外部との6本の電話のやりとりが存在しているので、否定し難い事実である。現在であれば通話記録が時刻とともに保存されているが、1974年当時はそうでなかったので、捜査機関に操作の余地があった。

　第二次捜査でされた事実のスリ換えの一つは、時間の圧縮であった。㋑電話のD男の父は、職場から電話しており、時計で午後7時40分を確認し、しばらくしてから学園へ電話したと供述しているので、㋑電話は操作の余地はないと検察官は判断し、㋺電話・㋬電話が㋑電話の先であると操作したのである。第一次捜査では、お花の先生は山田さんからの電話で話を聞き「午後8時のニュースに間に合うかしら」と思ったので、午後8時少し前であると供述していた。第二次捜査でお花の先生は執拗に時間を前倒しにする供述を迫られ、第一次逮捕時の供述を変更する調書が作成された。しかし、山田さんからお礼電話があったことと、その時刻が午後8時20分ころであったとの供述は維持された。

　報道部長の妻は、山田さんからの電話を受けた時刻は午後8時過ぎであると供述し、その根拠として、午後7時30分からの30分間のテレビ番組が終了したあとであること、当時長野の実家から午後8時以降の夜間割引を利用して電話がかかって来ており、実家からの電話かなと思って、子どもが出ようとしたのを押さえて自分が出たと第一次捜査で供述していたのが、第二次捜査では第一次捜査の供述を否定する供述調書が作成された。

荒木園長は電話の順序につき、㋑・㋺・㋩・㋥・㋭の順序であると国賠訴訟の法廷で証言したので、検察官は㋺電話・㋩電話が㋑電話よりも先であると主張し、偽証罪で起訴したのである。

次に、㋥電話（ラジオ大阪H職員とNさんの電話）は、その直後、H職員が西宮警察署にM子行方不明の事実の確認のための電話（㋐電話）をしていることに、捜査機関は着目し、第二次捜査になってから、多数の西宮警察署の当直警察官が「Hの㋐電話は午後8時より前であった」旨の供述調書の作成に応じている。いわば捜査機関が自前で自己に都合の良い証拠を作成しているのであって、真相の解明とは程遠い捜査手法と言わなければならない。

㋭電話をしたI氏は、第一次捜査当時から午後8時より前に電話した、と思いこんでいた。その根拠の一つとして、午後8時になればボランティア事務所のある神戸国際会館を出なければならないと思いこんでいたことが挙げられる。国賠訴訟では保安係の職員の方を証人に申請し、午後8時を過ぎてもこのボランティア団体が国際会館で残っていることがある旨の証言を得たが、前述したとおり、この方は検察官により偽証罪で逮捕されるという違法不当な攻撃を受ける破目になった。検察官にとって、荒木園長が甲山学園を出発するまで山田さんが管理棟事務室にいた事実は動かし難い。とすれば、㋭電話の時、荒木園長がNさんに尋ねられて腕時計を確認したところ8時15分であった事実は、検察官にとって最も都合の悪い事実である。午後8時直後ころ、S君行方不明に青葉寮の当直職員が気付いてS君を探すために青葉寮内を走り回っているので、午後8時までを山田さんの犯行時間帯にしなければならない検察側の都合からすれば、「8時15分」についての荒木園長の国賠訴訟での証言は偽証ときめつける必要がある。このため、荒木園長証言は偽証として起訴されたのである。検察官は、㋥電話の終了時刻を午後7時56分ころと公判で主張し、この電話の直後荒木園長が出発し、その直後山田さんが青葉寮に入って犯行に及んだとの架空のストーリーを展開したのである。まさに山田さんの殺人というえん罪事件を有罪にするために、荒木園長に偽証罪というえん罪が作られてしまったのである。

このように、Nさん・多田さん・山田さんの3人が管理棟事務室に入った午後7時30分ころから荒木園長が事務室を出た午後8時16分ころまでの46分間の出来事を、午後7時56分までの26分間の出来事として、検察官は20分間も

圧縮した事実を公判で、これが事案の真相であるとして主張したのである。

4　事実のスリ換え・その2 ── 若葉寮職員室

　捜査機関は第二次捜査で20分間時間を圧縮した結果、ようやく山田さんの犯行という架空のストーリーを作り上げたが、他方、S君行方不明を聞くまで山田さんとともに事務室にいたとの多田証言を偽証ときめつける必要性もあった。そのため、検察官は、多田さんは7時50分ころから8時20分ころまで若葉寮職員室にいた、との架空のストーリーを作り上げ、多田さんの国賠証言を偽証として起訴したのである。

　多田さんは3月19日夕方午後7時ころ甲山学園に帰園し、自分の担当職場である若葉寮職員室で仕事をしながらNさんの帰りを待っていた。午後7時30分ころNさんが山田さんとともに帰園したので多田さんは若葉寮職員室を出て2人を出迎え、3人は管理棟事務室に入ったことは前述したとおりである。また、その後多田さんが2回事務室と若葉寮職員室間を往復したことも前述した。この2回の往復のとき、若葉寮職員室にJ保母がたまたま業務外で在室し、2回とも多田さんと言葉のやりとりをしている。このことが捜査機関により、事実のスリ換えに利用されたのである。

　J保母は午後8時に同寮のK保母が電話をかけてくる約束になっていたので、その待機のため若葉寮職員室に在室していたのである。3月19日外出していたK保母はM子捜索状況を聞くために、同日午後8時に電話をして、自分が学園に戻る必要があるかどうかをJ保母に尋ねる約束をJ保母との間で交わしていたのである。当時捜索活動のため、甲山学園の電話番号を使用することが多かったので、その邪魔にならないために、通園施設である北山学園の電話番号を使用する約束になっていた。

　午後8時にK保母から電話があり、J保母が電話を取った。そのとき多田さんは自分が買ってきたバナナの入った袋を取りに若葉寮職員室に入って来ていた。J保母は多田さんに、「K保母が帰園する必要があるかどうか」を尋ね、多田さんは「状況が変わっていないので、帰って来る必要はないと思う」旨を答えた。J保母はK保母に電話で帰ってくる必要はないと答えた。多田さんは管理棟事務室

に戻った。

　その後Ｊ保母はひき続き若葉寮職員室にいたところ、多田さんが糊を探しに職員室に入って来た。糊を探して動き回っている多田さんを見かけたＪ保母は「手伝いましょうか」と声をかけたが、多田さんは「いいです」と返事をし、多田さんは糊を見つけて、また、管理棟事務室に戻った。

　Ｊ保母は甲山学園内の女子職員寮で居住していたが、午後7時50分ころＫ保母からの電話をとるため若葉寮職員室に入り、同職員室内で2回多田さんを見かけ、2回とも声をかけた。その余についての記憶はあいまいであった。多田さんがずっと若葉寮職員室にいたのではないかとの捜査官の誘導により、Ｊ保母の記憶が混乱し、その結果記憶を変化させていったのである。

5　事実のスリ換え・その3──㋑電話と㊂電話の重なり

　検察官は㋑電話と㊂電話の重なりを主張し、それを立証するとして、多数の証人を申請し、審理を長期化させる一因となった。㋑電話は青葉寮園児Ｄ男の父からの電話で午後7時40分を過ぎたころであり、㊂電話はラジオ大阪にＭ子捜索のラジオ放送をしてもらうための一連の電話㊂・㈥・㊂の最後の電話であり、両者が重なり合うはずはないのに、3で述べたとおり、検察官が20分間も時間を圧縮した主張をしたことにより、両者の重なりを主張することとなったのである。

　検察官は、Ｄ男の父からの㋑電話をＮさんが取り次ぎ、青葉寮へ行って管理棟事務室に戻ったあと、Ｎさんはラジオ大阪へ電話をした。この際、甲山学園の電話番号は㋑電話の通話中で使用中であったため、Ｎさんは北山学園の電話番号を使用して架電した、と㋑電話と㊂電話の重なりを主張した。

　4で前述したとおり、午後8時ころ、Ｋ保母から甲山学園へ電話があり、若葉寮職員室でＪ保母がその電話を取っている。事件発生後そのことを知ったＮさんは、㊂電話がＫ保母からの電話と重なっていたのではないかと推理していた時期があり、押収されたＮさんの手帳にその推理がメモされていた。このメモをもとに、検察官は㊂電話とＫ保母電話との重なりというＮさんの推理を利用して、㋑電話とＫ保母電話をスリ換えたのである。Ｎさんの手帳のメモは1974（昭和49）年5月30日の欄の記載であり、Ｎさんがすべての情報・事実関係を正しく把握してい

たわけでもないのであるから、必ずしも正しいとは思えないにもかかわらず、検察官は、㈢電話の重なりの部分だけを借用し、K保母電話を㋑電話とスリ換え、㈢電話と㋑電話の重なりを主張したのである。

　甲山学園を含む甲山福祉センターの電話機は特別擁護老人ホーム甲寿園、精神遅滞児通園施設北山学園、総合事務所、そのほかに合計 12 台設置されており、検察官は㈢電話と㋑電話の重なりを主張するため、管理棟事務室以外の 11 台の電話機が㈢電話の際使用されていない事実を立証しようとしたのである。甲山福祉センターには、これらの施設のほか職員寮や職員のための食堂その他があり、多数の職員が 1974 年 3 月 19 日夜職場や寮に在室した。これらの人が午後 8 時前後ごろ電話をしたかどうかの証人尋問が実施されたのである。その証人数は約 30 人に及んだ。実に無意味な立証活動であったと言わなければならない。

6　荒木さんに対する無罪判決

　荒木さんに対する公訴事実は、㊣・㈥・㈢の各電話と㋑電話の前後関係について記憶がないのに、㋑・㊣・㈥・㈢の順であったと国賠法廷で証言した（第 1 点）、ボランティアの I 氏からの㋠電話中、N さんから時刻を聞かれて時計を見たが、その時刻について記憶がないのに「その時刻は午後 8 時 15 分であった」と国賠法廷で証言した（第 2 点）の、2 点であった。

　第 1 点に関連して、検察官が主張した電話の順序についての差戻審判決のまとめは以下のとおりである。

　　「以上のとおり、I 氏電話までの管理棟事務室内における電話の順序に関して検察官の主張を裏付ける客観的事実及びそれに関連した事実のうち、証拠上認定できるのは、『N 及び山田が帰園したのは、午後 7 時 30 分頃であること』、『D 男の父の電話は午後 7 時 40 分ころから数分間の電話であること』だけであり、『N 及び山田の帰園時刻は、より正確には午後 7 時 25 分を中心とした時間帯の可能性が高いこと』、『A 夫人〔お花の先生〕電話及び B 夫人〔報道部長の妻〕電話の時刻は、いずれも午後 7 時 30 分ころ以降午後 8 時ころまでの間としか特定はできないこと』、『H 氏が西宮署に電話をした時刻は、西宮署における検房終了の 1、2 分後の午後 7 時 50 分ころ

から午後7時55分ころまでの間になされたと考えられ、I氏電話は数分間程度の電話であったと考えられるので、I氏電話の開始時刻は、午後7時40分台の前半であった可能性が高いこと』、『D男の父とI氏電話が重畳している可能性が高いこと』についてはいずれもこれを認めることができず、かえって、A夫人電話及びB夫人電話については、いずれも正確な時刻を特定することはできないものの、A夫人電話は午後7時50分ころから午後8時ころまでの間であった可能性が、また、B夫人電話は午後8時ころであった可能性がいずれも否定できず、また第七で検討するように、検察官が客観的事実として主張する『H氏電話の終了時刻は遅くとも午後7時50数分である』との事実はこれを認めることができないのである。

　以上を総合すると、結局、検察官が右電話の順序に関して客観的事実であるとして主張する『A夫人電話、B夫人電話、D男の父電話、I氏電話の順である』との事実を認めることはできないといわざるを得ない」。

　第2点については、甲山学園正門前から神戸新聞会館までの走行実験結果が重要であるにもかかわらず、検察官はこれをすべて無視してきた。第一次捜査において走行実験は3回実施された。1回目は1974年3月26日、2回目は同年6月7日、3回目は同年6月11日である。いずれも荒木園長所有車両を荒木園長が運転し捜査官が同乗して実施したものである。1回目は警察により、2回目・3回目は検察官により、実施された。走行時間は1回目が40分間、2回目および3回目はいずれも33分間であった。1回目は交通ストライキがあった日の昼間実施されており、実際より時間がかかったが、2回目・3回目は事件当夜と同じころ実施されており、「その所要時間が全く同じであったのであり、その信用性は高いと言わざるを得ない」と判決は認定している。

　そして、I氏の証言によれば、荒木園長到着時刻は午後8時43分ないし44分、荒木園長供述では午後8時50分ころとなる。走行実験の結果、引き算をすると、I氏証言によれば荒木園長出発時刻は午後8時10分ないし11分であるが、荒木園長供述によれば午後8時17分ころになり、午後8時15分に管理棟事務室で腕時計を見た事実と符合するのである。

　検察官は、客観的事実として、荒木園長が腕時計を見て午後8時15分を確

認したのは管理棟事務室を出てからであると主張し、I氏の電話の終了時刻は「遅くとも午後7時50数分である」と主張しているが、判決は「証拠上認めることが出来ない」と判断した。

　このようにして、前述の**事実のスリ換え・その1**および**その3**について、差戻審判決は、すり換えをして検察官が主張した事実は客観的事実として認められない、と排斥したのである。
　さらに、偽証の犯意については、検察官は荒木さんの偽証犯意について諸々の事実を主張していたが、判決はすべて排斥し、「検察官の主張する偽証の犯意については、これを認めることには疑問がある」と判断し、荒木さんに無罪を宣告した。

7　多田さんに対する無罪判決

　前述の**事実のスリ換え・その2**をもとに、多田さんの公訴事実は構成されている。すなわち、検察官の主張によれば、午後7時50分ころから午後8時20分ころ（若葉寮職員室にS君行方不明が知らされたころ）までの間、多田さんは若葉寮職員室にいたことになり、多田さんが国賠法廷で証言したことは、筆者が「管理棟事務室内の出来事」として述べたことの一部であるところ、検察官の主張によれば体験していない管理棟事務室内での事実を証言したことになる。
　差戻審は、前述の**事実のスリ換え・その2**を客観的事実と主張した検察官の主張および偽証の犯意についての検察官主張をすべて排斥し、多田さんに無罪を宣告した。

第6章
第二次控訴審判決

1 迅速な審理

　1998（平成10）年3月24日も、差戻審判決の言渡し時点で、甲山事件の裁判は1978（昭和53）年3月9日の起訴から20年を経過していた。実に超長期裁判と言わなければならない。
　ところで第一次第一審のことを振りかえってみると、第一次第一審の無罪判決（角谷三千夫裁判長）は1985（昭和60）年10月17日であった。この第一次第一審の審理の期間が7年6カ月、これだけでも長期間といわなければならない。無実であるにもかかわらず、7年6カ月もの間、殺人事件被告人の席に座らされ続ける苦痛、社会から殺人犯視されることから生じるさまざまな出来事は、言葉で表現できないと思われる。無実の罪を晴らすのに要する期間として、7年6カ月は長すぎると言わなければならない。山田さんに対する殺人被疑事件について検察官は、1974（昭和49）年4月28日に山田さんを処分保留で保釈した後も捜査を継続した。それから約1年半捜査を尽くし、1975（昭和50）年9月、嫌疑不十分を理由として不起訴処分をしていたのである。検察官は、当初の不起訴処分が正しかったとして、角谷判決に対し控訴すべきではなかったのである。
　にもかかわらず、検察官は角谷判決に対し控訴し、第一次控訴審に虚構のストーリーの控訴趣意書を提出した。第一次控訴審（西村清治裁判長）がこの虚構のストーリーを軽信し、角谷判決を破棄差戻としたために、甲山裁判は更に長期化してしまったのである。思うに、甲山裁判長期化の責任は控訴した検察官と誤判を犯した第一次控訴審にあると言えるのである。このような経過があったので、差

戻審の2番目の無罪判決に対して検察官は2度目の控訴をすべきでないとマスコミや有識者が論じ、圧倒的世論がそれを支持した。しかし、それにもかかわらず検察官はあえて、2度目の控訴をした。このときの大阪高等検察庁検事長は、第二次捜査の主任検事であった逢坂貞夫（現弁護士）であった。

　2度目の控訴審も1度目と同じ大阪高裁第三刑事部に係属することとなった。河上元康裁判長、飯渕進右陪席、鹿野伸二左陪席の構成であった。裁判所は検察官に対し早期に控訴趣意書を提出するよう促し、1985年8月18日、検察官は約49万字の控訴趣意書を提出した。その控訴理由は①破棄判決の拘束力違反、②審理不尽と③事実誤認の3点であった。控訴趣意書の事実誤認の主張の内容は、第一次控訴審での控訴趣意書と同様の虚構のストーリーで貫かれており、柳の下の2匹目のどじょうを狙う意図が明らかであった。その虚構の主な点を指摘すると、以下のとおりである。

　①甲山学園の青葉寮は開放型の施設であり、出入口や各居室のグランド側から自由に出入りできるにもかかわらず、「いわば密室の状態にあり本件犯行は同寮の非常口を施錠する鍵（マスターキー）を所持する者でなければ不可能であり」、と検察官は虚偽の事実を趣意書に記載した。S君の死もM子ちゃん死亡と同様、青葉寮園児の関与の可能性が高いにもかかわらず、それをまったく無視して、「この条件を満たす者は同学園の職員以外にはないのである」と主張し、犯人は職員でしかありえないと、検察官は虚構の事実を趣意書に記載した。

　また、②「本件においては、犯人である山田さんが自己の犯行を隠ぺいするため、相当直勤務者であるN及び事件当夜管理棟事務室に一時同室した多田いう子に対しアリバイ工作を依頼し（この点は控訴審において立証する。）」、と虚構のアリバイ工作を検察官は主張した。「山田さんがNさん、多田さんに直接アリバイ工作を依頼した」との検察官の主張は、第二次控訴趣意書で初めて主張されたものであり、究極の虚構のストーリーと言わなければならない。

　そのほかに、③アリバイ工作・口止め工作等の罪証隠滅工作、④弁護活動への不当な非難、等の虚構のストーリーの主張がされていた点も第一次控訴審の控訴趣意書と同じである。

　弁護人は、検察官の虚構で貫かれた控訴趣意書の提出後、その虚偽性を明らかにするため、約94万字の答弁書を同年11月30日に提出した。また検察官

は同年10月30日、控訴趣意書補充書を提出したので、弁護人はそれに対する反論の答弁書補充書を同年12月28日に提出した。

　なお、荒木さんの関係では8月14日に控訴趣意書、10月30日に控訴趣意書補充書が検察官から提出され、弁護人は同年11月30日に答弁書を、同年12月28日に答弁書補充書を提出した。

　検察官は12月10日付で証拠調請求書を提出した。証拠調請求書記載の証拠の標目の1ないし6は、すでに第一次控訴審で取調べ済みの園児供述の鑑定証人とその鑑定書のうち第一次控訴審が不採用とした部分、7から10は元青葉寮園児D男の取調べ時の録音テープ3本、同G女の取調べ時の録音テープ1本、11および12はこれらのテープに関する捜査復命書、13は差戻審で分離後の多田さんの第73回公判調書、14が多田さんの証人申請、15が捜査関係事項照会書、16が捜査関係回答書、17が捜査復命書であった。無理に無理を重ねての2度目の控訴であるにもかかわらず、ごく少ない証拠の申請であり、しかも取調べ済みの証拠がほとんどである。このことからも、控訴の必要性には疑問があり、2度目の控訴は検察の面子を守るためであり、破棄判決を得る見通しがないにもかかわらずあえて行ったものと思われる。

　検察官の申請証拠は事案の真相の解明に寄与するとはとうてい思えないものばかりであった。たとえば園児供述の鑑定人は、そもそも過去に供述分析をしたことのない、鑑定人としての専門性を備えていない者であるうえ、すでに第一次控訴審で検察側証人として取調べ済みであり、必要性がないにもかかわらず、「控訴した以上何か証拠の申請をしなければ格好がつかない」との考えで申請したとしか思えないのである。

　元園児のD男の録音テープ3本は、「第二次捜査時における検察官の取調が誘導や押しつけによるものではなく、D男が自由な雰囲気の中で自発的に目撃状況を供述している事実及び供述状況を」立証趣旨として申請されたので、あたかも取調べの必要性があるかのように思ってしまうが、実はそうではなかった。

　この3本のテープはいずれも、第二次捜査のとき約10カ月間にわたって続けられたD男の取調べの最後の段階の、わずか3回の取調べの際に録音されたテープである。この各テープは、D男にとっても、取調官（逢坂貞夫検事）にとっても、何を質問して何を供述すべきか、すなわちどのような供述を引き出すべきかが十分

に理解できている状況下で録音されたものである。このテープは取調べ状況の可視化を図ろうとしたものでもないし、供述の信用性を担保するために録音したものでもなかった。検察官の説明では主任検事逢坂貞夫が、上司（神戸地検検事正別所汪太郎）に報告するために録音したものなのである。

しかもテープの内容はD男の供述調書の内容とも大きく齟齬していた。いずれにしても、D男の証言・供述の信用性を立証するための証拠としてはまったく無意味・無価値なものであった。

他方、G女の録音テープ１本をこれまで検察官が証拠申請しなかった理由は、そのテープを聴けばすぐ、弁護人としては了解できた。このテープの中で逢坂検事はG女に事件当夜の山田さんがどんな服装をしていたか質問し、G女は「ピンクのジャンパー」と答えている。実は、「ピンクのジャンパー」供述はG女の「目撃」供述の信用性を根底から揺るがすものなのである。山田さんが事件当夜着ていたのは外出用の黒のラッフルコートであり、ピンクのジャンパーは山田さんの学園での作業衣である。したがってG女の「目撃」供述は、山田さんが保母としての業務に就いていた間のことをいうことになり、この供述は以下のことを意味する。すなわち、G女はS君が死亡した３月19日夜の出来事を「目撃」したと供述しているのではなく、３月19日以前の、山田さんの日常の当直業務のとき、山田さんがG女の部屋にS君を呼びに来てS君の部屋に連れて行き寝かしつけた、山田さんのS君に対する就寝介助業務の１コマを供述していることを示すテープである。ところがG女供述は、検察官によって「犯行目撃供述」にスリ換えられたのである。このテープはそのことを証明しているので、検察官はこれまでこのテープを証拠申請しなかったのである。このテープは、山田さんの無実を裏付ける証拠と言えるものであった。

証拠の標目13、14は、1997（平成９）年12月25日、多田さんが偽証被告事件で行った最終意見陳述について、検察官が、多田さんが偽証したことを自白したものであるとか、山田さんからアリバイ工作の働きかけを受けていたことを認めるものであるなどと架空のストーリーを主張する事実を立証するためのものである。本当に検察官が多田さんの最終意見陳述を、それほど重要な証拠と考えたのであれば、当然原審において弁論再開申請をし、証拠調べ請求をしたはずであるのにそうしていないのである。法廷に立会いした検察官は多田さんの最終意

見陳述を聞いていて、第二次控訴審での控訴趣意書に記載しているような受け止め方をしなかったのである。それもそのはずである。趣意書での検察官の主張は、多田さんの最終意見陳述の内容を意図的にねじ曲げたもので、ほとんど検察官による虚構と言って差し支えない内容のものであり、きわめて不当であると同時に明らかに証拠に基づかない弁論であった。

　証拠の標目15、16は多田さんの最終意見陳述書の内容との関連で申請されたものであり、同17は第一次第一審で弁護人が書証として提出しすでに取調べ済みの証拠であった。第二次控訴審の審理は1999（平成11）年1月22日に第1回目、1月29日に第2回目の公判が開催された。裁判所は園児供述の鑑定人関係の証拠申請をすべて必要なしと判断し、録音テープについては提示命令を出し、聴いてみてから必要性を判断することとした。

　2月19日の第3回公判期日において裁判所は、多田さんの証人申請について採用し、山田さんと荒木さんの事件と多田さんの事件の審判を併合したうえで3月5日、被告人質問の形式で実施することとなった。録音テープの証拠申請はすべて必要性なしとして却下された。結局第二次控訴審で実施された証拠調べは多田さんの被告人質問のみであった。

　3月5日の第4回公判期日では、被告人3人を併合して審理が行われ、多田さんの被告人質問を実施したのち、弁論が分離された。第5回の公判期日で検察官・弁護人の弁論を行い、終結し、9月29日午前10時から山田さんの判決、10月22日午前10時から荒木さんの判決、10月29日午前10時から多田さんの判決がそれぞれ言い渡された。いずれも各被告人の無実かつ無罪を認め、検察官の控訴を棄却するとの主文であった。

　第二次控訴審の河上判決は、差戻審判決のわずか約1年6カ月後の宣告であった。第二次控訴審の審理は迅速な審理であった。超長期化した甲山事件の審理に早急に終止符を打たなければならないという、河上コートの強い決意の表れであった。

2　破棄判決の拘束力についての判断

　検察官は、差戻審判決が園児供述および被告人の自白の信用性を否定し、繊

維鑑定結果の証拠価値を認めなかったことを、第一次控訴審判決の判断に反するものであり、破棄判決の拘束力に反し、裁判所法4条に違反すると主張した。

これに対し第二次控訴審判決は、「以上のとおり、第一次控訴審判決が確定的な事実判断をしていないと解される以上、その事実判断に拘束力を問題とする余地はなく、したがって、その拘束力からの解放を論じるまでもない。もちろん、審理を尽くさない状態で否定的な判断をすることは否定されており、この点の拘束力は存在するが、これはむしろ審理を尽くすか否かの問題であって、証拠による事実判断自体への拘束力をいうものではないと解すべきである」として、検察官の主張を排斥した。

さらに、差戻審判決が、破棄判決の拘束力は、破棄の直接の理由となった判断について生じると正当に判示しながらも、「破棄の直接の理由となった判断」とは、要証事実に関する結論的事実認定の判断と直結する特定の点についての事実判断やその判断に必要な特定の証拠の証明力に関する判断を含むとし、第一次控訴審判決の事実認定に一定の拘束力を認めたこと、およびこれに付加して検察官はさらに強固な事実認定上の破棄判決の拘束力を主張したことについて、第二次控訴審判決は、第一次控訴審判決の事実認定は差戻審判決を一切拘束しないと判断した。

それだけではない。無罪判決を破棄差戻しとした第一次控訴審判決の誤りを暗に指摘したのである。すなわち、第一次控訴審判決文を引用したうえで、「掲げられた条文によれば、審理不尽による訴訟手続の法令違反と事実誤認の両方が破棄の理由となっていると考えられる」とし、別の箇所の第一次控訴審判決文を引用したうえで、第一次控訴審判決のいう事実誤認とは、通常の事実誤認（本件では無罪の角谷判決の事実誤認を指摘し、有罪と認定すること）ではなく、角谷コートが検察官申請の証拠を採用して審理を尽くしたならば、認定の可能性のあった事実を認定しなかったことを指摘しただけであり、実際は事実誤認を理由とする破棄判決ではない、と解釈を施している。

また、第二次控訴審判決は、自白および園児供述の信用性を認める旨の第一次控訴審判決の総論部分の記載について、各論部分では自白や園児供述の信用性に関して「積極的にこれらを信用すべきものであるなどと明言した判示部分は存在しない」と第一次控訴審判決の総論部分と各論部分の矛盾を鋭く指摘した。そ

して、第一次控訴審判決の内容について、「第一次控訴審は、当時の証拠状態においては信用性ないし証拠価値について積極にも消極にも確定的な判断ができないと考えたものと解される」と解釈を施したのである。

さらに上記引用部に続けて次のとおり指摘している。

「検察官も、このような判断があり得ることを前提に、第一次控訴審判決が当時の証拠状態に照らしての積極的判断をしていると主張しているかもしれない。しかし、第一次控訴審判決が、園児供述や自白の各信用性及び繊維鑑定の証拠価値が確定的に認められると考えて差戻前一審の判断を事実誤認であると判断したのであれば、これらの証拠により公訴事実そのものが認定できるのであるから、事実誤認の点を論理的前提としてさらに別の点の事実を確定するために証拠調べが必要になるような場合と異なり、差戻しという迂遠な方法をとることなく有罪の自判をすることもできるはずである。有罪の心証を持っているにもかかわらず、さらに審理を尽くせば、被告人と本件公訴事実とを結び付ける証拠が出てきて証明十分となる可能性があるからとの理由で破棄差戻しするのは背理である。仮に、被告人の審級の利益ないし防御権の確保のために差戻しが相当であると判断したとしても、その場合に差戻審に求める証拠調べは被告人の有罪を疑わせる事情の存否が中心となるはずである。にもかかわらず、第一次控訴審判決は前記のとおり被告人に有利にも不利にも働き得る事実関係についてのさらなる審理を命じているのであって、この点からしても前記問題とされる各点につき積極的な肯定的判断をしたとは考えれない」。

このように第一次控訴審判決が、証拠に基づかず、虚構のストーリーの検察官の主張のみに基づいて角谷判決を破棄したことにより生じた矛盾を鋭く指摘したのである。

3 審理不尽の主張に対する判断

検察官は審理不尽につき、要旨以下のとおり主張している。

元青葉寮園児のD男の供述に関する鑑定証人3名の取調べ、同G女の供述に

関する鑑定証人3名の取調べ、上記鑑定人作成の鑑定書の「目撃」供述の信用性の部分の取調べ、以上の証拠申請を差戻審が採用しなかったことが審理不尽であり、刑訴法298条1項および2項に違反し、訴訟手続の法令違反である。

　この審理不尽の控訴理由は、精神遅滞者であるD男、G女について、①一般的供述能力、②供述の特性や供述者の性格の鑑定、に付加して（この2点についての鑑定書は採用・取調べ済みである）、③具体的供述の信用性そのものについて鑑定が必要である、と主張しているものである。

　これについて判決は次の2つの理由により、鑑定を求めることは相当でないとした差戻審判決を支持した。理由の第1は、専門家の不在ということである。理由の第2は、信用性判断が総合判断であることからくる問題である。判決は次のとおり述べている。

　　「すなわち、供述の信用性判断が供述分析を中心とするとなると、供述内容と対比すべき客観的事実及び供述経過に関する事実が供述の信用性判断の前提となるはずである。

　　しかし、これらの事実が容易に確定できる場合は稀であり、通常は、その多くの部分がさらに証拠判断を経て認定される事実であって、その結果、供述の信用性は事件全体の事実認定とかかわる総合的判断とならざるを得ない。現実的には、供述の信用性判断の前提となるべき事実の認定における心証が、逆に供述の信用性判断をする中で形成されることもあり得る。そうすると、事件全体を離れて、ある具体的供述のみの信用性を判断することは、不可能とまではいえないもののかなり困難を伴うものであり、事件全体の事実認定に責任を負わない者に個々の供述の信用性について判断を委ねてしまうことになりかねず、甚だ危険なことであって相当性を欠くと考えられる。

　　以上のような点から考えると、供述分析の際に用いる経験則のうち精神医学ないし心理学的要素については、専門家の知見を参考にするために鑑定を求めることがあるにしても、最終的な信用性判断についての結論まで含めて鑑定を求める必要性があるとは到底いえないというべきである」。

　検察官が申請した鑑定人の適格性について、弁護人の主張を認め、判決は次

のとおり述べている。

　「右のとおり、一般的な観点からみても具体的な供述の信用性について鑑定を求める必要性はないが、本件においては、検察官が証拠として請求している鑑定等に携わった鑑定人が、いずれも供述心理学について特に研究した経験がなく、現実に供述の信用性を判断した経験もほとんどないことが認められるのであって、この点からも具体的信用性に関する鑑定について証拠調べの必要性は認められない」。

　なお、検察官が刑訴法298条2項の規定を引用したことについて、括弧書で次のとおり指摘している。

　「(検察官は刑訴法298条2項の規定を掲げるが、同項は職権証拠調べの規定であり、本件のように検察官請求の証拠についての採否の権限は、同条1項の定めるところであって、同条2項は、必要に応じて職権でも証拠調べをすべきであるという解釈の基準として理解すべきである。)」

4　事実誤認の主張に対する判断
──山田さんの無実性を全面的に打ち出す内容

❶ アリバイについて先行して判断

　第二次控訴審判決は、差戻審の無罪判決に対する検察官の控訴を棄却して原判決の事実認定に誤りはないと判断したものであるから、基本的に差戻審判決と大きな違いはない。園児供述の信用性、自白の信用性という二大争点についての判断内容もほぼ同一である。殺人事件について山田さんが灰色無罪ではなく完全無罪、無実かつ無罪であるという点について、差戻審判決もその立場から述べられているが、第二次控訴審判決はさらに一歩進んで、山田さんの無実性を全面的に打ち出す判決内容になっている。その点を示すのが、検察官の事実誤認の控訴理由に対する判断を示すにあたって、アリバイに関する間接事実の事実認定を先行させる構成をとっていることである。

　刑事事件において、アリバイの存在は被告人側の最終的切札ともいうべきものである。アリバイ立証の成功により検察官の有罪立証は無に帰すこととなる。したがって、判決ではアリバイの主張に対する判断は事実認定の最後で行うのが通例

である。差戻審判決も検察官の「被告人にはアリバイがない」との主張に対する判断を判決文の最後の項目で行っている。ところが、第二次控訴審判決は、事実認定の最初にアリバイの問題を取り扱っているのである。これは何を意味するものであろうか。

　検察官は本件につき、職員犯人説の立場をとり、職員のなかで山田さんのみにアリバイがなく、ほかの職員全員にアリバイがあるから、S君殺害の犯人は山田さん以外にありえない、と主張している。また、山田さん、Nさんがアリバイ工作をしたとも主張している。このように検察官が主張するアリバイ問題を先行して判断するのは、山田さん犯人説を否定して、無実性を明白にするきわめてわかりやすい説明方法と言えよう。第二次控訴審判決が山田さんの無実性を全面的に打ち出す判決内容になっていると評価できる理由である。

　それでは、アリバイについての検察官の主張に対する判決の判断の要旨を紹介する。まず、園児を犯行の可能性がないとして検討の対象から除外する検察官の主張に対し、以下のとおり述べ、園児を対象から除外してアリバイの不存在によって犯人の特定をした捜査手法を批判している。

　　「検察官は、まず、園児がマスターキーを持っていないから、宿直員であるO及びLに発見されずにS〔君〕を連れ出すことは事実上不可能であると主張する。しかし、青葉寮には、施錠されている非常口以外にも、デイルーム及び各居室から外へ通じるがラス戸が設けられているのであって、S〔君〕を連れ出した場所が特定されていない状況において検察官のようにいうのは誤りといわざるを得ない。検察官は、次に、園児が嫌がるS〔君〕を寮外に連れ出して本件犯行に及ぶことは知的能力や体力的に不可能であり、動機の面からも考えられないと主張する。しかし、そもそも、S〔君〕が夜間の暗がりを怖がる性格であったこと及び青葉寮においてP女以外に特になついている園児はなかったことのみを根拠に、園児がS〔君〕を連れ出そうとすれば嫌がって抵抗するであろうと推測する前提には、普段生活をともにしている園児が連れ出そうとするときにS〔君〕が必ず嫌がって抵抗するとは限らないのではとの疑問があり、仮にS〔君〕が渋々であってもついて来さえすれば、浄化槽マンホールの蓋（重さ約一七キログラム）を開ける程度の体力のある園児はいるのであるから、体力の点が園児すべてを除外する理由にはならな

い。そして、知的能力の点は、重度の精神的遅滞は別として、本件はこれを問題にしなければならないような犯罪ではなく、動機の点でも、普段生活をともにしている園児の間で、職員等には明らかにならない種々の人間関係が当然あり得るのであって、現段階で動機が明らかになっていないことが動機の不存在を意味するものではない。検察官は、さらに、S〔君〕の胃内にみかん片が存在したことも園児が関与していないことの根拠とするが、そもそもS〔君〕がみかん片をどのような形で摂取したのか全く明かでない上、後述のとおり、園児がみかんを入手し得ないという点も立証されているとはいい難いのであって、これも園児の犯行の可能性を排斥する根拠とはならない。してみると、検察官主張のような点のみで園児による犯行の可能性を一切否定することはできない上、そもそも、園児による犯行の可能性を全くといってよいほど考慮していない捜査に基づく本件証拠関係においては、その可能性の高い低いについてこれ以上掘り下げて検討することもまた不可能であるといわざるを得ない。そして、本件では、犯行時間帯が必ずしも明確でないことは既に述べたとおりであり、時間によっては玄関から気付かれないように出入りすることも不可能とまでは断定できない」。

次に、検察官は園児を除外した職員犯行説に立って、山田さん以外の職員にはアリバイがあって犯人ではありえない、と主張しているが、その点について以下のとおり判断している。

「このようにみてみると、結局、検察官の主張は、右の者らには本人の供述するところに目立って不自然な点はないというだけに過ぎず、さらに、青葉寮宿直員及び若葉寮の勤務職員に関しては犯行の可能性が低いであろうという推測が働くにしても、これらは単に感覚的なものであり、捜査段階の当初における判断のために用いるにはそれなりに意味のある事情であろうが、最終的に、犯行が可能な者のアリバイから被告人の犯人性を推認しようとするには極めて杜撰でほとんど無意味といわざるを得ないほどのものである。検察官は、行動状況すべてを裏付ける客観的証拠がないことを認めながら、不自然な点がないことをもって各自の供述が事実であると推認するのであるが、仮に犯人が虚偽のアリバイを供述する場合にも、一見して不自然な供述などするはずがないのであり、特に一人で行動していたという供述については、他

に突き合わせるべき証拠がほとんどないのであるから、不審を抱かせる証拠がないからといってその供述が事実であるといえないことは明らかである。

　ところで、仮に職員に限定した場合に、甲山学園内にいた職員が、検察官の指摘する13人に特定できるのかどうか、例えばQ保母が寝ていた学習棟2階の寮にほかに誰もいなかったなどの点は証拠上明確でないが、右に述べたところからすると、あえて検討する必要はない」。

　アリバイの問題について判決は、「まとめ」として次のとおり述べている。

　「これまでみてきたことからいえることは、検察官の主張にもかかわらず、アリバイの観点から被告人が犯人であることを推認させるような情況証拠は存在しないということである。すなわち、犯行可能な人物のうち被告人のみが行動不明であるとの主張は、被告人が犯行時刻前に管理棟事務室から外に出たことが立証されていないだけでなく、むしろその前後には同室内にいた可能性が高いと認められる証拠状況であり、他の犯行可能な人物の絞り込みについても捜査官による推測の域を出ないものである」。

　第一次控訴審判決が、「捜査本部が想定した犯行時間帯にS君殺害の行為に出ることの可能な職員の中でアリバイ等の存在する者を容疑者の圏内から消去していくうち」、「被告人の当日の午後八時前後のアリバイ供述が不自然であるとして」、「逮捕した」との認定をしていることについての痛烈な批判となっている。

　また、検察官の「アリバイ工作」の主張について判決は、「『アリバイ工作』を推認せしめるとして検察官が掲げる根拠ははなはだ弱いといわざるを得ないものであるが、それ以上に、この『アリバイ工作』には、主張自体に常識的な見地から根本的な疑問があることを指摘しておかなければならない」と述べている。その一例として、以下のとおり述べている。

　「また、検察官は、Nが『アリバイ工作』の中心であり、まず被告人に指示し、次いで本件直後の段階で多田に同調するよう働きかけたと主張するが、N及び多田は、単に被告人と職場を同じくする者に過ぎず、これに対して問題となっている犯罪は、自分達が通常接して世話をし保育している園児の殺害である。直前まで協力して捜索表を作成しようとするなどM子の行方を捜していた被告人が別の園児を殺害した犯人であると知り、若しくはその可能性が強いと考えたならば、驚愕すると同時に被告人に対する非難ないし憤りの気持ちがま

ず生じ、アリバイ工作など考えられないはずであり、しかも普通の社会生活を送っている人間であれば、本件のような状況で、アリバイ工作をしたからといってそれが成功すると思わないのが通常であろう」。

きわめて常識的な判断である。検察官の虚構ストーリーは、第一次控訴審を軽信させることはできたが、第二次控訴審ではその虚偽性を看破されてしまったのである。

さらに、検察官の「口止め工作」の主張について判決は、「そもそも、その具体的な口止め行為について主張立証がされていないともいえるのであって、情況証拠として考慮する必要はないと考える」と述べている。

2 園児供述の信用性判断の方法

判決は、園児供述の信用性判断の方法のまとめとして、以下のとおり述べ、差戻審判決と基本的に同一の見解を示している。

「以上のとおりみてくると、検察官の主張する特性には、精神遅滞児を同じ精神年齢の健常児と比べたときの特性として、一般的に特別の考慮を必要とする特性とみるべきものはほとんど存在しない。供述の信用性判断においては、精神遅滞児、特に施設に収容されている園児が健常児と異なった生活環境に置かれていることは無視できないものの、基本的には、健常児と同様の判断基準に従い、個々の特性については固体差による違いとしての考慮で足りるというべきである」。

3 「園児らの供述の一致」は疑問

園児供述の検討の最後に、判決は次のとおり述べている。

「園児供述を総括してみると、本件において、そもそも実質的に『園児らの供述の一致』があるといえるのか疑問とすべき余地が多分にあり、もとより園児供述を過度に重視することは厳に慎まねばならず、各供述の変遷及びそのあいまいさ並びに供述内容の不自然さ、裏付けの不存在等から生じる供述の信用性に対する疑問は、そのまま被告人によるS〔君〕連れ出し事実の存在に対する疑問とならざるを得ない。

結局、園児供述によっては、被告人によるS〔君〕連れ出し事実が認定

できないのはもちろん、これが存在した可能性が高いとの心証も得ることはできない」。

　山田さんがS君を連れ出すのを「目撃した」との園児供述の信用性を根底から否定しており、山田さんの無実性を強く打ち出している内容と評価できる。

　4人の「目撃」園児供述の中核となっているD男の「目撃」供述の形成過程について、判決は次のとおり述べ、D男の供述変遷を無批判に受容した取調べ方法を批判している。

　　「昭和50年5月の段階で話している園児R男から聞いたという事実が決して軽い事柄ではない上、自ら積極的にR男の発言を促したほどのD男が、第二次捜査の昭和52年5月10日の警察官の取調べで突然R男から聞いた事実の内容が変わり、さらにその後の検察官の取調べでは、これも特に供述内容を翻した理由を述べることなしに、R男からは何も聞いておらず、R男が窓から外を見つめているのを見たと変わっている。検察官の主張によれば、D男は第二次捜査の出石清和園では恐怖心や口止め等の枷がとれて真実を述べる心境になっていたというのであるが、それにもかかわらず、R男の件に関しては短時日の間にこのような大きな供述内容の変遷がみられるのである。検察官は、あるいはR男から聞いたとして警察官に話したことなどは、自ら体験したこととは異なり、記憶に残らなくてもおかしくはないと主張するのかもしれないが、R男から聞いたという事実の内容は、簡単に忘れてしまうような事柄とも考えられず、その上わざわざ警察官に話していることである。しかも、その内容がなぜ変わるのかも納得できない。むしろ、D男の右の供述の変遷をみていると、R男から何らかの話を聞き、原判決が指摘する前記の他の情報とも相まって、次第にD男の認識の中で固定化し、あたかも自ら目撃したような錯覚に陥っていたことを垣間見せるものといえる。また、他面、捜査のプロであるはずの警察官や検察官が、D男のその場その場の思いつき的供述に翻弄されているかのような観を呈しているとさえいえる」。

　また、D男の期日外尋問における弁護人の反対尋問の方法が不相当であったため、D男の証言に影響を与えたとの検察官の主張に対し、次のとおり述べて排斥している。

　　「弁護人の反対尋問を全体としてみたとき、これが長時間に及んだこと自体

は、D男証言の内容が事件から約3年後に初めて現れたものであること、反対尋問における答えが主尋問から変遷するなどしたこと、あるいは理由不明の沈黙があったことなどからするとやむを得ないものであったと認められるのであり、尋問内容も、不当な押し付け的な誘導はほとんどなされていない」。

さらに、期日外尋問における弁護人の異議申立てが不相当であったため、園児証人の証言に不当な影響を及ぼしたので、園児証言の信用性の判断にあたり、そのことを考慮しなければならないとの検察官の主張に対し、判決は次のとおり述べて、弁護人の異議申立てが相当であったと判断している。

「証人尋問はできるだけ冷静かつ穏やかに進行するのが望ましいが、当事者に異議申立権がある以上、それが違法であるとか濫用にわたるとかあるいは不相当なものでない限り、制限することができないのも当然である。検察官は、弁護人の異議申立てをG女があたかも自分がいじめられているかのように受け取り、結局証言できなかったというが、異議の申立てはいうまでもなく質問する相手方に対するものであって、証言する証人に対するものではない。そして、G女の証人尋問を含め、本件における園児の証人尋問の際の弁護人の尋問をみればわかるように、弁護人は、供述を渋る園児に何とか証言してもらおうと質問内容や言葉遣いを工夫したり、観点を変えたりなど努力している様子が窺われ、逆に言葉を荒くして責めたり、あからさまに叱責や非難をしている箇所はほとんど見当たらず、むしろ、証人が沈黙する時間が余りにも長いときには、裁判長がどちらかといえば厳しい言葉で証言を促しているとすらいってよい。検察官の所論では、あたかも弁護人が証人に証言させまいとして妨害的な異議の申立てをしているかのようであるが、もとより弁護人が証人をいじめたり、証言を妨害する意図をもって異議申立てをしていると認めることはできず、結果的に証人が萎縮する可能性があるからといって、正当な異議申立権を制限することはできない。もっとも、本件における証人尋問全体をみると、証人尋問に対する異議の申立ては必ずしも弁護人側の方が圧倒的に多いともいえず、検察官側からも相当激しくなされているともいえる」。

4 自白について

　判決は、本件における動機の重要性について、「被告人は、早い時期から精神遅滞児施設で働くことを考え、短期大学卒業後甲山学園に勤務し、事件当時で約２年間の勤務を経ていた 22 歳の女性であり、園児に対する介護等についてことさら問題があったりした様子もうかがわれないのであって、そのような被告人が、自己の勤務先である甲山学園のしかも被告人が担当していた青葉寮に入所していた園児を殺害するということは、それ相応の動機があってしかるべきであり、それとともに、Ｓ〔君〕の殺害行為とＭ子の行方不明についてもなんらかの関連があると考えるのが自然である（略）」との差戻審判決の判断につき、「当裁判所も同様に考える」として、長文をわざわざ引用している。山田さんに動機がないことが、山田さんの無実性を示していることを認識していることの表われにほかならない。

　さらに、「目撃」園児の一人とされるＣ女が、「Ｍ子の転落事実」について供述証言をしたことについて、次のとおり述べている。

「ところで、Ｃ女は、本件犯行の動機と密接に関連すると考えられる『Ｍ子の浄化槽転落事実』について、第一次捜査段階では全く供述していなかったにもかかわらず、第二次捜査段階に至って初めて極めて重大な供述をしている。（中略）

　さらに、Ｃ女は、公判準備期日における証言の場において、Ｍ子転落時に被告人が現場にいなかった旨及びＭ子転落後マンホールの蓋を閉めたのは自分である旨、いずれも捜査段階とは異なった証言をしている。

　原判決は、Ｍ子の浄化槽転落事実に関する被告人供述とＣ女供述とを対比し、詳細に検討を加えた上、結論として、Ｃ女の供述のうち、Ｍ子転落事実に関する捜査段階の供述は、被告人がその場にいたとの点を除き信用性が高く、それに反する被告人のこの点に関する供述は信用できず、また、被告人がその場にいた旨のＣ女の供述は信用できないとし、したがって、Ｍ子転落に関する事実を原因事実とする被告人の動機に関する自白供述の信用性には大きな疑問があるといわざるを得ないと判示している。

　当裁判所は、右原判決の判断は正当であると考えるが、動機に関する自白供述の信用性に大きな疑問があるというよりも、むしろ動機に関する自白供述は明らか

に事実に反するものといわざるを得ないと考えるので以下説明する。(中略)

　右に述べたように、C女供述及び溝井鑑定書等による限り、本件では被告人が蓋をした事実は認められず、C女が蓋を閉めたと認めるのがごく素直な事実認定である。そうだとすれば、被告人が蓋を閉めたことを前提とする検察官の動機論は根底から揺らいでしまうことにならざるを得ない。

　本件における動機の重要性については、既に述べたとおりである。確かに動機が明確にできなくても有罪となる殺人事件がないわけではないが、それは他に被告人と犯人を結び付ける有力かつ確実な客観的証拠が存在する場合であって、本件とは全く事案を異にする。既にみたように、本件では被告人と犯人とを結び付けるような客観的な証拠は全く存在しないのであるから、犯行の動機に重大な疑問があれば、自白全体の信用性はもとより、事件全体の立証が崩れるといってよい。

　かように、M子転落事実に関するC女供述は、本件において重大な意味を持つものであるが、これは、第一次捜査段階では全く現れず、第二次捜査段階で初めて供述されたものである。このような重大な供述に直面した捜査官としては、その時点で、今一度捜査を原点に戻して事件を見直すべきであったのではないかとの念を禁じ得ない」。

　判決は「M子転落事実」に関するC女供述がされた時点で、山田さんを犯人視する捜査を打ち切り、「今一度捜査を原点に戻して事件を見直すべきであった」として、本件の捜査全体を批判しているのである。差戻審判決が、S君事件とM子事件が何らかの関連性があると述べている部分を第二次控訴審判決が引用していることも考慮すれば、C女がS君死亡に関与した可能性が高いにもかかわらず、その点についての捜査はまったくされなかったことを指摘しているものと理解できる。

　判決は自白の検討についてのまとめとして、次のとおり述べている。

　「以上、自白の信用性を判断する要素について検討してきた結果を中心とし、その他所論の主張をすべて考慮しても、被告人の自白は、『任意性の否定されない供述において自白した。』ということ以外に自白の信用性を高めるよ

うな事情は認められないのであって、逆に、事実でないにもかかわらず自白してしまった理由として被告人が述べるところに沿う証拠が散在し、その弁解が排斥できない以上、冒頭に述べたとおり、その信用性は乏しいといわざるを得ない」。

結論として、最後に判決は次のとおり判示し、山田さんの無実性を認めた。

「これまで述べてきたとおり、本件における証拠のうち、園児供述及び自白を除いた情況証拠からは、被告人が犯人であるとの推認はほとんど働かず、また、園児供述によっては、被告人がS君を青葉寮から連れ出したとの認定ができないだけでなく、その可能性が高いとの心証も抱くことができず、さらに、被告人の自白はもともとその信用性は乏しく、情況証拠と照らし合わせても、その信用性は高まるものではない。結局、被告人に対する本件公訴事実はその証明が不十分であって、これと結論を同じくする原判決に、所論の事実誤認は認められない」。

5　荒木さん・多田さんに対する偽証事件判決

偽証事件で検察官は控訴理由として審理不尽は主張せず、第一次控訴審判決の拘束力違反と事実誤認を主張した。拘束力違反の主張への第二次控訴審判決の判断は山田さんの事件のものと同趣旨である。

❶ 偽証事件の最大争点

荒木園長・多田若葉寮指導員は、国賠事件で証人として、山田さんにS君殺害の余地はなかったことを証言し、ともに偽証罪で起訴された。荒木さんは、自分が神戸新聞会館に向けて甲山学園を自分の車で出発したのが午後8時15分過ぎであり、それまで山田さんはNさん、多田さんとともに甲山学園管理棟事務室にいたのであるから、山田さんは犯人でありえないとの趣旨の証言内容であった。多田さんは、荒木園長が出発したのち、青葉寮の当直職員がS君の行方不明に気付きS君を探していることが管理棟事務室に伝わり、Nさん、山田さんと自分の

3人は青葉寮に向い、S君の捜索活動を行ったので、山田さんは犯人でありえないとの趣旨の証言内容であった。

これに対し検察官は、荒木さんが出発するまで山田さんが管理棟事務室に在室していた点は認めながらも、出発時刻が午後8時よりも前の時刻であると主張し、多田さんに関しては、午後7時50分ころには管理棟事務室を出て若葉寮職員室に在室していたと主張した。すなわち、山田さんの「犯行」時間を午後8時直前に設定し、荒木さん・多田さんともに山田さんの「犯行」時間帯には一緒にいなかったのであるから、山田さんのアリバイを証言する資格がない、にもかかわらず、そのことを知りながら証言したので偽証である、との主張である（偽証の公訴事実の詳細は省略する）。

このように、検察官の主張によれば、荒木さん・多田さんの偽証と山田さんの「犯人」性とは表裏一体の関係にあり、荒木さん・多田さんの偽証が成立すれば山田さんが犯人であり、また山田さんが犯人なら荒木さん・多田さんの偽証が成立することになる。その反対に、山田さんが無実なら荒木さん・多田さんも無実であることになる。判決は客観的事実に関する結論的判断の項で以下のとおり述べ、検察官の主張を全面的に排斥し、荒木さん・多田さんの無実を認めた。

「以上、管理棟事務室内での出来事を中心に主要な争点をみてきたが、その他の証拠も含めて総合的に判断すれば、電話の順序に関しても、I電話の時刻に関しても、検察官が主張する客観的事実を認めることはできないといわざるを得ない。

すなわち、検察官は、午後8時前に被告人荒木が甲山学園を出発し、その後に山田さんとNのみが管理棟事務室に残ったという状況を主張の基本としているところ、被告人荒木の午後8時前出発の事実を立証するための最も直接的で重要視されている証拠はI証言であり、それ自体ある程度の信用性は認められ、その他にも、被告人荒木が午後8時前に甲山学園を出発したことを窺わせる証拠も存在するが、一方で、証言事項が電話の時刻という通常人の記憶に残りにくい事柄であること、通話記録等客観的証拠による裏づけがない供述証拠であること、証言内容にも看過できない問題点があること等の限界があるのに加え、それほど大きくは動かし難いと考えられる被告人荒

木の神戸新聞会館到着時刻と走行実験の結果は、被告人荒木が午後8時前に出発したことに大きな疑問を生じさせるものである。そして、管理棟事務室内での出来事を全体としてみると、検察官が前提としている2つの事実、すなわち、多田が午後7時50分ころから午後8時20分ころまでは若葉寮におり管理棟事務室にはいなかったこと及び山田さんが午後8時6分ないし9分ころにグラウンドにいたことは、むしろ真実ではない蓋然性が高いと認められる。そして、I電話に至るまでに管理棟事務室内でなされた電話の順序・時刻は確定し難いものではあるが、これらに関する第三者の供述等の証拠のうち、特にS君死亡事件当日により近い第一次捜査段階でなされた供述は、I電話が検察官主張のような午後7時50分ころになされたことを裏付けるものではなく、むしろ午後8時を過ぎてなされたものであることを示唆するものが多い。この事実を加えて、被告人荒木、N及び多田の供述を総合検討すると、電話の順序に関しては、認定の程度には至らないものの、弁護人が主張するように園児D男の父の電話が最初で、その後大阪放送関係電話がなされた可能性が高いと認めることができる。そして、I電話の時刻に関しては、少なくともこれが検察官主張のような午後7時50数分ころには終了していると認めることはできず、むしろその時刻が午後8時を過ぎていた可能性がかなり高いと判断され、被告人荒木の出発時刻も午後8時を過ぎていた可能性が高いことになる。

　なお、そうだとすれば、検察官が主張するS君殺害事件の犯行時刻との関係からみて、山田さんにアリバイが成立している可能性が高いと判断できる状況にあるといえるのであって、虚偽のアリバイ工作がなされる中で被告人荒木が本件偽証に及んだとする検察官の構想自体成り立たないことになる」。

❷「アリバイ工作」の主張について

　検察官の事実誤認の控訴理由は、「客観的事実」として、管理棟事務室での出来事の順序・時間を操作して事実を主張したうえで、検察官の主張する「客観的事実」に反する供述をした荒木さん・多田さんについて、アリバイ工作に加担して偽証したと非難する内容のものであった。

　判決は「検察官のアリバイ工作への加担論は常識的に見て問題がある」、「検

察官の主張する『アリバイ工作』は、それ自体が立証されているものではなく、むしろ、その存在には大きな疑問がある」と指摘し（判決52頁）、虚構のストーリーであることを見抜いたのであった。

また判決は、既述のとおり、「検察官が主張するS〔君〕殺害事件の犯行時刻との関係からみて、山田さんにアリバイが成立している可能性が高いと判断できる状況にあるといえるのであって、虚偽のアリバイ工作がなされる中で被告人が本件偽証に及んだとする検察官の構想自体成り立たないことになる」と述べている。

すなわち、山田さんの事件の判決（205頁）では、「当裁判所は、結論として、この段階では、被告人にアリバイがあるとまでの認定はできないものの、検察官の主張するような被告人における午後8時前後の行動不明の時間帯が存在する可能性はかなり低いものと判断する」としか述べていないにもかかわらず、山田さんのアリバイの成否について、荒木さんの偽証事件判決では「アリバイが成立している可能性が高い」と述べているのである。

偽証事件では、管理棟事務室での出来事、若葉寮職員室での出来事、電話の順序・時間等詳細な事実が争点となったため、偽証事件判決の内容のことをあらかじめ考慮して、「この段階では」という表現を使用したものと考えられるのである。いずれにしても、山田さんの無実性を偽証事件判決によりさらに鮮明にしたものと評価できる。

❸ 荒木さんに対する検察官の取調べ方法について

判決は、主観的虚偽性および犯意についての項で、次のとおり述べ、加納検事の、弁護人を不当に非難する取調べ方法を批判している。

> 「弁護人との接見がほぼ毎日なされたとはいえ、その時間は短時間であるのに対し、加納検察官の取調べは連日のように長時間にわたるものであったところ、同検察官は、被告人の社会的地位も認め、健康状態にも留意して取調べをしていたと認められるのであって、取調官と被疑者という対立関係があることを前提として考慮しても、同検察官と被告人との間にそれなりの人間関係が形成されていくことは容易に推測できる。その加納検察官が、弁護士になってそれほど年数を経ていない当時の弁護人らの活動に対して『経験不足で未熟である。』などの批判的な発言をしていたと認められることからす

れば、被告人が述べる、『自己の惨めさと弁護士のスマートさから、気持ちの上で弁護人との違和感が強まり、弁護人への信頼感を失っていった。』との心理状態は十分あり得ると考えられる。仮に右のような心理状態であったとすれば、弁護人の接見も、虚偽自白の防止としての十分な役割を果たし得ないことになるのであって、このような状況のもとでは、右外形的事情を過大に評価することはできない」。

加納検事の、「記憶の喚起」と「認定事実」を使いわける取調べ方法について、次のとおり述べている。

「なお、ここで『記憶の喚起』と『認定事実』の区別について付言すると、その区別が微妙でなかなか困難であること原判決が説示するとおりである。もちろん、明らかに記憶にないことを記憶しているかのように陳述していることがわかる場合もあるのも当然であるが、人は全く忘れていた事実を、何かのきっかけで、何かヒントを与えられ、あるいは何か別の事実を教えられて思い出すようなことはいくらでも経験することである。そのような区別の微妙な問題をいちいち取り上げ、例えば偽証罪に問擬してみても、喚起された記憶であるのか、あるいはそうでないのかにつきたちまち立証に行き詰まり、仮に形式的に証拠を揃えることができたとしても、得心のいく事実認定はなかなか困難であろうと思われる。そこに本件検察官の手法、すなわち客観的虚偽性を立証して主観的虚偽性を推認しようとの手法が用いられる実質的根拠が存在するといってよい。当裁判所も、既に述べたように右手法は実務的に適切かつ相当なやり方であると考えるが、被告人の検察官調書にいう『記憶の喚起』と「認定事実」をめぐる議論は、右の観点からすれば、偽証の主観面（主観的虚偽性及び犯意）を立証するものとしてほとんど積極的意味を持ち得ないというべきである」。

判決は、結論として以下のとおり判示する。

「これまで述べてきたとおり、本件における証拠によって、証言事項に関して検察官の主張する客観的事実はこれを認めることはできないから、これによって被告人の証言の主観的虚偽性を推認することはできず、被告人の自白もその信用性は低いものであって、結局公訴事実を認めることはできない。これと同旨の原判決に事実誤認は存在せず、検察官の事実誤認の論旨は理

由がない」。

6 すべての甲山事件は終了した

　1999（平成11）年9月29日午前10時から言い渡された第二次控訴審判決の朗読は、午後2時35分に終了した。山田さんの無実性を明確に打ち出した判決理由であった。検察官の上告期限は10月13日であったが、自然確定を待たず、大阪高等検察庁は10月8日午後2時45分、大阪高等裁判所に上訴権放棄書を提出し、ここに冤罪甲山事件の審理は終了することとなった。

　荒木さんに対する同年10月22日の判決、多田さんに対する10月29日の判決についても検察官は11月4日上訴権放棄書を提出し、偽証事件も含めて、甲山事件についてのすべての刑事裁判は終了した。

　ところで、国家賠償請求訴訟については、山田さん、甲山学園青葉寮指導員のNさんとMaさんの3名が原告として提訴し、証拠調べも終盤まで進み、終結が近い段階にいたったところで、山田さんの再逮捕起訴、証人荒木さん・同多田さんの逮捕・起訴の事態が発生したため審理が中断のままになっていた（甲山国賠訴訟の審理を妨害するために検察庁は甲山刑事裁判を起こしたと評価できる面がある）。国賠訴訟は山田さんの無実性を明らかにするために提訴したのであるが、第一次第一審、差戻審、第二次控訴審の3度にわたる「無罪」判決により、山田さんの無実性は明白となったと弁護団は判断したので、甲山弁護団の原告代理人が神戸地裁尼崎支部に国賠訴訟の取下書を提出した。ここに、民事・刑事すべての甲山裁判は終了した。

　このようにして、山田さんの無実かつ無罪は確定し、甲山事件の冤罪性は争いようのないものとして確立した。それでは、なぜ冤罪甲山事件が生まれたのであろうか。その点について第8章で分析をするが、その前に、甲山事件の審理経過と弁護活動について触れる。

第7章
甲山審理の経過と弁護活動

1 全審理経過の概要

　1978年（昭和53年）3月9日、山田さんに対する殺人罪の起訴、その後の同月19日、荒木潔さんと多田いう子さんに対する偽証罪の起訴から、1999（平成11）年10月8日、大阪高等検察庁による山田さんの事件についての上訴権放棄、同年11月4日、荒木さんおよび多田さんの事件についての上訴権放棄による裁判の終了まで、甲山事件の刑事裁判は、21年8カ月に及ぶ異例の長期審理であった。

　この間の裁判所による審理回数は次のとおりである。

　第一次第一審は殺人事件と偽証事件を併合して審理が始められた。併合審理の公判回数は66回であり、公判手続分離後の殺人事件の公判審理回数は論告、弁論、判決の各手続で3回であるので、殺人事件の公判回数は69回である。分離後の偽証事件の公判審理の回数は18回である。したがって、第一次第一審の殺人・偽証事件公判審理の回数は合計87回となる。

　公判期日外の審理として、甲山学園を含む甲山福祉センターの各施設の検証を3回、園児の証人尋問を17回実施しているので、合計20回となる。公判期日として87回、公判期日外として20回、合計107回の審理が実施されている。

　第一次第一審の殺人事件無罪判決が1985（昭和60）年10月17日（判例タイムズ583号40頁）、偽証事件無罪判決が1987（昭和62）年11月17日と約2年間の経過後に偽証事件判決が言い渡されたため、第一次控訴審の殺人と偽証の審理は分離して実施された。

第一次控訴審の公判審理の回数は殺人事件につき19回、偽証事件につき3回、合計22回である。第一次控訴審の公判期日外の審理としては殺人事件について鳥取地裁倉吉支部での証人尋問が1回実施されたので、審理回数は23回である。

　第一次控訴審の殺人事件について、1990（平成2）年3月23日破棄差戻判決（判例時報1354号26頁）があり、上告したが、最高裁で1992（平成4）年4月7日、上告棄却の判決があった。その後同年10月16日、偽証事件についても第一次控訴審で破棄差戻の判決があったが、弁護団は上告しなかった。

　1993（平成5）年2月19日、第二次第一審の神戸地裁で殺人事件についての第1回公判が実施され、同年12月14日の公判から偽証事件と併合審理された。差戻審の公判審理回数は74回（分離後の多田さんの公判はカウントせず）、公判期日外での証人尋問（福井地裁および熊本地裁天草支部で実施）2回、合計76回の審理であった。無罪判決が出たのは、1998（平成10）年3月24日（判例時報1643号3頁）である。第二次控訴審の大阪高裁での公判審理回数は6回（分離後の多田さんの公判はカウントせず）であり、期日外の審理はなかった。無罪判決が出たのは、1999（平成11）年9月29日（判例時報1712号3頁）である。

　以上、甲山事件の公判および公判期日外も含めた総審理回数は212回である。

　取り調べられた証人は、第一次第一審の併合審理で31名、分離後の偽証関係で3名、第一次控訴審で11名、差戻審で47名、第二次控訴審はゼロであるから、合計92名である。この92名のうち弁護人のみの申請証人は第一次第一審で1名、第一次控訴審で1名の合計2名のみである。

　取り調べられた書証（分離後の偽証事件を含まず）は、第一次第一審では検察官申請によるもの400点、弁護人申請によるもの182点、職権によるもの25点、第一次控訴審では検察官申請9点、弁護人申請18点、職権なし、差戻審では検察官申請135点、弁護人申請195点、職権39点であり、合計すると検察官申請544点、弁護人申請397点、職権64点である。弁護人の申請のうち310点は証人や事件関係者の捜査段階に作成された供述調書や捜査復命書等の捜査書類である。したがって当事者の申請にかかる書証941点のうち854点は捜査書類だったのである。

そうすると、甲山刑事裁判の実相とは21年余もかけて、ひたすら検察官申請の証人および書証、弁護人提出の捜査書類を取り調べていた審理であった、ということになる。弁護人提出の捜査書類は検察官により開示を受けたものであるから、本来は検察官から取調べ請求されてもおかしくないものである。証人も書証も検察官申請のものをほとんど取り調べていたということになる。21年余、212回の審理を要した甲山刑事裁判はひたすら検察官の立証活動に費やされた、と言っても過言ではないのである。

2　第一次第一審の審理

　1978（昭和53）年6月5日の第1回公判で弁護人は、起訴状に対する求釈明を行い、証拠開示を求め、被告人3名に対する起訴につき、公訴権の濫用であるとして、公訴棄却の判断を求めた。7月10日の第2回公判で弁護人は、公訴棄却申立理由を詳細に陳述した。その理由の要旨は以下のとおりである。

> 「山田さん関係では、第一次逮捕は見込捜査にもとづくものであったこと、自白獲得のための違法な取調べが行われたこと、弁護人との接見交通権を違法に侵害したこと、第二次逮捕においても、再逮捕の必要性が存在しないにもかかわらず再逮捕が強行されたこと、山田さんが黙秘の態度を明確にしているにもかかわらず検察官が弁護人に対する誹謗中傷を行い、被害園児の死体写真を示して冥福を祈れと精神的動揺を狙い、第一次逮捕において警察官による自白強制に絶え切れず自殺を試みたことのある山田さんに対し、取調べの机を示しながら「これ位の高さがあったら死ねる」とうそぶく等の違法な取調べを検察官が行ったこと、又弁護人との接見にも空前絶後と思われる妨害を行ったこと、園児に関する捜査も「記憶」に対する操作が加えられる等の違法なものであったこと、弁護人らの調査活動を妨害したこと、山田さん関係の起訴を有利に進めるために、荒木さん・多田さんを偽証罪で逮捕勾留したうえ起訴したこと等の、違法捜査を尽くしたうえでの起訴として公訴権の濫用である」。

荒木さん・多田さん関係で、弁護人が主張した公訴権濫用に基づく公訴棄却申立ての理由の要旨は、以下のとおりである。

「国賠訴訟で被告とされていた国が、民事事件である国賠訴訟に介入して、証人である荒木さん・多田さんの証言を偽証と決めつけて逮捕勾留起訴することの不当性、しかも国賠訴訟の審理はほぼ終結に向っていたのに介入したことの不当目的、国賠訴訟において被告国及び兵庫県警は原告申請証人に圧力を加える等種々の不当な介入を行ってきたこと、荒木さん・多田さんに対し虚偽自白を求める違法な取調べを行ったこと、そして荒木さん・多田さんに対する偽証罪起訴は山田さんに対する殺人罪公判を有利に進めるための不当な目的のもとに行われたものであり、公訴権の濫用である」。

弁護人が3名についての公訴権濫用を立証するための人証その他の証拠調請求を行ったところ、裁判所は、弁護人申立ての公訴棄却に関連して、実体に及ばない限度で「先行して審理する」との画期的な決定を行った。この予想外の事態に驚いた検察官が休廷を申出し、休廷となった。再開後検察官は「先行して審理する」との裁判所の決定に対し、昭和41年7月21日および昭和44年12月5日の最高裁判決、昭和44年12月10日の最高裁決定に違反するとして異議申立てを行ったが裁判所は異議申立てを棄却した。弁護人申請の公訴権濫用を立証するための証拠調べについて、裁判所は採否を留保した。

ところが、裁判所はいったん決定した公訴棄却の申立てに関する審理につき、公判期日外の8月15日付で「本件各公訴を棄却しない。弁護人から申立のあった別紙記載の各文書、各証人の取調、及び被告人3名に対する被告人質問については、いずれもこれを行わないこととする。神戸拘置所に対し、別紙記載の事項の照会はしない。神戸弁護士会保管の別紙記載の書類の取寄（同会に対する照会も含む）はしない」という主文の決定を行った。

通常、冒頭手続の段階で弁護人が公訴棄却の申立てをしてもそのことについての判断を裁判所が冒頭手続のなかで示すことはない。その意味で、法廷で「先行して審理する」と異例の決定をしておきながら、期日外で公訴棄却申立てに対する判断を示すのは、裁判所の混迷ぶりを示すものと言わなければならない。なお、

この決定主文にある、神戸拘置所に対する照会は被告人3名の出入房の時刻等に関するもの、神戸弁護士会への照会は山田さんの第一次逮捕についての人権侵害救済申立事案の調査報告書および警告書であった。

9月4日の第3回公判では、第2回公判で実体に及ばない限度で「先行して審理する」と決定しながら、公判期日外で「本件各公訴を棄却しない」との決定をしたことについて、弁護人と裁判所が鋭く対立することになった。まず最初に弁護人から裁判所に釈明を求めたことについて、裁判所は休廷を申し出た。休廷後の裁判所の釈明をめぐってやりとりがあり、弁護人の申し出により休廷したのち、弁護人は8月15日決定につき①裁判の拘束力無視、②理由不備、③公開裁判の保障、公平な裁判の保障に反する、④予断排除の原則の理解の誤り、⑤公訴手続無効についての見解の誤り、⑥証人尋問権の侵害、⑦決定の変更は刑訴規則1条2項に該当し、裁判所による権限の濫用である、との異議申立を行ったところ、裁判所の申し出により休廷となった。再開後裁判所は異議を棄却するとの決定を告知した。

第2回公判でも本件における証拠開示の必要性につき意見を述べたが、第3回公判でも証拠開示についての弁護人の意見を陳述した。検察官は証拠開示は刑訴法299条に基づくとして、人証予定者について供述調書は開示しないとの態度を表明したので、弁護人はその不当性について追及した。

10月2日の第4回公判で弁護人は、検察官手持ちの未開示証拠の全面開示を求め、少なくとも本日検察官が申請予定の証人についての全供述調書の一括開示を求める証拠開示命令申立書を陳述して、裁判所に、検察官に対する「全面開示」の勧告を求めたところ、裁判長は「現時点で全面的証拠開示の要望を検察官にしたい」との勧告を行った。

検察官は開示の時期について、①主尋問終了後反対尋問前、②証人採用後、主尋問10日前、③証人採用後、の3ランクに分けて開示する、開示の範囲について、開示するのは検察官作成の供述調書のみ、という態度を表明した。とりあえず、当日の証拠開示をめぐるやりとりをいったん中止し、手続を進行させることとし、検察官の冒頭陳述、証拠調請求、弁護人の求釈明、検察官の釈明等のやりとりが続き、最後に再び証拠開示について、一括開示の必要性、警察作成の供述調書等の開示の必要性を弁護人が弁論した。

現代人文社の新刊書籍

ご注文は
○ E-mail hanbai@genjin.jp
○ URL http://www.genjin.jp へ
現代人文社

誤った責任追及の構図
安部英医師「薬害エイズ」事件の真実

序 章 安部医師の無罪判決は当然なのです——本書の目的

第1部 安部医師無罪判決の衝撃
- **第1章** マスメディアの作り出した虚像とバッシング
- **第2章** 「薬害エイズ」問題と安部英医師をめぐる動き

第2部 エイズ問題の構図
——エイズ問題の正しい理解のために
- **第3章** エイズ問題の構図とエイズ侵入への行政の対応
- **第4章** 「薬害エイズ」問題の発生と世界の動き
- **第5章** 日本の血友病治療医の対応
- **第6章** 血友病という病気と治療法の変遷
- **福音としての濃縮製剤**
- 医療におけるベネフィットとリスク

第3部 安部医師への誤った責任追及と「薬害エイズ」裁判
- **第7章** 帝京大学の中の医師たち
- ——とくに刑事裁判の起訴と判決の骨子
- **第8章** エイズ研究班の活動と調査検討委員会
- **第9章** 加熱製剤の治療の真実
- **第10章** 検察の陰謀
- **第11章** 否定された安部医師「感染・殺利から政府の
- **第12章** 否定された「国際検査」国際起訴
- **第13章** 「薬害エイズ」感染・殺利から政府の

現代人文社の新刊書籍

注文先 E-mail hanbai@genjin.jp
URL http://www.genjin.jp
現代人文社

メディアはどこへ 本来の機能を

マスコミはなぜ「マスゴミ」と呼ばれるのか

権力に搾られたメディアのシステムを俯瞰する Mass Gomi

メディアが監視なき権力となってしまう
その原因を明らかにし
日本独自のメディアシステムの
全貌をさらなる危機として
その対処克服への道をさぐる

マスコミはなぜ「マスゴミ」と呼ばれるのか
Mass Gomi

価格1,890円
ISBN 978-4-8

日隅一雄（ひずみ・かずお）
1963年、広島県に生まれる。
社、人社、（同志社大学）、司法試験（旧法）合格して同法訴訟支援で大阪弁護士会」、日本弁護士連合会「人権擁護する部会」など所属、「秘密保護法改正問題対策本部会議士教えよう子市民審議会などの部署配置

取り戻せるのか

システムの...を検討する。

四六判・237頁・並製
0 C0036

序章 マスコミになってしまったマスメディア

第1章 政府・企業によってがんじがらめの日本のマスメディア状況
――大規制システムを中心に

1 日本のマスメディアを取り巻く現実
2 日本独自のマスコミ三大規制システム① 独立行政委員会の不存在
3 日本独自のマスコミ三大規制システム② 再販制度
4 日本独自のマスコミ三大規制システム③ 広告一業種一社制の不採用
5 市民・市民メディアの不存在がもたらす弊害
6 編集権の経営権による独占の弊害
7 記者クラブ制度の弊害
8 記者の労働組合の弱さ
9 異常な同一法人内の議論の不存在
10 言論権利法システムの不存在

第2章 さらなる強化が懸念される表現の自由への制約

1 名誉毀損事件の認容額の高額化
2 メディア規制法の動向
3 三点セットに続くメディア規制立法

第3章 放送・通信の内容規制が行われる通信・放送の融合法制

1 インターネット規制の流れ
2 中間取りまとめに対するパブリックコメント
3 「通信・放送の総合的な法体系に関する研究会」中間取りまとめ
4 「通信・放送の総合的な法体系に関する研究会」最終報告書

第4章 システムの改善への展望

1 系列の解体や広告業界の一業種一社制度の採用は困難
2 早期の独立行政委員会の実現を
3 読者が目を光らすマスコミや新聞の実質化の必要性
4 業界全体としての対応やマスコミや新聞社の対応の重要性

発行元 (株)現代人文社
発売元 (株)大学図書

〒160-0004
東京都新宿区四谷2-10 八ッ橋ビル7階
電話 03-5379-0307 FAX 03-5379-5388
郵便振替 00130-3-52366

E-mail.hanbai@genjin.jp
URL. http://www.genjin.jp
※小社へ直接お申し込みの場合は、代引は手数料200円を申し受けます〈書店様を除く〉。

いまなぜ、無罪であったかが明らかにされる。

エイズ感染の悲劇を忘れてはならない。
同時に、その責任者として起訴され
安部医師が無罪であったことも忘れてはならない。
本書は、あらためて「薬害エイズ事件・裁判の経過・背景を
たどりながら、この問題の本質をさぐる。

付録CD-ROM
- 第一審判決(東京地裁平成13年3月28日判決)全文
- 伝説「加熱製剤の治験臨床」を検証する

発行元: (株)現代人文社
〒160-0004 東京都新宿区四谷2-10 八ツ橋ビル7階
電話:03-5379-0307 FAX:03-5379-5388 郵便為替:00130-3-52366
E-mail:hanbai@genjin.jp URL:http://www.genjin.jp

発売元: (株)大学図書

※小社へ直接ご注文の場合は代引き手数料200円を申し受けます（書店様を除く）。

岡本和夫 弘前大学名誉教授
伊藤誠千代 近畿大学医学部講師
城井田村正剛洋一郎 東京薬科大学名誉教授

弘前大学名誉教授 弘中惇一郎

薬害エイズ事件の真実

武藤春光・弘中惇一郎◎編著
A5判・260頁 定価◎2100円（税込）
ISBN978-4-87798-386-4 C0036

11月6日の第5回公判では、証拠開示をめぐる弁論のみを行うこととした。弁護人は、まず検察官にどんな手持ち証拠が存在するかについて釈明を求めたが、弁護人の釈明は全面開示が前提であるとして、検察官は釈明に応じなかった。さらに弁護人は、検察官申請証人ごとに各証人についての警察官作成の供述調書および捜査復命書の存否を釈明したが、これにも検察官は応じなかった。弁護人は検察官申請の各証人につき個別的に開示が必要である理由を具体的に弁論した。その後検察官が証拠開示についての弁護人の要求に応じる必要性がないとの意見を陳述した。

　検察官は、申請している元園児証人5人につき、公判期日外に非公開で証人尋問を実施することを要求していたので、弁護人から詳細な反対の意見を陳述した。

　12月4日の第6回公判も、ほとんど証拠開示についての弁論手続に終始した。弁護人から裁判所に、検察官申請各証人についての書証の存否を検察官に釈明することを求めたが、裁判長は「現段階では釈明を求めない」との判断を示した。検察官は証拠等関係カードの番号に即して、第4回公判で表明した3ランク分けを口頭で表明した。弁護人は、第5回公判で反対の意見を述べた元園児の公判期日外尋問についての反対意見をさらに詳細に述べた。

　1979（昭和54）年1月16日の第7回公判で弁護人は、検察官申請書証に対する意見を述べ、進行については、検察官申請のL指導員、O保母（両名とも事件発生の3月19日の青葉寮の当直職員）の証人尋問に先立って甲山学園を含む甲山福祉センターの現場検証を行うべきであると主張したが、検察官は警察が実施した検証調書と重複するとして反対した。

　検察官は証拠開示についての3ランクを証拠等関係カードの番号ごとに区分を表明した。裁判所は、弁護人の求めていた「証拠開示命令は現段階では出さない」との決定を下し、弁護人は異議申立てを行ったが棄却された。証拠調べの順序について裁判所は、弁護人の主張どおり、現場検証から始めることを決定した。

　同年2月6日、3月6日、4月2日の3回にわたって現場検証が実施されたのち、5月8日の第8回公判でL指導員、6月5日の第9回公判でO保母の、検察官による主尋問が実施された。第10回、第11回、第12回公判の3回でL証人の反対尋問が終了し、O証人の反対尋問を第13回公判で始め、12月4日の第

14回公判で続行中に反対尋問未了のまま、園児証人取調べについての弁論を行うこととなった。

　弁論で検察官は、1980（昭和55）年1月14日の公判期日外に尼崎支部の審判廷での園児証人5名の証人尋問の実施を決定すれば、午前中に2名午後に3名の主尋問を終了すると言明した。裁判所は検察官の申立てどおりの証拠決定を行ったので、弁護人は異議申立てを行い、裁判所が棄却したので、特別抗告を申し立てることになった。弁護人は12月10日、B4判・59枚の詳細な理由を展開した。公判期日外の証人尋問の違法性を主張する特別抗告申立書を最高裁に提出したが、12月21日付で棄却の決定がされた。

　このようにして、園児証人の尋問が期日外に実施されることになった。弁護人はまず心理学者の浜田寿美男さんについての特別弁護人許可申請書を提出し、許可を得た。5名の園児証人の主尋問について検察官は、事前の証人テストどおりに順調に進め1日で終わる予定であったが、実際は、1人目の証人について午前10時から開始して、午後5時30分になっても終了しなかった。結局5人の園児証人について、公判期日外で午前10時から夕方までの全日5回の検察官の主尋問を必要とする結果となった。

　審理の場は再び法廷に戻ることとなった。1980（昭和55）年6月2日の第15回公判以降、法廷での公判が再開され、第15回、第16回、第18回（第17回公判は弁論のみ）の各公判でO証人の反対尋問が実施された。同年9月1日の第19回公判で証拠開示に関する弁論手続を行うこととなった。5名の園児証人に対する弁護人による反対尋問の準備のために必要であることを具体的に説明して、検察官に対し証拠開示（5名の証人以外の全園児の供述調書・捜査復命書等）を命令されたい、と裁判所に求めたが、裁判所は、「開示の命令はしない」との訴訟指揮を行った。弁護人は異議を申し立て、この異議が棄却されたのち、弁護団は満腔の怒りを込めて、高橋通延裁判長ほか2名の裁判官の忌避を申し立てた。

　10月1日付で却下決定がされたが神戸地裁第二刑事部の決定書は三下り半ではなく、経過について詳細な判断を下しており、この決定の内容は、弁護人から忌避申立てを受けた第4刑事部の3名の裁判官の公平な判断者としてのあり方に対する一定の意味あるものと考えられた。

審理の場は再び法廷外となった。1980（昭和55）年12月1日から始まった元園児五人の反対尋問は、1981（昭和56）年10月8日まで12回、約2年間を要した。時間は午前10時から夕方まで、ときには午後7時ころまでに及んだこともあった。場所は主に尼崎支部であったが、姫路支部で行ったこともあった。弁護人は5人の園児証人を公判期日外で尋問することに反対の立場を貫き、期日外尋問調書を公判期日において、朗読して取調べすることを要求した。第20回、第21回、第22回公判の3回の公判で午前10時からの全日開廷で尋問調書の朗読が実施された。

1982（昭和57）年4月23日の公判（山田さんが病気で不出頭のため分離となったので、公判回数は第23回公判荒木さん・多田さん、第24回公判山田さんと2回カウントされることとなった）は今後の進行についての弁論を実施した。その結果、同年5月21日の第25回公判から1983（昭和58）年8月30日の第43回公判までの19回にわたって、午前10時からの全日開廷（以後の公判はほとんど全日開廷であった）で、繊維鑑定関係の15人の証人尋問を実施することとなった。

その間の1983（昭和58）年4月26日の第37回公判で裁判長が角谷三千夫判事と交代することになったので、10時から12時まで、園児供述・繊維鑑定・証拠開示について弁護人による更新弁論を実施した。角谷裁判長は証拠開示について積極的な訴訟指揮を行い、検察官に対し次々と開示を勧告し、証拠開示がどんどん進展することとなった。

同年9月20日第44回公判から1984（昭和59）年5月16日の第52回公判まで第二次捜査で園児の供述調書を作成した7人の検察官が事情聴取の状況を証言した。

1984（昭和59）年6月1日の第53回公判から同年10月3日の第60回公判までの間、第一次逮捕時に作成された山田さんの供述調書（第二次逮捕では黙秘したので供述調書は作成されていない）の任意性・信用性に関して、警察官証人・勝忠明および山崎清麿、担当検事であった証人佐藤惣一郎の各証人尋問が実施された。

以上により検察官立証は終了し、同年10月17日の第61回公判で唯一の弁護側証人として、Ma指導員に甲山学園青葉寮園児・職員の日常生活について証

言をしてもらった。

　1984（昭和59）年11月2日の第62回公判から同年12月14日の第65回公判まで山田さんの被告人質問が実施され、予定された証拠調は終了した。同年12月26日、証拠関係を整理するための期日（66回公判）に検察官は①元園児の供述についての鑑定人、②いったんは立証放棄を明言したみかん関係の証人、③山田さんにのみアリバイがないことの立証としての証人、④元園児C女の供述を聴取した検察官・警察官、⑤山田さんの取調べに関与した警察官、⑥荒木さん・多田さん等、合計47人の証人の証拠調べを請求した。この請求は無罪判決を予測して、控訴理由として審理不尽を主張するための布石として検察官が行った不当な訴訟活動であるといえる。裁判所は検察官の不当な証拠請求を却下した。裁判所は、山田さんの関係では判決に熟したと判断し、荒木さん・多田さんの公判を分離し、証拠調べを終了した。1985（昭和60）年4月18日の第67回公判で論告、同年6月20日の第68回公判で弁論、同年10月17日の第69回公判で山田さんに無罪判決が宣告された。

3　分離された偽証事件公判の審理

　山田さんの事件との併合審理の第66回公判において分離された偽証事件公判は、1986（昭和61）年2月12日に第67回公判として審理が再開され、弁論手続が行われた。

　検察官は証人18人の証拠調べを請求した。弁護人は142頁に及ぶ公訴棄却の申立書を提出し、要旨を陳述した。

　弁護人の主張の要旨は、①偽証事件起訴は殺人事件を含む全体の捜査の一環として行われているところ、山田さん逮捕は不当な見込捜査であり、自白強要が行われ、多数の警察官が傍聴する等の国賠訴訟に対する不当介入が行われ、接見交通権の侵害が行われ、逮捕権限が濫用され、荒木さん・多田さんへの自白強要が行われ、国賠訴訟を潰すために偽証罪による荒木さん・多田さんの逮捕が行われた等の違法捜査、②国賠裁判の被告である国が国賠裁判で証言した荒木さん・多田さんの証言を偽証ときめつけて国賠裁判の敗訴を免れようとしているもので起訴価値がない、③事件関係者のすべての供述が変遷しているのに、荒

木さん・多田さんのわずかな供述変更を偽証ときめつけている不当性、④国賠裁判を妨害し殺人事件の審理を有利に展開するという違法・不当な目的の起訴である、というものである。

同年2月27日午後1時30分、進行協議のための公判準備手続が行われ、3月10日の第68回公判で証拠調べ、証拠開示についての弁論が行われた。第69回公判から第74回公判の6回の公判で3人の証人尋問を実施した。3月19日S君事件発生の当夜、甲山学園若葉寮職員室に在室していたQ保母、同夜甲山学園に電話してNさんと話した結果、神戸三宮新聞会館で午後8時45分に荒木園長と待ち合わせしてM子の写真を受け取り、M子の写真を焼き増ししてくれることとなった神戸のボランティア団体に属する人（職業・会社員）、事件直後の甲山学園管理棟事務室の備品等の存在について証言したY副園長の3人である。

1986（昭和61）年11月12日の第75回公判で多田さんについて弁護人からの被告人質問、同年12月17日の第76回公判で荒木さんについて弁護人からの被告人質問、1987（昭和62）年1月20日の第77回公判、同年2月10日の第78回公判、同年2月27日の第79回公判で検察官から多田さんに対する被告人質問、同年3月10日の第80回公判で検察官から荒木さんに対する被告人質問があり、予定されていた証拠調べは終了した。同年3月24日の第81回公判で、終結に向けて証拠関係の整理のための手続を予定していたところ、検察官は、従来請求していた証人に加えて、①3月19日午後7時30分から8時30分ころにかけて甲山学園を含む甲山福祉センターで電話をかけた者がいないとの立証趣旨で証人122人、②荒木さん・多田さんを取調べた警察官・検察官の証人4人、合計126人の証人の尋問を請求した。山田さんの場合と同様、無罪判決を予想して審理不尽の控訴理由を主張するための布石であった。裁判所は検察官の証人申請をすべて却下した。同年6月30日の第82回公判で論告、同年9月1日の第83回公判で弁論が行われ、同年11月17日の第84回公判で荒木さん・多田さんに対する無罪判決が宣告された。

4　第一次控訴審の審理

偽証事件に対する無罪判決から1年1カ月経過した1988（昭和63）年10月

12日、山田さんについての第一次控訴審の第1回公判が開催された。

　検察官の控訴趣意書陳述に先立って、弁護人が、控訴趣意書の部分を特定して、検察官の控訴趣意書陳述に対する異議申立てを行った。検察官は控訴趣意書に園児D男の供述能力および供述の信用性についての鑑定書を添付し、その内容を控訴趣意書で引用しているが、引用しているのはその鑑定書の中の重要部分のほぼ全部に該当している、検察官は原審でこの鑑定書の取調べを請求したが、原審はこれを却下し証拠として採用しなかった。原審で取調請求が却下され採用されなかった証拠は、原審の記録には存在しないので、事後審たる控訴審の性格上、控訴趣意書で引用することは許されない、と弁護人は主張した。裁判所（西村清治裁判長）は弁護人が異議申立をした部分を除いて陳述することを検察官に勧告し、検察官もこれに応じ、この部分を除いて控訴趣意書を陳述した。弁護人は詳細な反論の答弁書を作成提出していたので、その要旨を口頭で説明した。検察官は40点の証拠を申請した。そのうち38点は原審で申請を却下された証人であった。

　同年12月9日、第2回公判で検察官申請証拠の採否が検討された。検察官の立証の中心は園児供述についての鑑定人5名の証人尋問であった。これらの鑑定人は、第二次捜査において、G女（第一次捜査の時点から、山田さんがS君を同女の部屋から連れて行ったと供述していた。当時11歳）について鑑定した、当時神戸少年鑑別所勤務の医師赤羽目勉と同所勤務の職員萩原禎子（両名は共同で鑑定書を作成）、D男（第二次捜査になってから、山田さんがS君を女子棟廊下から連れ出すのを目撃したと供述した）について鑑定した当時大阪市立小児保健センター勤務の医師武貞昌志と職員吉田熙延（両名は共同で鑑定書を作成）、D男につき単独で鑑定書を作成した京都教育大学教授一谷彊であった。弁護人は、園児供述は精神遅滞者として特別に考慮する必要はなく、事実認定の一環として裁判所が通常の年少者の証言・供述の信用性と同じ基準で判断すれば足りるので、これらの証人は必要ない、としてこれらの証人の採用については強く反対した。

　裁判所は、検察官が園児供述の信用性に関する鑑定書、鑑定人を必要とする理由として大きく3つに分れていると指摘した。その第1は、いわゆる精神遅滞者について、健常者との間でどのような差があるのか否か、またその行動、供述に

ついて特別な専門的知識を必要とするか否かについての証拠調をする必要性、第2としては、各供述者についての行動、供述特性について証拠調べをする必要性、第3は、各園児の具体的な内容の信用性に関して証拠調べをする必要性の有無であると分析した。そのうえで裁判所は、第3の各園児の具体的供述内容の信用性については証拠調べをする意思はないことを言明し、当面は第一段階の証人を採用すること、第二段階の証拠調べは第一段階の証人の供述を得たうえで採否を決定する旨言明した。

そして、裁判所は、第一段階の証人として5人の証人以外に適切な人がいるかどうかを検察官に尋ねた。この訴訟指揮に応じて検察官は、武貞証人が適当である旨答弁したので、弁護人は武貞証人は第一段階の証人として申請されていないことを指摘したうえで、弁護人から第一段階の証人を推薦してもよいと提案した。裁判所は年内に推薦するように弁護人に要望した。弁護人は検察官に対し、検察官は武貞証人を第一段階の証人として申請するが、同人は鑑定書の作成者であるが、供述心理の分野はもとより精神遅滞者の行動等についての専門家でないので、同氏の論文を弁護人に事前に示すよう求めた。公判期日外で検察官は武貞証人を撤回し一谷証人を第一段階の証人として申請し、裁判所は一谷証人を採用したのである。この経過からすれば、裁判所と検察官の間で弁護人を抜いて打ち合わせがされていたものとしか思えない。

1989（平成1）年2月1日の第3回公判で一谷証人の主尋問、同月22日の第4回公判で反対尋問が実施され、裁判所は第二段階の証拠調べの必要性につき、3月6日までに弁護人の意見を述べるよう要望した。弁護人は、要旨以下の内容の意見書を提出した。園児供述の信用性判断にあたり、精神遅滞者特有のものはなく、一般の年少児供述と比較して理解すればよいこと、ただ精神年齢は一般の年少児と同じでも生活体験が長いのでこれに伴う人格形成について多少留意すれば足りるということに尽きる。このことは一谷証人も弁護人の反対尋問において認めていた。精神遅滞者であるからといって、その行動、言動について特別の専門的知識が必要でないことが明白となった。したがって、第二段階の証拠調は必要ない。以上が意見書の要旨である。

裁判所は同年3月15日の期日外で、①証拠等関係カード番号2、3、7ないし13の各証人を採用して取り調べる。ただし上各証人の立証趣旨のうち、証人

武貞、同吉田、同赤羽目、同萩原については、いずれも本件に関する具体的供述の信用性についての部分を、証人某（園児D男の父）については、3月19日甲山学園に電話してD男と通話した状況についての部分をそれぞれ除くものとする。②右番号14ないし29、31ないし42の各証人の取調べ請求は却下する、との決定を行った。採用された証人のうち、園児供述についての鑑定人以外の証人はD男の供述調書を作成した刑事とその事情聴取に立会いをしていた施設職員、D男の父、G女の供述調書を作成した刑事とその立会いをしたG女のおばである。

　裁判所の証拠調べに関する決定の内容は、園児供述のうちD男、G女について初期供述（と言ってもD男の場合事件発生から3年以上経過していたのであるが）の聴取過程とD男・G女の供述特性に絞って控訴審の事実取調べを実施し、検察官の申請した、山田さんにのみアリバイがなくほかの職員全員についてアリバイがある、との主張を立証するための証人申請はすべて却下するというものである。

　弁護人は、本件の事実審理については原審で十分尽くしているので、控訴審での事実取調べは必要ないことを裁判所に訴えたにもかかわらず、前述の各証人が採用された。一般的に被告人控訴の場合は事後審であるが、検察官控訴の場合は続審である、との見解が弁護士間での定説である。すなわち、検察官控訴の場合は、「真相解明」の責務を負っている検察官の事実取調べ請求を重く受け止め、高裁はそれを採用する傾向にある。甲山事件でも、検察官の顔を立てるための証人採用が行われるのか、と弁護人は嘆いた。とくに鑑定人については、これまで供述分析についての経験がなく、いわば素人と言ってもよい人たちであった。捜査機関から委嘱を受けたとたんに専門家となった、と言っても過言ではない。事実、これらの証人の反対尋問において専門性の欠如が明白となったのである。なお、弁護人から、上記第一段階の証人として発達心理学の権威、岡本夏木京都教育大学教授を申請し、採用された。

　1989（平成1）年3月2日の第5回公判から同年12月1日の第17回公判までの公判および同年11月15日鳥取地裁倉吉支部でのG女のおばの期日外尋問により、前述の各証人の尋問を実施して事実取調べを終了し、1990（平成2）年1月19日、刑訴法393条に基づく弁論を検察官・弁護人の双方が行い、終結した。同年3月23日午前10時からの第19回公判での判決宣告は、弁護人

にとって予想外の、「原判決を破棄する。本件を神戸地方裁判所に差し戻す」との主文であった。

5 上告審

　控訴審判決に直ちに上告し、1991（平成3）年6月28日付で1702頁の上告趣意書を作成して最高裁に提出した。調査官面接が実現したため、上京して上告趣意の要点を説明したが、1992（平成4）年4月7日付で「本件上告を棄却する」との決定を受けた。理由は「上告趣意のうち、被告人の自白の任意性を疑うに足りる証跡は認められないから、所論は前提を欠き、判例違反をいう点は、所論引用の各判例はいずれも本件と事案を異にし適切ではなく、その余は、違憲をいう点をも含め、実質は全て事実誤認、単なる法令違反の主張であって、いずれも刑訴法405条の上告理由に当らない」というものであった。
　この最高裁第三小法廷判決は、例文判決に近いもので、甲山事件について踏み込んだ判断をしたものではなく、その意味では第一次控訴審判決にお墨付を与えたものでない。弁護団は、長期裁判になっている甲山裁判について差戻審において無罪で決着をつけるように、との最高裁からのメッセージであると受け止めることとした。

6 偽証事件第一次控訴審の審理

　他方、第一次控訴審の偽証事件審理は、第一次第一審の偽証無罪判決に対する検察官控訴の審理に先行していた殺人事件の審理を優先していたため、ストップの状態にあった。殺人事件について第一次控訴審が破棄差戻判決をした以上、偽証事件についても同一の結論になると予想されていたところ、大阪高裁から弁護人に期日指定の打診があった。弁護人は上記の予想をしつつも、偽証事件の無罪確定を目指して渾身の力をふりしぼって答弁書を作成し、1992（平成4）年10月16日の第1回公判に臨んだ。弁護人は、第1回公判で控訴趣意書・答弁書を陳述し、同年11月11日の第2回公判で証拠開示申立書を提出したが、裁判所は職権発動をしないとの訴訟指揮を行った。審理は2回で終結し、大方の

予想どおり、1993（平成5）年1月22日の第3回公判期日では殺人事件と同一内容の判決が宣告された。弁護人は偽証事件については上告せず、最高裁のメッセージに従い、甲山事件を差戻審で決着すべく尽力することを誓った。

7　差戻審の審理

1992（平成4）年4月7日の上告棄却決定後、甲山事件の山田さん関係の記録は神戸地裁に戻された。そして裁判官が記録を検討したと思われる期間を経た後、裁判所より弁護人に検察官を交えた三者協議の開催の申入れがあり、同年9月29日、神戸地裁会議室で非公式の三者協議が開催された。非公式とされたのは当日の三者協議だけで、以後第1回公判まで、差戻審での審理の進め方について公判準備手続として数回開催された。刑訴法上差戻審の審理方法についての明文の規定はなく、原審・控訴審の証拠の取扱いをめぐって、検察官、弁護人、裁判所が意見の交換を行った。なお、この時期に、前述のとおり、偽証事件の高裁公判審理3回が併行して行われていた。

殺人事件の差戻審での審理にあたり、弁護団は、法廷において求釈明・釈明の論争を繰り返す口頭弁論を粘り強く行い、検察官の主張の矛盾や、主張と証拠の矛盾を徹底的に明らかにし、山田さんのえん罪性を明確にするとの方針を立てた。また、取調べ済みの証拠の差戻審における証拠調べにあたっては、事件当夜の当直職員L・O証言と園児供述・証言の重要部分は法廷での朗読を求め、弁護人がその部分の園児証言の問題点、L・O証言との矛盾を解説する弁論をすることとした。

1993（平成5）年2月19日に開催された山田さんの差戻審（吉田昭、小川育央、溝國禎久の各裁判官）第1回公判では、人定質問ののち裁判長が差戻後の審理の進め方について見解を表明した。控訴審判決は第一審判決の訴訟手続の法令違反を言っているが、その内容は、取り調べるべき証拠を取り調べなかった点であり、その余の訴訟手続を違法と言っていないので、更新手続に準じて行うのが相当である、との見解であった。その後、検察官が起訴状を朗読し、起訴状に対する求釈明については従来の釈明のとおりであると意見を述べた。起訴状に対する被告人の意見陳述として山田さんが、「私は無実です、犯人ではありません」

と訴えた。起訴状に対する弁護人の意見陳述の冒頭に、古高健司主任弁護人が、本件長期裁判の結果は、証拠がないのに起訴を強行した検察官と、独断と偏見により真相究明義務を怠った控訴裁判所の責任である、と総括的弁論を行った。

次に高野嘉雄弁護人が、客観的状況を示す本件の事件像について弁論した。本件の事件像から見て、職員による殺人事件ではなく、M子事件・S君事件とも園児が関与した事件と考えるべきことを訴えた。片見冨士夫弁護人はS君事件の発生した3月19日の当直職員であったL・O供述・証言によって明らかとなった午後8時前後の状況と園児の目撃供述との矛盾を指摘した。麻田光広弁護人は、3月17日のM子事件に関与したと供述・証言した園児C女に焦点を当て、山田さんの殺人事件の動機に関する自白調書は捜査官の誘導の結果であり、山田さんの無実を示している、と弁論した。

なお、弁護人は弁論にあたり、書面を作成していても裁判所に提出せず、口頭で弁論したのち、後日提出する方法をとった。それは、口頭弁論を徹底するためである。事前に書面を提出していれば裁判官は書面を読むことに気を奪われ、弁護人の口頭弁論を真剣に聞こうとしない傾向がある。弁護人は法廷で全身全霊を傾けて裁判官に自分の主張を声で訴えかけることが大事である、と考えたからである。

同年3月2日の第2回公判ではまず、本件捜査過程の問題点と題して筆者が弁論した。事件当夜の山田さんの行動はきわめて自然であり、本件犯行と結びつかず、しかも多くの人との接触によりその行動が裏付けられており、犯人でありえないこと、S君の行方不明がわかり、L・Oの両職員がS君を探し始めた午後8時ころ山田さんは管理棟事務室にいたこと等を弁論した。次に原田紀敏弁護人が山田さんの自白調書を分析し、その自白調書の内容は一般的な意味での自白と言えず、むしろ真犯人ではありえないことを示していることを弁論した。

3月16日の第3回公判では、浅野博史弁護人が園児供述について、事件直後には何ら供述していないのに、その後かなり経てから供述されたという致命的な欠陥があること、「子どもは嘘をつかない」論の誤り、精神遅滞者である園児は嘘をつく能力がないとする考えの誤り等を弁論した。次に高木弁護人が繊維鑑定に証拠価値がないことを論じ、石松竹雄弁護人が控訴審判決は審理不尽を理由に原判決を破棄していると見るべきであり、差戻審の判断を拘束しないと弁論した。差戻審における第1回から第3回の公判期日の法廷において、弁護人の冒頭手続

における弁論を終えた。

　以上の3開廷の弁論により、本件についての理解を裁判官に深めてもらったうえで、4月20日の第4回公判では、検察官の冒頭陳述に対する徹底した求釈明論争を行うことにより、検察官の主張の矛盾を裁判所に理解してもらうこととした。これまで検察官はアリバイ工作や口止め工作を主張しているが具体的な立証ができていないこと、園児C女供述と山田さんの動機自白との矛盾、S君死亡事件について園児関与の可能性等について求釈明論争を行うことにより、法廷で裁判官に印象づけることができたと思われた。

　第5回公判から第8回公判では、第一次第一審で証拠調べをした証拠の取調べと、その証拠についての弁護人の意見を述べる手続が行われた。

　同年8月3日の第9回公判で、第一次第一審で証拠調べをした証拠の取調べと、その証拠についての弁護人の意見を述べた。その後、検察官が差戻審における新冒陳に相当する主張を述べ、142点の証拠を申請した。第10回公判では、検察官の新冒陳に対する弁護人の反論を詳細に述べ、求釈明論争を行った。

　第11回公判では、検察官の新冒陳に対するさらなる求釈明を行った。とくに重要なこととして、お花の先生へのお礼電話のことを取り上げた。山田さんが管理棟事務室からお花の先生に2回電話しており、1回目の電話はM子捜索のラジオ放送をラジオ大阪の報道部長の妻を介して依頼するため同部長宅の電話番号を教えてもらうための電話であり、午後8時直前の時刻であった。2回目はM子捜索のラジオ放送が実現することへのお礼の電話であり、午後8時20分ころの電話であった。検察官の主張する犯行時間帯は午後8時前後の2、3分であるので、その時間帯には山田さんは管理棟事務室に在室しており、山田さんは犯人でありえないことを検察官に対する求釈明論争により展開し、印象付けることができた。また、弁論のたびに具体的証拠を挙げての証拠開示の請求も行った。第12回公判では、検察官は46人の証人を申請し、証拠調及び証拠開示についてのやりとりを行った。

　1993（平成5）年12月3日、荒木さんと多田さんの偽証事件の第1回公判が開催され、冒頭手続と第一次第一審で証拠調べをした証拠の取調べとそれについての弁護人の意見、起訴状・冒頭陳述に対する求釈明を行った。同年12月14日午後1時開催の偽証事件の第2回公判で、多田さんの第一次捜査におけ

る供述調書、荒木さんの第二次捜査で作成された、自白と言われている供述調書についての弁護人の意見を述べ、検察官が証拠調べ請求をしたのち、裁判所は殺人事件との併合決定を下し、同日午後3時からは、第13回公判として殺人事件と偽証事件の併合審理が始まった。証拠調べの順序については、管理棟事務室にかかってきた電話、またはかけた電話の関係で検察官申請証人4人を採用し、次回から尋問することとなった。

結局、1994（平成6）年2月17日の第14回公判から1996年7月30日の第54回公判まで、41回の公判と2回の公判期日外証人尋問により、約2年半の間に検察官申請証人47人（うち10人は弁護人も申請した証人であり双方申請の形になっている）の尋問を実施した。

これらの証人は、控訴審判決が結論として、「原判決が、園児供述に関しては、これら園児に対する口止め等の罪証隠滅工作の有無とその初期供述した時の取調状況等について、自白に関しては、アリバイ及びアリバイ工作の有無について、また、繊維鑑定に関しては、本件犯行時以外に付着の原因があったか否かの点につき、各検察官請求の証拠を取調べしないでそれらの事実を考慮することなく、それら証拠の信用性を否定し、あるいは、本件との結び付きを否定したのは、取調べるべき証拠を取調べなかった結果各証拠の評価とその事実判断を誤ったもので、原判決には、少なくともこの点において審理不尽があり」と判断して破棄差戻したことによって行われた証拠調べであった。

第一次第一審で山田さん関係で尋問した証人は31人で、うち1人は弁護人のみの申請であるから、検察官申請証人は30人である。差戻審で尋問した証人はすべて検察官申請であり、第一次第一審の検察官申請証人の1.5倍強の47人である。第一次控訴審の破棄差戻判決によりこのようにぼう大な数の証人の尋問を実施することを強いられたにもかかわらず、これらの証人尋問はまったく無意味だったのである。すなわち、差戻審判決は、第一次第一審の審理不尽を主張した検察官の申請する証人をすべて採用して取り調べた結果、以下のとおり判断したのである。

園児供述に関しては、控訴審判決が言う「園児に対する口止め等の罪証隠滅工作の有無」についてはなかったと判断し、「その初期供述した時の取調状況等」について証拠調べしても、園児供述の信用性は認められないと判断した。「自白に

関してはアリバイ」の有無について33人の証人を取り調べた結果、学園関係者のアリバイの有無を検察官は午後8時ころと限定するが、S君の行方不明が午後7時から午後8時ころと考えられるので、午後8時ころに絞ることはできず、本件につきアリバイの有無を問題にすることはできないと判断した。「アリバイ工作の有無」については、そのような事実は認められないと判断した。「繊維鑑定に関しては、本件犯行時以外に付着の原因があったか否か等につき」控訴審判決に審理するよう命じられ、甲山学園の元職員8人を取り調べた結果、「検察官の主張は、本件犯行時以外に接触した事実がないことをいうものではないのであり、その限度での意味を持つにすぎない」、「繊維の相互付着の仕組みについて」、「何ら明らかにされていない」ので、「証拠としての意味は小さい」と差戻審判決は判断した。

　ところで、差戻審で実施された証人尋問を振り返ってみれば、差戻審で呼出を受け出頭した証人は、20年以上経過した時点での記憶に基づく証言を求められ、「憶えていません」、「忘れました」と答えるしかなく、結局、当時作成された供述調書について確認を求められ、証人尋問は供述調書を証拠化するための儀式と化してしまった。時間の経過は、20年前に作成された供述調書への反証を強いられる弁護側にとって不利となったのである。

　差戻審で取り調べられた証人のなかで、1974（昭和49）年3月19日夜ラジオ大阪の職員から西宮警察署に「M子捜索のラジオ放送をしてよいかどうか」について問い合わせる電話がかかってきた時刻について証言した西宮署の当時の当直警察官4人は、20年前のことをまるで昨日のことを証言するかのようであったのが、非常に印象的であった。

　1996（平成8）年9月5日の第55回公判で、証拠整理のための弁論手続が開催された。検察官は死亡した証人（いずれも供述調書が証拠採用済）等の申請を撤回した。弁護人は元園児証人3人を申請していたが、裁判所は却下した。弁護人が申請していた5人の証人のうち4人も却下された。弁護人は甲山学園の模型を作成していたのでその取調べを請求し、模型作成に関与していた筆者を証人申請（上記5人のうちの1人）したが、裁判所は判断を留保した（第63回公判で却下された）。

　第56回公判で弁護人から荒木さんへの被告人質問、第57回公判および第58回公判で荒木さんへの検察官による被告人質問、第59回公判で弁護人によ

る山田さんへの被告人質問、第60回公判で検察官による山田さんへの被告人質問が実施された。多田さんは逮捕後の取調べに黙秘したので被告人質問は必要ないと判断したが、検察官の申請で、第61回公判において多田さんへの検察官による被告人質問が実施された。多田さんはほとんどの質問に黙秘し、ごく短時間で被告人質問は終了した。第62回公判および第63回公判では、証拠整理のための弁論手続が開催された。その後、甲山弁護団は多田さんから解任されたため（多田さんには2名の国選弁護人が選任された）、1997（平成9）年3月25日の第64回公判で多田さん関係の審理は分離され、引き続き第66回公判まで証拠整理のための弁論手続が開催された。同年7月1日に検察官の論告、同年11月4日および同月5日に弁護人の弁論が行われ、同年3月24日の第74回（第73回公判は多田さん関係で開催）公判で、山田さんと荒木さんに対する無罪判決が言い渡された。分離された多田さんにも別の期日に無罪判決が言い渡された。

8　第二次控訴審の審理

　検察官の2度目の控訴に基づいて、1999年1月22日午前10時から大阪高等裁判所第三刑事部（河上元康、飯渕進、鹿野伸二の各裁判官）は山田さん・荒木さんについての第1回公判を開催した。検察官は午後1時21分まで控訴趣意書の要旨を口頭で陳述した。古高主任弁護人の弁論のあと、第二次控訴審から弁護人に選任された弁護人165人（従前の弁護人の人数は74人）を代表して鬼追明夫弁護人が約10分間、甲山裁判の長期化について問題性を、過去の長期裁判の例を引きアメリカにおける刑事手続の打切制度に言及しながら、格調高く弁論を展開した。その後、ほかの弁護人が午後4時16分まで検察官控訴趣意書への反論の弁論を行い、閉廷後裁判所内会議室で進行についての三者協議を開催した。

　1月19日午前10時から第2回公判が開催され、午後1時12分まで弁護人が検察官の主張への反論を口頭で陳述した。休廷ののち午後2時30分から審理を再開し、検察官が証拠調べ請求を行い、証拠調べについての弁論を行った。人証としては、園児供述の鑑定人3人と多田さんを申請するのみであった。書証、

証拠物としては、検事が園児を取調べたときの録音テープ以外、目新しい証拠は何もなく、2度目の検察官控訴は必要性がないことを物語っていた。この録音テープは提示命令により裁判所が採否を検討することとなり（後日却下となった）、園児供述の鑑定人3人は却下、多田さんは採用するかどうか留保となった。多田さんが差戻審で分離されたのちの最終意見陳述において述べた内容（意見陳述書を提出）について、アリバイ工作を自認したものである、と検察官は牽強付会の主張をし、多田さんの証人申請をしたのである。

　2月19日の第3回公判で多田さんについて、被告人質問とするか証人尋問とするかが議論された。検察官は証人尋問の形式を要求したが、裁判所は、多田さんが被告人の立場にあることと、本人の意向を考慮し、弁論を併合したうえで被告人質問の形式で実施することを決定した。裁判所は3月5日午後1時30分に第4回公判を行い、多田さんの被告人質問を行うこと、3月31日午前10時から検察官・弁護人の弁論を行うことを決定した。

　3月5日午後1時30分に第4回公判が開催され、多田さんの弁護人（国選）から、「何か言いたいことがありますか」との質問があり、多田さんは「今まで憶えているかぎり精一杯証言してきました。（差戻審での）意見陳述の内容も、（検察官は変な解釈をしているが）正確に読んでもらえばわかるはずです」と答えた。検察官は意見陳述書を示して尋問したいとして、質問したが、多田さんはほとんど応答しなかった。この段階で検察官は、公判を分離して証人として尋問することを要求した。裁判所は合議のため休廷し、再開後公判分離の申立てを却下し、多田さんの被告人質問は終了した。その後、多田さんの公判は分離され、多田さん関係は4月7日午後1時30分に弁論が行われることが決定された。

　3月31日の第5回公判で、午前10時から午後0時21分までは検察官の弁論、午後1時20分から午後5時13分までは弁護人の弁論が行われ、同年9月29日午前10時からの第6回公判で山田さんについての判決、10月22日午前10時からの第7回公判で荒木さんについての判決が宣告されることが指定された。期日指定された日に公判が開催され、いずれも検察官の控訴を棄却する主文が言い渡された。同年10月29日、多田さんについても検察官控訴を棄却する判決が言い渡され、この3判決はいずれも検察官が上訴権放棄を大阪高裁に提出することによって確定した。ここに、甲山事件の刑事裁判の審理は終了した。

第8章 甲山事件の教訓

　甲山事件の審理経過を分析することにより、捜査・検察権行使ならびに裁判のあり方等についての多くの教訓を、我々は学ばなければならないと考える。本章では甲山事件の教訓として、①捜査の任務分担、②検察官控訴の制限、③証拠開示、④迅速な裁判を受ける権利の実現の4点について述べることとする。

1　捜査の任務分担

❶ 取調べの3段階

　1997（平成9）年10月22日に下関市で開催された第40回日弁連人権擁護大会シンポジウム第三分科会「刑事司法と憲法再発見——刑事人権規定にいのちを——」の基調報告で、元裁判官の生田暉雄弁護士（香川県弁護士会）は以下の発言をされている（なお、生田弁護士の根拠は、警察学論集43巻7号「日本の刑事警察制度——シンガポール警察幹部の見た日本の刑事警察——ジェフリー・トゥ・イー・チン」である）。

　「その問題点というのは、まず捜査というのは初動捜査、それから次にだれが犯人であるかということ、犯人を確定していく本格捜査、そして犯人をつかまえて取調べをする取調べという三段階になるわけです。この三段階を諸外国は、それぞれ任務分担させるというんです。だからチェックアンドバランスが働いて、初動捜査班としては初動捜査としてかっちりやる。それから本格捜査班は本格捜査でちゃーんとやる。そして取調班としては、前の段階

がちゃーんとしてないから、要するに全部を取調班に任せられても無理だということになるかと思うんです。そういう三段階のはっきりした任務分担をさせている。ところが日本の場合は、一つの捜査班が最初から全部かかわってきますから、大体犯人らしいものをつかまえるのに必要な資料を集めておいて、それで犯人らしい者を捕まえてきて自白をさせればいいと。それで自白に基づいて証拠を遡って、また収集していけばいいと、こういう構造になるんだろうと思うんです。そういう構造が日本の警察だということがわかって、これに基づいてもう一回分析し直したら問題点がはっきりしてきたというのが私の問題意識なんです」。

また、このシンポジウムで生田弁護士は以下の問題提起をされている。
捜査の基本は「証から人へ」といわれており、①初動捜査、②本格捜査を充実して十分な証拠を集め、③取調べは補充的であるべきである。ところが、現実の捜査の多くは、「人から証へ」＝「自白捜査構造」となっていて、①初動捜査、②本格捜査が手薄で、見込捜査等により、「犯人」を確保し、③取調べを充実して、それに基づいて逆に証拠を集めている。

生田弁護士の見解に従って甲山事件につき検討してみると、甲山事件における捜査も生田弁護士の問題提起のとおり、見込捜査に依拠した自白捜査構造となっている。捜査本部が山田さんを犯人として確定していった過程は概略以下のとおりである。

❷ 捜査本部の山田さん犯人絞り込み過程

捜査本部では、3月17日のM子行方不明（M子事件）と19日のS君行方不明（S君事件）とが関連性のあるものと想定していた（第一次第一審第57回山崎証言56丁）という。そうであれば、園児を嫌疑の対象から除外していた捜査本部は、17日と19日の両日に甲山学園内にいた職員を犯人と想定することになる。それもM子とS君が甲山学園青葉寮の園児であることよりすれば、青葉寮職員であった山田さん、N、L、Oの4名、それに加えて浄化槽にも青葉寮にも近接した宿舎で生活していた用務員2名に、容疑の対象を絞っていたと考えられる。

このような想定のもとでの容疑者の絞り込みの手法は、不審行動、すなわち「後

発現象」に着目することであった。取調べ担当者であった証人山崎は、「それで高橋警部（捜査主任官）ともよくいろいろ捜査の推理、判断をしながら、これは高橋さん必ず職員のこれは中だよと必ず後発現象が出て来るから、これを見落とさんように気を付けておいてもらいたい」と話していたと証言している（第一次第一審第57回、14丁）。

不審行動による犯人の絞り込みは、第一次逮捕状請求書添付の疎明資料からも推認できることである。この添付資料であるOとLの昭和49年4月2日付員面調書では、この2人に犯人捜しをさせ、「山田とNが怪しいと思っている」と言わせたうえ、その理由として、いずれの調書にも、3月19日、22日の山田さんの「錯乱状態」が録取されている。同添付資料の甲寿園老人ホーム（甲山学園の近くにある同一法人の施設）の看護士某（同人は3月19日、22日山田さんの手当てをした）の昭和49年4月2日付員面調書にも、同様の記載がある。

これらの供述記載は、捜査本部の考えを反映したものであって、少なくとも「錯乱状態」を不審行動と考えることでは同じ立場にたっているものであることを示している。したがって、捜査本部では、遅くとも、M子の葬式が行われた3月22日には、山田さんに対する嫌疑を、ほかの者に較べて格段に強く持つようになり、山田さん以外の者を「犯行時間帯の行動が明らかになった」として容疑対象から消去し、3月26日から4月3日にかけて、園児供述により、「Sは青葉寮女子棟のさくらの部屋にいるところを山田さんが呼びに来て連れて行った」との「事実」を作出し、4月7日に山田さんを逮捕したのである。

❸ 初動捜査で判明した事実

捜査本部は事件発生の翌日である1974（昭和49）年3月20日午前10時30分から午後3時までの間、甲山学園の建物と2名の園児が死体で発見された浄化槽の実況見分を実施した。

浄化槽内から、木綿パンティ2枚、毛糸パンティ1枚、靴下片方、歯ブラシ3本、青葉ピアノの札のついた鍵、園児の名前の名札1枚、ブリキ製玩具1個、ボタン5個、つめ切り1個、鉄ボルト2本等が発見された。

これらの物品の大半は、トイレから流れて浄化槽に入ったものとは考えられず、浄化槽の蓋を開けて投げ込まれたものと考えられる。職員がそのようなことをする

とは思われないので、園児たちが遊びの一環として、浄化槽の蓋を開けて投げ込んだものと考えられる。捜査本部は、園児は浄化槽の鉄蓋を開閉できないと思い込んでいた。しかし園児たちは浄化槽の蓋を開けて遊んでいたのである。

　事件発生直後、警察の事情聴取を受けたN及びLの両指導員は、「誰がやったかは不明だが園児による事件ではないか」と、園児関与説について供述している。さらに、以下のようなこともあった。

　3月20日、園児はすべて若葉寮に集められていたが、その若葉寮で各園児にタイヤを持ち上げさせる実験がされたのである。これは、M子・S君が浄化槽から死体で発見された事件について、園児が関与していたのではないかとの想定のもと、タイヤを浄化槽の蓋に見立てて、どの園児が蓋を持ち上げる体力があるかを実験したものと思われる。この実験の際、のちにM子を浄化槽に転落させた事実を警察に供述したC女（当時16歳）は、泣いてこの実験を拒否したのである。

4 根拠なき見込捜査

　S君事件について山田さんに犯行の余地はないにもかかわらず、兵庫県警は山田さんを犯人と誤認した。それは本件の事件像を見誤り、合理的な捜査を行わず、杜撰な見込捜査をしたからであることは、本稿の第1章で述べたところである。えん罪事件に常に共通している、捜査の誤り、根拠なき見込捜査が甲山事件でもえん罪作りの最大の原因として指摘されなければならない。

　根拠なき見込捜査として、青葉寮園児関与の可能性を初動捜査の段階から除外し、職員犯人説に立脚して捜査したことが挙げられる。本件の事件像から考えれば職員による犯行は想定し難いので、職員犯人説は根拠なき見込捜査といわざるをえないのである。以下に述べるとおり、甲山学園における2園児の死亡事件は、動機・目的が明確な刑法犯としての「殺人」事件というよりは、刑事責任能力のない園児が関与して、M子、S君をマンホールに転落させた「事故」と見るべきである。にもかかわらず、捜査本部は事件発生当初から園児を捜査の対象から除外している。実に、不思議である。この点につき第一次第一審で警察官証人は次のとおり証言している。

　証人・山崎清麿は当時の西宮署の刑事官・警視であり捜査本部の指揮をしていた人物であるが、同人は園児が関与していないと思い込んだことについて、「園

児で、あれだけの鉄蓋を開けて、もと通りにする、それだけの能力、それを持っておる者がおらない。たとえあったとしても、そういうことは子供達は絶対にやらない。子供達には、そういうやる動機がありません。ですから、これはないと、そういう具合に確信を持ちました」(第57回18丁)、「子供達にはそれぞれ障害があります。体の不自由な子供であります。それをずっと見ていただいたら、やるかやらないかということは一目瞭然であります。そういうことで細かいことまで一つ一つのことをあの子はどうだ、という形で調べなくてもすむ状況であります」(第57回20丁以下)と証言している。

証人・勝忠明は山田さんの取調べ担当者であり、捜査を実行した中心人物の一人であるが、同人は「蓋を持ち上げたりはめたりするのは園児では無理じゃないか」と考えていたというのである(第55回24丁)。

山崎・勝の見解が正しいかどうか検討してみよう。

まず、青葉寮の園児の年齢構成(15〜24歳の女子が5人、14〜16歳の男子が9人存在している。「園児」という言葉からは低年齢者を想定するが、実際は中学生以上の者が多数在園していたのである)からみて、山崎・勝が「園児は浄化槽の蓋を開閉する能力がない」と考えたのは誤りである。すでに触れたように、現に初動捜査の3月20日の実況見分の際、S君・M子の死体が発見された浄化槽から鉄ボルト、パンツ、ビニールヒモ、歯ブラシ、つめ切り、鍵その他種々の物品が発見されている。これらの物品は、園児が、甲山学園青葉寮の裏側にある浄化槽の蓋を開けて投げ込んだものと考えられるのであって、このことから、子どもたちは日常的に、浄化槽の蓋を開けて、物や石などを投げ込んで遊んでいたと思われる。このような事実を捜査本部は捜査の初期の段階から熟知していたのであるから、園児の行為による可能性についての捜査を尽くすべきであったと言える。山崎・勝の見解は明らかに誤っている。

次に、3月19日夜の青葉寮当直職員であったLは昭和49年3月20日付員面調書で、「子供の中には一度やるとそれを繰り返す精薄児の習性があり、そのようなことをする可能性はありますが、はたしてどの子がそのようなことをしたのか私には見当もつきません」と、M子・S君が青葉寮裏の浄化槽内から死体で発見された事件は園児が関与している可能性があることを指摘している。

S君の死体の第一発見者であるNも、昭和49年3月19日付員面調書で「こ

の子供達が死体で発見された時、入園園児の中の誰かがこの二人をマンホールに落として殺したのではないかと直感的に思いましたが、誰といって心あたりはありません」と、Lと同様のことを供述している。

　さらに、本件に園児が関与していると考えたのは、決してLやNのみではなかった。事件の翌日青葉寮の園児たちに、タイヤを持たせて、どの園児がタイヤを持ち上げることができるかを若葉寮内で（3月19日の事件発生後、3月20日から青葉寮園児も若葉寮で生活していた）実験させた職員もいたのである。この実験はほかの職員も見ているなかで行われており、いわば公然とされた実験である。これはタイヤをマンホールの蓋に見立ててどの園児がマンホールの蓋を持ち上げる力を持っているかの実験をしたものと思われる。公然と実験がされたということは、実験をした職員のみではなく、ほかの職員も本件に園児が関与していると考えていた可能性がある、ということを意味する。

　このように本件は園児の行為によるものと考えるべき客観的状況が存在し、かつ職員らも捜査官に園児の行為によるものではないかと供述し、そう考えていた職員は少数ではなかったにもかかわらず、合理的な理由もなく園児による可能性は否定されて、園児に対する捜査は何ら尽くされなかった点は極めて特異で不思議なことと言わなければならない。

　捜査本部は園児には犯行の余地はないとの思い込みにより職員犯行説に立脚していたが、園児と日常的に接していた学園職員は、2名の園児の死亡についてほかの園児が関与して発生したと見ていたのである。このような事実および本件の事件像、すなわち水深の不明な浄化槽に園児を投げ入れるという犯行態様をあわせ考えると、2人の園児の死には青葉寮の園児が関与していたと想定するのが、初動捜査から導かれる結論である。

5 無視された〈M子事件でのC女供述〉

　M子事件について青葉寮園児C女が関与を認める供述をしたことについての捜査本部の対応も非合理的である。
　C女は事件発生当時16歳で、通常の成人女性と変わらない体格であった。当然、浄化槽の鉄蓋を動かす体力を有していた。そのC女が再捜査後の1997（昭

和52）年6月20日、井上刑事による事情聴取を受け、M子の浄化槽転落に関与したことを示唆する供述調書が作成されている。M子事件とS君事件は死体が同一の浄化槽から発見されており、一連の関連性のある事件と見るのが合理的である。通常の捜査であれば、この時点で職員である山田さんを犯人と考える捜査から、園児であるC女がM子およびS君浄化槽転落死に関与した可能性の探求へと捜査方針を転換すると思われる。第二次控訴審判決は、この時点で捜査の見直しが行われるべきであったと指摘した。しかし本件捜査ではそうならなかったから特異なのである。

　というのは、山田さんが3月19日夜、青葉寮女子棟廊下をS君と一緒に歩いており、非常口からS君を外に連れ出すのを「目撃した」という捏造された「目撃」供述があるが、その「目撃」供述の中核となった青葉寮元園児D男の新供述の調書は再捜査後の同年5月7日に西村末春刑事によって作成され、D男の「目撃」供述を中心にして、山田さんを起訴する方向で捜査が固められていこうとしていたからである。兵庫県警は、山田さんを犯人ときめつける方針を変更する気がなかった。西村刑事は同年7月18日にC女の供述調書を作成しているが、そこでは、M子の浄化槽転落の際、C女ほか4名の園児のほかに山田さんもいたとの事実（捏造事実）が付加され、園児関与の事実を示すC女のM子転落関与供述ですら、山田さんの犯人説を補強する方向へと使用されているのである。

　旧石器時代の石器の捏造事件が発覚し大問題となったことがあるが、石器捏造発覚前、捏造した民間研究者の発掘は「神の手」と呼ばれていた。西村刑事は、甲山事件における園児供述「捏造」家とでも言うべき捜査官である。西村刑事の神の手により、第一次捜査では「目撃」供述をまったくしていなかったD男は、「目撃」の新供述をした。さらに、元園児E男はD男新供述と符合する新供述をし、前述のとおり元園児C女の新供述は山田さんの動機論と関連づけられる供述へと変身し、1978（昭和53）年3月7日、元園児F男は「目撃」を供述するというように、西村刑事は第二次捜査における園児の新供述の調書を次々に作成した。しかしながら、1977（昭和52）年6月20日、井上刑事によるC女の供述調書は、3月17日、19日の両事件につきC女が関与した可能性を示唆する点で、西村刑事により作成された一連の「目撃」新供述と矛盾するものであった。このようなC女のM子転落関与供述の出現にもかかわらず、捜査方針は見直されなかったの

である。

　同年6月20日、井上刑事によるC女供述、同年7月18日の西村刑事によるC女供述から約4カ月間、C女についての供述調書は作成されていない。その後、同年12月6日に逢坂貞夫検事によりC女供述調書が作成されている。おそらく、この4カ月間に警察と検察庁で前述のC女供述について検討したと思われるが、結局は西村刑事作成のC女の供述調書を信用する路線が選択されたものと思われる。根拠なき見込捜査は修正されることなく、その後も一貫して維持されることとなって、えん罪甲山事件を防止する機会を警察・検察は生かすことができなかったのである。

6 本格捜査の誤り

　このように、本件初動捜査で判明した事実から想定される捜査線は、青葉寮園児の関与によるM子およびS君の死亡事件である。にもかかわらず捜査本部は、園児には本件について犯行の余地はないとして最初から除外し、職員犯行の捜査線を追求した。

　3月19日のM子の死体発見を聞いたとき、および、3月22日のM子の学園葬のときの山田さんの言動は、驚きと悲しみの様子であるにもかかわらず、前述したとおり、捜査本部はこれを「錯乱状態」であり、犯人だからこそそのような状態になったのだと思い込んでしまったのである。

　山田さんはM子が行方不明になった3月17日、当直職員としてM子の死に責任を感じていたからこそ、また、感受性の強い性格のためそのような状態になったと考えるのが合理的である。しかしながら、捜査本部は誤った職員犯行説に立って犯人らしき者を一定の範囲で絞り込んでいた。その対象者のなかに山田さんが含まれていたため、捜査本部は「錯乱状態」を犯人としての後発現象と捉えてしまったのである。

　ところで、犯罪捜査規範第4条は合理捜査を行わなければならないとして、「捜査を行うに当たっては、先入観にとらわれず、根拠に基づかない推測を排除し、……基礎的捜査を徹底し」と規定している。本件の捜査本部は、この第4条が禁止している「根拠に基づかない推測」にたより、本格捜査を展開し、前述のとおり誤った園児供述を引き出し、山田さんを犯人として確定し、逮捕するに至った

のである。
　この本格捜査を展開するにあたり、捜査本部が見落としていた重大な事実がある。それは山田さんが犯人でありえないということである。それは時刻と場所が示していると指摘できる。

　まず時刻の点であるが、3月19日夜、S君がいないことに青葉寮当直職員2名（L・O）が気付き、青葉寮を2人で探し始めた時刻は、午後8時からのテレビ（青葉寮中央のデイルームにテレビがあり、O保母と中学生以上の男女の園児が見ていた）の番組が始まった直後である。そのことは初動捜査の段階で判明していた事実である。捜査本部は青葉寮にいたS君を、犯人である職員が青葉寮から連れ出し、浄化槽に投げ入れたと想定していた。したがってS君の連れ出し行為は、当直職員がS君行方不明に気付いた午後8時までに行われなければならないことになる。

　次に場所の点であるが、3月19日にM子の捜索活動に従事していたNさん、多田さんおよび山田さんの3名は甲山学園に戻り、午後7時30分ころ、報告のため園長室でもある管理棟事務室に入り、そこにいた荒木園長と4人で一定の時間、事務室に在室していたことも初動捜査で判明していた。

　園長は、M子の写真焼増しをNさんが依頼している三宮のボランティア団体に、M子の写真を届けるため、自分の車で学園から三宮へひとりで出発した。それからしばらくして、青葉寮当直職員Oを介して事務室にいた3人がS君行方不明を知った、という事実も初動捜査で判明していた。青葉寮玄関と事務室のある管理棟裏口は約30メートル離れた距離にある。3人が管理棟にいるときに、青葉寮の当直職員からS君行方不明を聞いたのである。管理棟にいた3人（N、山田、多田）は、S君事件に関与の余地がないことが明らかである。

　さらに時刻の点に関しては、3月26日に警察が園長の車で、学園と三宮新聞会館まで走行実験をしたことにより判明した事実が重大である。走行実験に立ち会った警察官は、午後8時10分ころ園長は学園を出発したとの判断を荒木園長に伝えている。

　そうすると、S君がいないことに気付き、青葉寮当直職員2人が青葉寮内を探し始めた時刻が午後8時直後であるから、まだ園長と山田さん・Nさん・多田さんの4人が事務室内にいるときに、約30メートル離れた青葉寮内ではS君がいな

いと大騒ぎをしていたことになる。職員犯行説に立ったとしても、午後8時以降青葉寮内に侵入した犯人は当直職員に発見されてしまうので、午後8時以降犯行の余地はないのである。時刻と場所の点から見て山田さんに犯行の余地はない、というのが初動捜査と本格捜査の初期に判明していた事実である。このように山田さんは犯人ではありえないにもかかわらず、逮捕されたのである。

2　誤った取調べ

　生田弁護士が指摘するように、初動捜査、本格捜査、被疑者取調べについてそれぞれ捜査が分担され互いにチェックし合う作用が働いていたならば、本件の本格捜査の捜査線は青葉寮園児を指向していたと思われ、えん罪甲山事件は発生していなかった。ところが、本件の本格捜査では何らの合理的根拠なしに青葉寮園児を捜査線から抹消し、特定の職員犯行説に立脚して山田さんに見込みをつけ、捜査本部は山田さんを取調べることになった。その誤った取調べは、(ｱ)本格捜査で山田さんのアリバイを捜査しなかった失敗を継承し、(ｲ)取調べにあたり時刻を操作することにより虚偽自白を生むこととなった。

❶ 山田さんのアリバイ

　前述したとおり、初動捜査の時点で、山田さんに犯行の余地がないことは判明していたはずなのである。なぜなら、S君事件の犯行可能時間帯の終期（午後8時前後）の時刻以降である午後8時15分まで、S君がいたと思われる青葉寮から少し離れている管理棟事務室に、荒木園長・Nさん・多田さん・山田さんの4人が在室していたのである。青葉寮と管理棟は近接しているので、アリバイと言うには不適切かもしれないが、犯人でありえないことは明白と思われる。

　捜査本部関係の証人は、捜査線の対象者からアリバイのある者を除去した結果山田さんに絞られた、と主張しているが、無罪判決で指摘されているとおり、職員に関してのアリバイの捜査は十分尽くされておらず、山田さんについてのみアリバイの存否を検討する捜査手法は不合理的である。また、青葉寮園児は事件発生場所に居たのであるからアリバイの成立の余地はないのである。

　しかしながら、山田さんについて、時間的に犯行の余地がなかったという意味

で便宜上アリバイがあった、と表現して論ずることとする。

　山田さんのアリバイに関しては、3月19日午後7時30分ころから午後8時20分ころまでの間（午後8時16分ころ荒木園長が学園を出発したのち、山田さんが青葉寮当直者のO保母からS君行方不明を聞いた時刻が午後8時20分ころである）Nさんおよび多田さんとともに管理棟に在室していたという事実のほかに、午後7時40分ころから午後8時20分ころまでの間、事務室と外部との6回の電話のやりとりがあったことによっても、アリバイがあったと言える。この6回の電話の詳細な内容はともかく、概括的なことは初動捜査で3月19日午後7時30分ころから午後8時15分ころまで管理棟にいた4人から事情聴取して、捜査本部は知っていたのである。

　しかしながら、この6回の電話とそれに伴う行動の詳細は本格捜査で捜査されることなく、捜査本部は見込捜査に基づく山田さんの逮捕へと進んでしまったのである。何とも不思議なことである。

　この6回の電話のことは、第1章で詳述しているので省略するが、この電話のやりとりについて、第一次逮捕時の主任検事は検察審査会で、アリバイの成立する余地がある、と述べている。

　山田さんの勾留中に裏付捜査した結果、アリバイの成立する余地があるとして、主任検事の判断により、山田さんは処分留保で釈放された。仮に、本格捜査の時点で6回の電話（うち2回はお花の先生への電話）の詳細が捜査されていたならば、山田さんの逮捕に至ることはなかったと思われる。生田弁護士の提案された捜査の任務分担が捜査の体制として日本でもルール化されていたならば、えん罪甲山事件の発生が未然に防止されていたと思われるのである。

2 時刻の操作による虚偽自白の獲得

　山田さんの取調べにあたって捜査官が行った時刻の操作は2つある。その1つは、青葉寮園児D男の父から学園に、午後7時40分過ぎころかけられた電話の時刻についてである。この電話でD男と話したいとの父親の要望があった。電話を取ったNさんが、青葉寮男子職員室を内線で呼び出したが誰も応答しないので、Nさんが青葉寮までそのことを伝えに行ったということがあった。

　2つ目は、山田さんが青葉寮当直職員O保母とグランド上で出会った時刻につ

いてである。管理棟事務室には園長が買って来ていたおはぎと、山田さんが買って来ていたみかん等のおやつが残っていた。園長が車で三宮へ出発したあと、山田さんは自分が勤務している青葉寮の当直職員に、これらのおやつを食べるかどうかを尋ねるために、管理棟の裏口（運動場を介して青葉寮に面している）からスリッパのままで外に出た。

すると、運動場を右手から左手へ走っているO保母を見かけたのである。O保母は当直のペアを組んでいるL指導員から、S君がいなくなったことを午後8時直後ころに知らされ、青葉寮内でS君を探していたが、ある園児からS君が午後7時30分ころまでデイルームにいたとの確認を得たので、青葉寮外にS君を探しに出ていたL指導員の後を追って同寮外に出てL指導員の持つサーチライトが光っていると思われる場所に向かって、「S〔君〕はいたと言ってるよ」と叫んで青葉寮に走って戻っていたのである。

山田さんはただならぬOの様子を見て、Oの背後から「どうしたの」と声をかけたところ、Oは山田さんに「S〔君〕がいなくなった」と告げ、それを聞いた山田さんは驚いて、管理棟にいたNさんと多田さんにS君がいなくなったことを伝えたのである。この山田さんとの出会いの時刻について、O保母は4月2日の員面調書で午後8時20分ころと供述している。

逮捕されるまでの山田さんの記憶について述べることとする。正確な時刻の点はともかく、山田さん、Nさんおよび多田さんと3人で管理棟事務室に行ったところ、園長が1人でいたこと、5本の電話のやりとりがあったこと、園長が三宮へ向って車で出発し、自分達が園長を見送ったこと、（そのあとお花の先生にM子捜索のことをラジオ大阪が放送してくれそうだとのお礼の電話・6回目の電話をしたことを山田さんは忘れていた）、そのあとしばらくして管理棟裏口からスリッパのまま出てO保母と出会ったこと、等についての記憶を有しており、初動捜査および本格捜査で捜査官にそのとおり供述している。

まず第一の時刻操作は次のとおりであった。

山田さんを逮捕したのち捜査官は山田さんに、「アリバイが不明確だから逮捕されたのである。アリバイさえ明確になれば釈放される。1分1秒の行動まで思い出して供述しなさい。そうすれば今すぐにでも釈放される」と述べた。そして、ヒントとして、D男の父からの電話が最後の電話でその時刻は午後7時40分である、

この最後の電話のあと何をしていたのか思い出しなさい、と告げたのである。

のちの裏付捜査で判明した時刻によれば、6回の電話の最初の電話がD男父からの電話であり、最後のお礼電話の時刻は8時15分から20分ことと通話者であるお花の先生は供述していたのであるから、大幅な時刻の操作（35〜40分）であった。

警察を信じ切っていた山田さんは捜査官がウソをつくとは思いもよらず、指示されるまま自分の行動を何とか思い出そうとしたのである。そして山田さんはO保母と出会った時刻を午後8時ころと思っていたので、午後7時40分ころのD男父の電話のあとNさんが青葉寮に伝えに行き戻ってきてそのあと園長を見送った午後7時45分ころから午後8時までの15分間の空白の時間の行動を必死に思い出そうとしたのである。

そして山田さんは、3月19日当時自分が生理であったことから、トイレに行ったのではないかと考えた。管理棟トイレはNさん・多田さんがいるから生理の手当のため使うはずがないことから、自分の勤務する青葉寮のトイレに行ったのではないかと思い、青葉寮のトイレに行ったと供述した。

ところが、青葉寮のトイレに行くために青葉寮の玄関から入ると青葉寮園児の姿が目に入るはずだが、その様子が思い出されなかったため、食堂のあるサービス棟のトイレに行ったのではないかと考えて後日供述を変更した。

このように捜査官が1つ目の時刻操作により作り出した空白の15分間を、トイレに行ったことを思い出すことによって埋めた山田さんに、捜査官は2つ目の時刻操作を突きつけたのである。

それは、山田さんがO保母との出会時刻を午後8時ころと誤って記憶していたが、それまでの捜査（4月2日）でわかっていたO供述に基づく出会時刻は午後8時20分ころであったことを意図的に山田さんに告げることなく、15分間の空白を埋める供述を山田さんがしたのち、実はOとの出会いは午後8時15分であると告げて、新しく15分間の空白を作ったのである。再度の空白時間の15分間の行動を山田さんは思い出すことはできなかった。「お前がSを殺した犯人だ。園児も見ていた。園児がウソを言うはずがない」と言って自白を迫る取調官に、山田さんは抵抗する術を失った。

そして、M子の月命日である4月17日に、接見禁止を解除する決定を得たうえ

で山田さんの父親と接見させ、父もお前を疑っていると捜査官は山田さんに告げ、学園職員も犯人だと疑っていると告げて追い討ちをかけ、自己の記憶に自信を失い、自暴自棄に陥った山田さんから虚偽自白を得たのである。

3　客観的な第三者の立場から捜査を見る

　合理捜査が徹底され、かつ捜査の任務分担がルール化されていたら、えん罪甲山事件は生まれなかった。ところが本件では、M子の学園葬があった3月22日の時点から山田さんを犯人視する見込捜査が行われた。残念なことに、初動捜査が指している青葉寮園児の関与によるM子およびS君の死亡事件発生という捜査線は、本格捜査で消去されてしまったのである。
　えん罪事件の発生を防止するためには合理捜査がなされるのは当然のこととして、生田弁護士が提唱するように、初動捜査・本格捜査・逮捕後の被疑者取調べ等の捜査の3段階につき別個の捜査班が担当し、それ以前の捜査を客観的な第三者の立場から、かつ合理的思考方法で見直して捜査線を選択する制度へと変更しなければならないと考える。

4　警察の見込捜査をコントロールできなかった検察

　えん罪甲山事件を作った第一の原因は、兵庫県警の捜査本部の根拠なき見込捜査である。そして、第二の原因は、検察官が警察の捜査を修正できなかったことである。本来、警察の誤った見込捜査をコントロールすべきであるにもかかわらず、検察はむしろ警察により操作され、警察に追随してしまったと言わなければならない。
　第一次捜査において検察庁は、山田さんを嫌疑不十分として不起訴処分とする等、警察の根拠なき見込捜査と一線を画していたと評価してもよい面があったが、検察審査会で不起訴不当の議決がされ、再捜査を開始してからは、検察庁は警察の捜査に追随することになった。第1章で述べたように、甲山事件で兵庫県警は検察審査会制度を利用して、検察官に不起訴処分の見直しをさせようとし、現にそれに成功したのである。検察庁が警察をコントロールするのではなく、逆に、

検察庁が警察にコントロールされてしまったのである。

　本来、公益の代表者である検察官は、警察の偏頗な捜査に肩入れすることなく、たとえば、警察が収集した園児の新供述について、客観的証拠との対比、従来の供述との矛盾を考察して、はたして新供述が真実なのかどうか吟味する姿勢を持たなければならない。しかるに、警察に対して新供述をした園児を取り調べた主任検事（逢坂）やそのほかの検事が園児の取調べ方法について第一次第一審で証言するところによれば、客観的証拠からみての新供述の信用性の検討や、従前供述との矛盾、新供述がさらに変遷した場合の矛盾については何ら考慮せず、ただ園児に尋ね、園児の供述するがままに調書化したというのである。本件は年少者供述の危険性が本格的な問題となっているきわめて稀なケースである。このような場合、供述そのものの問題点、供述変遷の合理性を客観的証拠、客観的状況との対比のなかで、年少者供述の信憑性に留意して検討するという姿勢が必要であるにもかかわらず、そのようなことは一切されていない。また、園児供述の形成過程を弁護人・裁判所が検証するために、少なくとも、事情聴取の全過程につきテープ録取をするような配慮が必要であったのにされていないことは、きわめて遺憾なことである。

　検察官はさらに山田さんの再逮捕、荒木さん・多田さん逮捕へと暴走した。検察官は1978（昭和53）年2月27日、山田さんを殺人で再逮捕し、国賠訴訟の法廷で荒木さん・多田さんが偽証したとして偽証罪で逮捕し、さらに3月7日、神戸国際会館の保安係職員を国賠訴訟で偽証したとして逮捕した。保安係職員は山田さんや学園職員らとは一面識もない方である。保安係職員は、筆者が国際会館に来訪し、同所に事務所のある「お誕生日ありがとう」運動本部の同会館からの退出状況について尋ねたときに勤務日であったため、たまたま居合わせて、筆者が事実関係を聴取する機会を得たことから、国賠訴訟で原告側が証人申請したので証人として呼び出され、証言された方である。

　証言に至る経緯から見て、原告および原告代理人と何の関係もなく、日常業務を証言したにすぎない保安係職員証言を偽証と決めつける検察官の発想はきわめて異様というほかない。逮捕された保安係職員に対し、検察官は筆者からいくらもらって偽証したかと追及し、そのような事実がないので否定しても、検察官は追及を止めなかったとのことである。このような検察官の暴挙に対し、勾留請求を受

けた裁判官は、保安係職員の勾留請求につき罪を犯したと疑う合理的な理由がないとして却下し、検察官の準抗告も裁判所により棄却され、保安係職員は釈放された。当然のことながら、検察官は保安係職員を起訴できなかった。

　保安係職員逮捕にみられる検察官の暴挙は甲山事件で山田さんに協力する者への見せしめとしての効果を狙ったのではないかと思われ、さらには甲山国賠弁護団への刑事弾圧も意図していたと思われる。検察庁は公益の代表者としての責務を放棄し、警察と一体となってひたすら山田さんを犯人に仕立てあげようとして偏頗な行為を行ったと非難されるべきである。

　荒木さん、多田さんの逮捕・起訴も、山田さんの無実を信じる者への弾圧ともいうべき行為である。しかも、荒木さん・多田さんを偽証罪で起訴し、山田さんとの併合審理を裁判所に求めることにより、検察官の不当な偏見に基づくアリバイ工作、捜査妨害論についての証拠調べ請求を正当化するとともに、山田さんについての有利な証人である荒木さん、多田さんが証言する余地を封じ、その供述の信用性を減殺するという効果を狙ったものであるということができる。

　さらに検察官は、山田さん、多田さんおよび荒木さんと弁護人の接見について、いわゆる一般的指定処分を行ったうえ接見申込みの3日後とか5日後の具体的指定をすることにより、弁護人との接見を妨害した。そのためほとんどの弁護人接見は、裁判官の準抗告決定に基づき実現したのである。山田さんについて10日間の勾留中に4回の準抗告決定、荒木さん・多田さんにつき20日間の勾留中に10回の準抗告決定という空前絶後の接見妨害を繰り返した。検察官の弁護人への対応は悪意と敵意に満ちたものであり、公正な検察権の行使とはおよそかけ離れていた。

5　甲山事件と検察官控訴

❶ 検察官控訴は異例の長期裁判の原因

　神戸地方裁判所による第一次第一審および差戻審の2度の無罪判決に対する検察官控訴は、無罪判決に対する検察官控訴を制限すべきではないか、という問題を提起した。

　第一次第一審の審理期間は7年半である。1978（昭和53）年3月9日の山

田さんに対する殺人罪で起訴ののち、1985（昭和60）年10月17日神戸地方裁判所第四刑事部・角谷三千夫裁判長による無罪判決までの期間が審理期間である。これで無罪判決が確定していたならば、7年半はそれ自体長期であるにしても、無罪判決に対する検察官控訴の制限の問題にまで発展することはなかったと思われる。

　検察官はこの角谷判決に対し控訴し、1990（平成2）年3月23日、大阪高等裁判所第三刑事部西村清治裁判長が「原判決を破棄する。本件を神戸地方裁判所に差戻す」との判決を宣告したため、山田さんが上告した。そして1992（平成4）年4月7日、最高裁判所第三小法廷が上告棄却の決定をしたのち、1993（平成5）年2月19日、神戸地方裁判所第四刑事部で差戻審の第1回公判期日が開催された。

　5年余の審理を経て、神戸地方裁判所第四刑事部（吉田昭裁判長・小川育央裁判官・渡邊美弥子裁判官）は、1998（平成10）年5月25日山田さんに対する殺人事件起訴に対し、「被告人は無罪」と2度目の無罪判決を宣告した。

　検察官は吉田判決に対し2度目の控訴をし、大阪高等裁判所第三刑事部（河上元康裁判長・飯渕進裁判官・鹿野伸二裁判官）は1999（平成11）年1月22日から3月31日まで5回の公判審理ののち、9月29日の第6回公判期日において検察官の2度目の控訴に対し、「本件控訴を棄却する」との判決主文を宣告した。内容的には山田さんの無実性をさらに明確に打ち出した、3度目の無罪判決であった。

　この判決に対し10月8日、大阪高等検察庁は大阪高等裁判所に上訴権放棄書を提出し、えん罪甲山事件の公判審理は終了した。1978（昭和53）年3月9日の殺人罪起訴から1999（平成11）年10月8日の上訴権放棄まで、満21年7カ月に及ぶ異例の超長期裁判であった。

　このように甲山事件公判が異例の超長期裁判になったのは、ひとえに角谷判決に対する検察官控訴が原因であると断定することができる。この検察官控訴を容れ、第一次控訴審の西村判決が角谷判決の審理不尽を理由に破棄差戻しを命じ、差戻審が西村判決で審理不尽と判断された点をすべて審理したにもかかわらず、検察官の控訴理由に該当する事実は何一つとして発見されず、差戻審の吉田判決は角谷判決と同内容の判断で2度目の無罪を宣告したのである。

つまり、角谷判決に対する検察官の控訴はまったく意味がなく、控訴の正当な理由がないことを吉田判決が確認したにすぎないのである。

1985（昭和60）年の角谷判決以降の甲山事件裁判はまったく必要がなかったのである。検察官は、2度目の無罪判決である吉田判決に対してさえ、あえて2度目の検察官控訴をしたが、控訴棄却の河上判決への上告については、検察官控訴を非難する世論に抗することができず、上訴権放棄書を提出することで甲山事件裁判を終了させるという異例の措置をとった。まさに甲山裁判における検察官控訴は真実に目を背けたことにより、醜態を演じる結果に終わったのである。

甲山事件における検察官の醜態により、無罪判決に対する検察官控訴を許容しているわが国の刑事裁判制度そのものに遡って検討する必要が生じたと言わなければならない。

2 憲法39条と検察官控訴

日本国憲法39条の英文は、検察官上訴を禁止するアメリカ合衆国憲法修正第5条の規定とほぼ同一内容であるから、日本国憲法は検察官上訴を禁止している、との見解が存在する。アメリカ合衆国修正第5条の規定は以下のとおりである。

Nor Shall any person be subject for the same offense to be twice put in jeopardy for life or limb.

何人も同一の犯罪について、重ねて生命身体の危険にさらされることはない（『世界の憲法集』〔有信堂高文社、1998年〕の日本語訳）。

修正第5条は二重の危険（double jeopardy）禁止条項（略して「二重の危険条項」）と呼ばれている。

日本国憲法39条は、「何人も実行の時に適法であった行為又は既に無罪とされた行為については、刑事上の責任を問はれない。又、同一の犯罪について、重ねて刑事上の責任を問はれない」と規定する。

1946年11月3日、日本国憲法は、日本文と同様に英文によっても同時に英文官報の号外によって公布されているが、英文憲法では"No person shall becriminally liable for an act which was lawful at the time it was committed or of which he has been acquitted, nor shall he be placed in double jeopardy."と規定している。

日本国憲法の英文では double jeopardy と表現されており、アメリカ合衆国憲法修正第5条が規定している二重の危険条項と同一内容の保障と解される。英米法では無罪判決に対する検察官上訴は禁じられているので、憲法39条は検察官上訴を禁止しているのではないか、ということが問題となる。

　この点につき、昭和25年9月27日最高裁大法廷判決(刑集4巻9号1805頁)は、以下のとおり判示している。

　　「元来一事不再理の原則は、何人も同じ犯行について、二度以上罪の有無に関する裁判を受ける危険に曝さるべきものではないという、根本思想に基くことは言うをまたぬ。そして、その危険とは、同一の事件においては、訴訟手続の開始から終末に至るまでの一つの継続的状態と見るを相当とする。されば、一審の手続きも控訴審の手続きもまた、上告審のそれも同じ事件においては、継続せる一つの危険の各部分たるにすぎないのである。従って同じ事件においては、いかなる段階においても唯一の危険があるのみであって、そこには二重危険(ダブル、ジェパーデイ)ないし二度危険(トワイス、ジェパーデイ)というものは存在しない。それ故に、下級審における無罪又は有罪判決に対し、検察官が上訴をなし有罪またはより重き刑の判決を求めることは、被告人を二重の危険に曝すものでもなく、従ってまた憲法三九条に違反して重ねて刑事上の責任を問うものでもないと言わなければならぬ」。

　この最高裁判決は、日本国憲法39条が二重の危険の禁止の保障を定めたことを認めているものの、一審から三審(上告審)まで危険が継続しているとの見解(危険継続論)を採用することにより、二重の危険条項を一事不再理の原則と同一内容と解釈する結果となっている。

　この最高裁判決に理論的根拠を提供したのは、現行刑事訴訟の制定に関与した東京大学法学部教授の団藤重光(のちに最高裁判事に就任)が1949(昭和24)年に発表した論文である(法曹時報1巻2号38頁)。

　団藤重光教授の見解は、要旨以下のとおりである。

　英文の日本国憲法39条の後段 nor shall he be placed in double jeopardy が英米法流の二重の危険の原則を採用したのであれば、前段の後半 or of which he has been acquitted (日本国憲法の表現では「又は既に無罪とされた行為については、刑事上の責任を問はれない」)もまた当然に二

重の危険の原則に含まれることになる。しかし、前段の後半については double jeopardy の中に含めていないので、これを統一的に解釈すると、後段の double jeopardy の表現も英米法流の二重の危険の原則を採用したものではないことになる。したがって、英文憲法が double jeopardy と表現していることに拘泥する必要はない、との見解である。

　しかし、団藤教授のこの見解は、1949（昭和 24）年当時、GHQ と日本国政府との交渉に基づく日本国憲法制定過程が極秘事項とされ公表されていなかったため、団藤教授も日本国憲法 39 条前段後半の意味を制定過程に即して正確に把握できなかったことから生まれたものと考えられる。

　現在、日本国憲法の制定過程についてはかなりの研究が発表されている。これらの研究を総合すると、私見では（『憲法的刑事手続』〔日本評論社、1997 年〕491 頁以下）、以下述べるとおり、団藤教授が問題としている 39 条前段の後半は、旧憲法下の被告人についての不利益再審（旧刑訴法 486 条）を禁止することを確認的に規定したものであり、日本国憲法 39 条前段後半と後段は一体となって二重の危険条項と解釈されなければならない、と考えられるのである。詳論すると以下のとおりである。

　日本国憲法 39 条は、事後処罰法禁止と二重の危険の原則を規定したものと考えられるが、その原型は 1946（昭和 21）年 2 月 12 日のマッカーサー草案の 37 条と同 39 条に表現されている。マッカーサー草案 37 条および 39 条の規定は下記のとおりであり、37 条が二重の危険の原則、39 条が事後法禁止の規定となっている。

　　Articl E XXXVII.　No person shall be declared guilty of a crime except by a court of competent jurisdiction.

　　No person shall be twice placed in jeopardy for the same offence.

　　第 37 条　何人モ管轄権有ル裁判所ニ依ルニアラサレハ有罪ト宣言セラルルコト無カルヘシ。

　　何人モ同一ノ犯罪ニ因リ再度厄ニ遭フコト無カルヘシ。

　　Article XXXIX.　No person shall be held criminally liable for an act lawful at the time it was committed.

　　第 39 条　何人モ実行ノ時ニ於テ合法ナリシ行為ニ因リ刑罰ヲ科セラルル

コト無カルヘシ」。
　マッカーサー草案は2月13日、日本政府に提示され、日本政府側は対案を3月2日までかかって作成し（3月2日案）、3月4日、GHQに提出した。日本政府側はこの対案を届けるだけと考えていた。しかしGHQ側は、日本政府の3月2日案がマッカーサー草案の趣旨を反映したものかどうか点検するため、日本政府側の人間の目の前で3月2日案の逐条審議を開始したので日本政府側は帰れなくなってしまった。結局、日本政府側もそれに立ち会い、議論を交わす破目となった。この交渉は結果として徹夜で行われることとなった。
　当時総司令部との交渉に最後まで当っていた日本政府側の担当者佐藤達夫によると、マッカーサー草案37条および39条に関する3月4日の徹夜交渉の内容は、次のとおりである（佐藤達夫『日本国憲法成立史（第3巻）』〔有斐閣、1994年〕127頁以下）。

　第37条は、その第1項に「何人モ管轄権有ル裁判所ニ依ルニアラサレハ有罪ト宣言セラルルコト無カルヘシ」と規定していたが、これは前条第一項の「……被告人ハ公平ナル裁判所ノ迅速ナル公開裁判ヲ受クル権利ヲ享有スヘシ」と重複するということで削ることとし、第2項の「何人モ同一ノ犯罪ニ因リ再度厄ニ遭フコト無カルヘシ」、"No person shall be twice placed in jeopardy for the same offence."については、再審の問題をとりあげて、当時の刑事訴訟法の規定を説明するなど、問答を重ねたあげく、有罪の言い渡しを受けた者の利益のためにする再審を除くことに同意した。そのあげく、第37条を全文抹殺して第2項の文を「又ハ既ニ無罪ヲ宣言セラレタル行為」として第39条に加えることになった。

　佐藤達夫は3月4日の徹夜交渉において、GHQ側がdouble jeopardy条項を削除することに同意したと述べている。そこで、GHQ内でのマッカーサー草案の37条・39条の持つ重みを確認するために、マッカーサー草案の37条・39条の制定過程を検討する必要がある。GHQ内でのマッカーサー草案作成の過程のは概略は次のとおりである。
　先駆的研究として、1945（昭和20）年12月6日付で民政局行政部の法律家ラウエル中佐は「日本の憲法についての準備的研究と提案」と題するレポート（ラ

ウエルレポート）を作成した。

　また、1946（昭和21）年1月11日付で「私的グループによる憲法改正草案に対する所見」と題する覚書（ラウエル覚書）を執筆している。

　1946年2月1日のいわゆる「毎日スクープ」によって内閣の憲法問題調査会の「試案」が公表され、その内容が「きわめて保守的な性格のもの」であったことが一つの契機となって、GHQはみずから草案を急ぎ起草することを決意した。

　民政局長のホイットニーは2月4日、行政部のメンバーを集めて憲法草案の起草を指示し、2月10日までに一応の成案が完成し、その間第一次試案、第二次試案、第三次試案が作成検討された。ラウエルは起草に際しての有力メンバーであり、その「レポート」・「覚書」はマッカーサー草案に反映している。

　日本国憲法の制定過程を検討すれば、その実質的起草者はGHQ内の起草担当者である。しかも公布までの間GHQと日本政府は折衝し起草者の同意を英語でとりつける必要があった。起草者の意図は英文憲法の中に生き続けることになった。したがって、英文憲法は単なる日本国憲法の英訳ではなく、憲法解釈のうえで反映されなければならない存在なのである。

　マッカーサー草案の37条・39条の制定に至るまでの案分は、以下のとおりである。

　　・1945年12月6日ラウエルレポート提案

　　No expost facto criminal law shall be valid.

　　事後処罰法は無効とする

　　An accused…shall not be placed in jeopardy twice for the same offense.

　　被告者（accusedの筆者造語の日本語訳・被疑者および被告人の両方を含む表現）は、同一の犯罪につき二重の危険にさらされることがないこと

　　・1946年1月11日ラウエル覚書

　　Prohibiting placing an accused twice in jeopardy for the same offense.

　　被告者が同一犯罪について二重の危険にさらされることを禁止すること

　　・GHQ第一次試案

　　No person shall be twice, in jeopardy for the same offense.

何人も同一の犯罪についてふたたび危険にさらされることはない。

（この規定は刑事裁判における被告者のTrialにおける権利の条文の最後に書かれている）

No expost facto law shall be enacted, nor any punishment inflicted penalizing any person for act lawful at the time it was committed.

事後処罰法を制定してはならない。また実行の時に適法であった行為について人を罰するような刑罰を科してはならない。（この規定はExPost Facto Lawsと題して独立の条文として書かれている）

・GHQ第二次試案

Double jeopardy及び事後法について第一次試案と同一の表現となっている。

・GHQ第三次試案

Double jeopardyは第一次試案と同じ表現である。事後法については No person shall be criminally liable for an act lawful at the time it was committed. と表現が変更しているが、文意は同一である。

以上のようなな経過から、二重の危険原則はラウエルレポート・ラウエル覚書に明記されていること、事後法禁止もラウエルレポートに明記されていることがわかる。さらにGHQ第一次試案・第二次試案・第三次試案にも、事後法禁止と二重の危険原則が明記されており、GHQがこの2点を憲法の刑事人権規定に明記する意思は徹底して一貫している。このような経過でマッカーサー草案の37条および39条が起草され、日本政府に提示されたものである。

事後法禁止と二重の危険原則は日本国憲法の刑事人権規定に必須のものと、GHQ側は考えていたのであり、3月4日の徹夜交渉で二重の危険原則の削除にGHQ側が同意したと考えた佐藤達夫の理解は、まったくの誤解であった。

現に佐藤達夫の前掲書によれば、3月6日、楢崎書記官長のサインを求めに届けられたGHQ側英文にはマッカーサー草案第3項の末尾にNo person shall be twice placed in jeopardy for the same crimeというのが加わっていた、というのであるから、GHQ側が二重の危険原則を日本国憲法に明文化することを

第8章　甲山事件の教訓　129

放棄したとは考えられないのである。

　3月4日の交渉は次のような内容であったと考えられる。マッカーサー草案37条が1項で管轄のことを規定し、2項でdouble jeopardyを規定しているのは、管轄権がない場合には危険は発生しない（1904年ケプナー事件）というアメリカ連邦最高裁の判例理論を根拠とするものである。この判例を知らないで、日本政府側は別の条項と重複すると削除を提案しているのである。

　さらに、double jeopardy条項について、日本政府側は旧刑訴法の被告人についての不利益再審制度を説明したというのである。

　double jeopardyの概念が何であるのかすら知らなかった日本側と総司令部との交渉が、ずいぶんとすれ違った議論になっていたと考えられる。

　佐藤達夫は、マッカーサー草案37条全文を抹殺して第二文を、「又ハ既ニ無罪ヲ宣告セラレタル行為」として第39条（事後法禁止）に加えることになった、と記している。しかし、これは総司令部側の意思をまったくわからなかったための誤解というほかない。いずれにしても総司令部側は、double jeopardyを削除する意向はなかったと考えられる。

　double jeopardy条項が、被告人の不利益再審を禁止するのは当然のことである。しかし、そのような制度が日本の刑事訴訟法に存在することに驚いたアメリカ側は「or of which he has been acquitted」「又ハ既ニ無罪ヲ宣告セラレタル行為ニ因リ」の一文を、double jeopardy条項が被告人の不利益再審制度を禁止することを確認させる為に、double jeopardy条項を定めた後段の前に、付加することとしたと考えられるのである。

　したがって、39条前段の後半と後段は、いずれもdouble jeopardy条項を定めたものなのであり、団藤教授の解釈は制定過程に照らすと誤っているのである。

　4月2日、日本政府とGHQ間の憲法制定に関する協議において、日本国憲法39条について、日本政府は現在の英文の内容で制定することに合意した。

　以上のような経過で制定された日本国憲法39条は、英米法の二重の危険の原則を採用したものであり、無罪判決に対する検察官控訴は憲法上禁止されている、と解釈されなければならないのである。

6　甲山事件における証拠開示問題

❶ 手持証拠を開示しない検察

　起訴後、検察官が弁護人に開示した証拠は、被告人の供述調書、鑑定に関連した一部の証拠、初期の実況見分調書、甲山学園の概要に関する証拠等であり、罪体に関する重要な証拠の開示を検察官は拒否した。

　検察官は開示している証拠を弁護人が同意することを前提にして、人証予定は約50人であり、これらの人証についての供述調書類を開示しない。そのほかの手持証拠も開示しないとの姿勢を示した。かくて、弁護人は検察官手持証拠の全面的開示を求めることとなった。

❷ 甲山事件における全面的証拠開示の必要性の一例（お礼電話）

　3月19日、青葉寮園児S君の行方不明に当直職員2名が気付き、2人が手分けして探し始めたのは午後8時過ぎころである。

　山田さんは、3月17日に行方不明になっていたM子の甲山学園外での捜索活動中にN指導員と西宮北口駅で出会い、N指導員運転の自動車に乗り、午後7時30分ころ甲山学園に帰った。M子捜索活動をしていて、Nより先に帰っていた多田指導員が出迎え、3人は管理棟事務室に行き、荒木園長にM子捜索活動の報告をした。

　その後、荒木園長が神戸のボランティア団体へM子の写真焼増しのためにM子の写真を届けることになり、午後8時15分過ぎころ事務室を出た。その間山田さんは3人とともに事務室にいたので、犯人でありえなかった。

　山田さんの無実を示す端的な事実としてお礼電話がある。4人で話しているうち、ラジオを通じてM子捜索のことに話が進んだ。山田さんはお花を習いに行っていたが、ラジオ大阪の報道部長の妻も習いに来ているので、彼女を通じてM子捜索のことを放送してくれるよう頼もうと提案したら、ほかの3人も賛同した。

　山田さんは、電話帳でお花の先生の電話番号を調べ、お花の先生に電話して報道部長宅の電話番号を聞き、電話をした。結局ラジオ大阪が放送してくれる方向へと動いたので、お花の先生に山田さんがお礼の電話をした。その時刻は午後8時20分ころである。

お礼電話は、管理棟事務室に午後7時30分ころから午後8時20分ころまで山田さんがいたことを示す象徴的な事実であり、お花の先生は警察官・検察官に時刻を特定して供述し、その供述調書も存在していた。ところが検察官はお花の先生の調書を弁護側に開示しなかった。お花の先生の調書と同じように、山田さんに有利な証拠が多数存在していると思われるのに、検察官は手持証拠を全面開示しなかった。

❸ 全面的証拠開示制度と弁護活動

甲山事件の第一次第一審公判で、弁護人は要旨以下のとおりの全面的証拠開示命令の申立てを行ったが、そこで述べたことは全面的証拠開示制度の必要性にそのまま妥当するものである。

本事件では、公訴事実と同一被疑事実で逮捕・勾留された山田さんが処分保留で釈放されたのち、捜査を継続したにもかかわらず、事件発生の約1年半後に嫌疑不十分を理由に不起訴処分とされている。被告人に有利な証拠が検察官の手もとに多数存在することが推認される。松川事件の諏訪メモ（後掲参照）と同様の問題が生じる。

八海事件で阿藤周平氏のアリバイを証言した木下六子氏を、検察官が偽証罪で逮捕・起訴したことは有名である。えん罪事件で被告人に有利な証言をした者に対し、偽証罪で起訴するのは検察官の常套手段といえる。このような検察官の姿勢は、常軌を逸した偏狭な態度であり、検察権の濫用である。

本事件も、過去のえん罪事件と同じパターンを踏んでいる。山田さんのアリバイを国賠訴訟で証言した荒木さん・多田さんは偽証罪で起訴されている。検察官が公益の代表者であることを忘れ、ひたすら被告人の有罪判決獲得のため偏狭な態度をとるのは、松川事件のように有利な証拠を持っていながらそれを隠しているのではないかとの疑いを抱かせる。

検察官は起訴の段階で公判の立証準備を完了している。弁護人の防禦活動は起訴後に始まる。英法での予備審問、米法での起訴陪審の制度のないわが国では、捜査の段階で防禦の方針を確立することができない。起訴状一本主義は、裁判所について作用するとともに、皮肉にも弁護人にも影響する。全面的証拠開示なしの弁護活動はまさに、「起訴状一本主義」——起訴状記載事実以外はまっ

たくわからない──に拘束される結果となる。

　このように証拠開示がない場合、弁護人は事件について白紙の状態、何も資料のない状態で証拠調べに臨むことになる。防禦のために、検察官の全面的証拠開示が必要であることはいうまでもない。

　たとえば、甲という事実を立証するためにA証人を検察官申請により取り調べるとしよう。そして、甲事実についてB証人も捜査で供述している場合、A証人の供述の正確性をテストするために、B供述により弾劾する必要が生ずる。また、検察官が取調べ請求の意思のない証拠のなかに、甲事実に関連するものがあるかもしれないのである。全面的証拠開示を受けていなければ、A証人に対する十分な反対尋問ができないことは明らかである。このように、全面的証拠開示なしに証拠調べをすることは、弁護人に対し、不利益を強いることにほかならない。

　さらに、次のことも指摘しなければならない。本事件で検察官が開示していない主要な証拠としては、職員の供述、第三者の供述、園児の供述、園児の供述能力および供述の信憑性についての鑑定等が考えられる。いずれも重要な証拠であり、これを開示することなしに証拠調べに入ることはできない。

　職員の供述について考えてみよう。再捜査以前の供述調書、捜査復命書が存在するであろう。しかるに証人として証言する内容は、再捜査で作成された同人の供述調書に基づくものとなる。人間の記憶は日時の経過するほど消失していくものである。事件発生直後に作成された供述調書や捜査復命書よりも、3年以上経過したのちの再捜査段階で作成された供述調書に基づく証言が真実であると、検察官は主張する。だとすれば、証人の当初の段階からの供述とその供述の変遷過程および変遷の内容が証言の信用性に関連して問題になるため、その点についての尋問が不可欠である。そのためには全面的証拠開示がされなければならない。

　この点は第三者の供述、園児の供述も同様である。さらに園児の供述能力・供述の信憑性についての鑑定は、検察官でさえも証拠隠滅の対象となりえないことを認めるものであろう。にもかかわらずこれを開示しないのは、検察官が弁護側に対する不意打の効果を狙っているとしか考えられない。

❹ 全面的証拠開示は審理促進のために必要である

　検察官は現在開示している証拠についての同意を前提にして、人証予定が約50人である旨表明している。これらの人証について、検察官は供述調書を開示しないというのである。しかしながら、検察官と弁護人の間で争いのない事実があるはずである。そのような事柄についても証言を求めるというのは訴訟経済に反すること明らかである。

　争いのない事実については書証により取り調べ、争点を明確にしていき、争いのある事実についてのみ人証で取り調べる。それが審理を促進する途である。しかるに検察官は、人証予定者については一切供述調書を開示しないというのである。開示すれば全部同意できる調書もあるであろう。一部不同意とする調書もあろう。そうすれば審理促進となるのは明らかである。にもかかわらず検察官は開示しないのである。

　全面的証拠開示が審理促進のために必要であることは、いうまでもない。前述の例でいうなら、甲事実を証言したA証人の尋問の際にB証人の供述調書を弁護人が所持していない場合、B証人の取調べのとき、はじめてA、B証人の証言内容の対比が問題となる。その結果、A証人の再尋問が必要となる。

　証拠開示がされていれば、A証人の尋問の際にB供述で弾劾する尋問をすることにより、甲事実についてのA、B両供述の正確性のテストができるのであり、再喚問は不必要となる。この一事をもっても、証拠開示の拒絶が審理の遅延になることを理解できる。

　刑事訴訟法では第1回公判期日前に検察官は立証計画を準備し、弁護人は防禦内容を準備することになっている。刑訴規則178条の6、同条の8はその表れである。検察官の立証準備は起訴までに終了しており容易である。しかし、弁護人側にとって、全面的証拠開示なしに防禦の準備は不可能である。

❺ 検察官手持証拠の全面的開示を迫る弁護活動

　弁護人は第2回公判で検察官手持証拠の全面的開示についての意見書を提出して意見を述べ、第4回、第5回、第6回公判で全面開示の申立てと理由、個別開示の申立てとその理由を述べ、第6回公判で検察官手持証拠の一覧表提出

の釈明命令発動を求めたが、裁判長は「現時点においては釈明命令は出さない」との訴訟指揮を行い、第7回公判で「弁護人らの証拠開示命令申立に関し、検察官に対して手持証拠の全面及び個別的な開示を命ずる訴訟指揮は行わない」との処分を行い、弁護人は直ちに異議を申し立てたが棄却された。

　検察官は第4回公判で、周知の最高裁5決定の趣旨に沿って運用していきたいとして、「証人として当初取調を予定していた者の検察官に対する供述調書の開示について、①主尋問終了後反対尋問前、②証人採用決定後の主尋問を行う10日前、③証人採用決定時、の三段階に分けて開示することを考慮している」旨発言した。そして第6回公判、第7回公判で検察官が申請している各証人が三段階のいずれに該当するかを述べた。

　弁護人は冒頭陳述後の時期に全面的証拠開示命令、個別開示命令を得ることができなかったのでやむなく、証人採用決定後、検察官調書のみではなく、警察官調書や捜査復命書についても、個別的に開示の必要性を裁判所に述べて、裁判所から検察官に開示の勧告をさせるという手法をとった。

　その結果、証人尋問の実施に伴い、最重要な証人である元園児の供述については検察官調書のみではなく、警察官調書・捜査復命書の開示も受けることができた。元園児以外の証人については、検察官調書、警察官調書の開示を受けたが、捜査復命書の開示を受けたのはごく一部の証人だけであった。

　検察官がかたくなに開示を拒否していたにもかかわらず、比較的個々の証拠開示について前進したのは、国賠訴訟で捜査復命書も含めて捜査資料が被告国および兵庫県側の書証として提出されていて、それをもとに開示の必要性を具体的に展開したからである。

　しかし、検察官は全手持証拠を開示していないので、弁護人が検討していない被告人に有利な証拠が、検察官の手もとに保管されていた可能性がある。その意味で、検察官手持証拠のリストを提出させる必要があったが、実現しなかった。

　前述のお花の先生の供述調書を検察官は、第7回公判で3月19日の青葉寮当直職員2名、元園児5名の主尋問終了後に開示すると約束し、その旨公判調書で記載されている。これらの尋問終了後、弁護人は何回もこの公判調書の記載をもとにお花の先生の供述調書の開示を要求したが、検察官はついに約束を履行しなかった。

お花の先生の調書が開示されたのは、差戻審でお花の先生の証人採用が決定されたあとである。午後8時20分ころに山田さんから2回目の電話があったとの証言は、裁判官に被告人はシロとの強烈な印象を与えたと思われる。全面的証拠開示が行われていたならば、証拠調べの早い段階で裁判所は被告人無罪の心証を形成し、検察官の無用な証拠申請を却下することになったと思われる。そうすると、甲山事件は長期裁判にならなかったのである。
　甲山事件の審理経過は、えん罪防止のため検察官手持証拠の全面開示が必要であることを教訓として世間に知らしめたと言わなければならない。

7　迅速な裁判を受ける権利の実現

　わが国では、憲法37条1項で被告人の迅速な裁判を受ける権利を規定しているにもかかわらず、被告人の迅速な裁判を受ける権利は何ら実質化されていない。甲山事件公判でも、第二次控訴審の時点で起訴以来20年以上経過しているにもかかわらず、検察官の訴訟追行維持が憲法37条1項に違反するとの判断は示されなかった。
　甲山長期裁判を教訓とするために、甲山裁判はどの程度で終結すべきであったかを考えてみるに、第一次第一審の繊維鑑定関係の証拠調べは不要であった、というのが筆者の見解である。
　甲山裁判で検察官は「山田さんが被害者のSを正面から抱えて浄化槽に落とす際に、相互の衣類の繊維が相互に付着し、2人の衣類から相互の付着繊維が発見された」と主張した。そしてその立証として、繊維の色の同一性の鑑定（浦畑鑑定）と繊維の形態観察による同一性の鑑定（脇本鑑定）を立証の中心とした。
　しかしながら、繊維の色、形態についての同一性鑑定により、他者を排除することはそもそも不可能なことである。繊維の色とは染料のことを示すことになるが、そもそも染料は工業製品で同種のものが大量に出回っているのであるから、人間の指紋のように、個人を特定し、他者を排除することはできない。
　繊維の形態についても染料と同様に、繊維が工業製品で大量に市販されているものであるから、「特定」という概念になじまないものである。第二次控訴審判決は上記両鑑定につき、「付着繊維の同一性に関する本件鑑定自体が状況証拠とし

て用いることのできるような証明力を備えていないことになる」と判断している。

そうすると、第一次第一審における審理のうち、1982年5月21日の第25回公判から1983年8月30日の第43回公判までの繊維鑑定をめぐっての審理、すなわち1年3月9日間にわたる19回の公判は不要だったことになる。第一次第一審の審理は7年7月8日に及んだのであるから、6年4月の審理期間で終了すべきであったことになる。

第一次第一審の角谷裁判長は、訴訟指揮権により検察官の立証を制限して、繊維鑑定関係の証拠申請をすべて却下すべきであった。それが憲法37条1項が保障する被告人の迅速な裁判を受ける権利の実現のために必要なことであった、と事後的には言えることである。しかし、立証責任を負担している検察官の間接事実の証拠申請を却下することのできる裁判官が、日本にどれだけ存在しているであろうか。

他方、角谷裁判長は、1984（昭和59）年12月26日の第66回公判で検察官の申請した47人の証人（無罪判決を予想した検察官が控訴理由を作るために申請したものであるが）を却下した。これは検察官立証を訴訟指揮で制限したものである。そののち角谷裁判長は、1985（昭和60）年10月17日、無罪判決を宣告した。この無罪判決に検察官が控訴し、それから約15年を経て1999（平成11）年10月8日、大阪高等検察庁の上訴権放棄により差戻審無罪判決が確定した。

このようにして、検察官の証拠申請を却下した角谷裁判長の訴訟指揮が正しかったことが、15年後にようやく確定したのである。なぜなら、差戻審判決および第二次控訴審判決は検察官の控訴理由をすべて否定し、角谷判決が正しかったことを支持したからである。しかしながら2度にわたる検察官控訴は、検察官立証の制限に対する検察庁の抵抗のはげしさの一例を示すものといえよう。

甲山事件に見られるように、訴訟指揮による検察官立証の制限には検察庁の根強い抵抗がある。しかしながら、えん罪事件で被告人の権利としての迅速な裁判を実現させるためには、訴訟指揮としての検察官立証の制限が必要である。そのためには、甲山事件において被告人の権利としての迅速な裁判の実現を企図した角谷判決が是とされるような環境作り、たとえば人権感覚に鋭敏な裁判官が一般的である、という状況を実現させなければならない。

近年、治安維持・必罰主義ということを優先的に考える裁判官が一般化し、無辜の者の処罰があってはならないということを刑事裁判の使命と考える裁判官が少なくなっていると考えられる現状では、実に実現困難な課題である。

第 2 部

甲山事件から学ぶ……2
日本の刑事裁判のかたち

山田悦子

第1章
甲山学園と子どもたち

1　就職

　私には、「知的障害児」施設で働くことを決意させた忘れられない体験があります。しかし、私は、21年間の裁判にかまけ、その体験をすっかり記憶の奥深く仕舞い込んでしまっていました。無罪確定後に久しぶりに再会した中学時代の親友の、「特殊学級なんかに出入りしていたのは全校生徒で、悦ちゃんだけよ」の一言が、忘れていた記憶をフラッシュバックさせてくれました。

　小学と中学の1年のとき私は、「知的障害」のある女子生徒とそれぞれとクラスメートになりました。小学生の彼女は、体育の時間ひとり教室に取り残されており、また、中学生の彼女は、宿題を忘れる女子生徒は他にもいたのに彼女だけが、男子生徒と同じように忘れた罰として、教師にビンタを食らっていました。彼女が殴られていた頭上には、美しい毛筆で書かれた「自由・平等・博愛」の文字が額に入れられ掲げられていました。

　私が見たこの痛ましい光景は、2人のクラスメートのこころだけでなく、私のこころも傷つけました。そんな体験をもつ私は、中学のとき、小学から毎年楽しみに見ていたNHKの「青年の主張」で、「知的障害をもつ子どもたちと人間的に触れ合うことができることが、どんなに素晴らしいことか。この職業を選んで誇りに感じている」という女性保育士のことばを聞き、体の血がボイルするほどの感動を覚え、将来自分もこの職業に就くことを固くこころに誓ったのでした。そして、1972（昭和47）年に短大の保育科を卒業し、幼稚園教諭と保育士の資格を取得しました。

　短大で親しかった音楽科の友人が神戸市の音楽教員に採用され、「悦ちゃんも

一緒に神戸に行こうよ」という誘いにほだされ、兵庫県庁から阪神間の施設リストを取り寄せ、その中の一つである甲山学園に就職したのです。

このことは、卒業後は実家のある愛媛県の新居浜市に帰って地元の幼稚園で勤めることを強く希望し、友人が経営する幼稚園に本人の意向も聞かずすでに就職を決めていた、父の期待に背くことになりました。おかげで、第一次逮捕・保釈後、私を田舎に連れ帰った父に、「親の言うことに逆らって勝手に就職するからこんな目にあうんだ」と非難されてしまいました。だからといって、甲山学園に就職したことは、全然後悔していないと、私が反論したのは言うまでもありませんでした。

「悦ちゃんの崇高な気持ちはよくわかるが、やがては社会に役立つ子どもたちの保育に携われ」――この父の発想は、知的障害者に対する差別観によるものですが、あれから30年を過ぎた今なお、人間の存在を根底において彼らを捉えられずにいる日本社会は、父と同じ発想を常識として持っております――と反対した父でしたが、学園が長期の休みに入り、帰る家のない担当の子どもを実家に連れて帰ると、「よく来たね」と言って、滞在期間中は可愛がってくれました。

短大の入学式のときは父が同伴し、途中、「悦子はどんなところで勉強しているのか」と、祖母がやって来、卒業式のときは母が訪れました。甲山学園に就職したらしたで、「悦子はどんなところで働いているのか」と両親が挨拶に訪れ、また後日、祖母が様子を見にくるという、ちょっと恥ずかしい過保護な状況が、私の家庭環境のひとつとしてありました。

2　学園での第一歩

1972（昭和47）年、いまだ桜の開花あらずの春浅きころ、私は、中学のときから夢見た職業につくことができ、期待に胸膨らませ甲山学園での就職のスタートを切ったのでした。

4月1日付けの採用ではありましたが、それまでウォーミングアップが必要との学園からの要請に従い、1週間早く学園に入ることになりました。訪れた甲山学園はちょうど春休み。子どもたちのほとんどがそれぞれの家庭に帰っており、職員の勤務体制も休日体制で、学園はがらーんとしていました。何らかの事情で帰れ

ずに残っていた幾人かの子どもたちが、期待、緊張、不安がない交ぜになってドキドキしながら学園に第一歩を踏み入れた私を、「あっ、あたらしいせんせいやー」と、とっても温かな声で迎えてくれました。

　2年後に非業の死を遂げることになったM子ちゃんも、この中の一人でした。一緒にお風呂に入り、同年齢の「普通」の子どもと比べるとうんと小さく、その細いM子ちゃんの体を洗ってあげたときの、M子ちゃんとの初対面の日の記憶が、こうして記すことで、今までそうであったように、またしても切なく蘇ってきます。

　仕事初日、何をしてよいのかわからず惑っている私に、「しかたないなー、せんせいは、しんまいやから、かぶとやまがくえんのしごとわからへんねん」と、子どもたちに言われ、「いやー、なんて賢いんだろう」と思ってしまいました。

　前述の、両親が訪れたのは春休み中のことでした。学園を興味津々で見学していた父の後ろから、いたずら好きのT君が棒のきれっぱしで、父の後頭部を一発パンとやったのです。この不意討ちに、T君独特の親愛のパフォーマンスであることを父は知る由もなく、いたくショックを受け「悦ちゃんは、えらいところに就職したもんだ」と言って帰りました。T君のこのパフォーマンスはその後も、道行くおじさんの頭の帽子を後ろからひょいと取り、空高く投げ上げるといったように、おおいに発揮されたものでした。

　春休みも終わり子どもたちが学園にもどるころ、甲山学園の新年度が開始され、私は、甲山学園軽度棟・青葉寮の職員として8人の男子（6歳から18歳）の担当を命じられ、本格的な勤務に就くことになりました。

3　甲山学園とは

　甲山学園が甲山の西の麓に建設されたのは、1968（昭和43）年です。「偽証罪」で被告人となった荒木元園長等がヨーロッパの施設に視察に行き、その成果を踏まえて建設されたものなので、学園の敷地は子どもが園外に出ていかないようフェンスで囲まれてはいたものの、日本のほかの施設と比較すると、青葉寮の佇まいはたいへん開放的なものになっており、そのため多くの関係者が見学に訪れていました。

　「知的障害」を持つがゆえに地域で普通に生きることが許されず、家族のもとを

離れ、収容施設という社会の偏狭の地で暮らさなくてはならなかった子どもたちにとって、建物がどんなに開放的なものであっても、甲山学園は、彼らの心を満たす居心地の良い場所ではありませんでした。
　それが証拠に、ある子どもは、いつのまにか学園を抜けだし、電車を乗り継いで自宅に帰ったり、また、ある子どもは、これまたいつのまにか学園を抜けだし、町の民家で保護（ちゃっかり食事までご馳走になったりして）されたりしていました。
　あるいはまた、中学の途中まで地域の学校に通っていた子が、家庭の事情から甲山学園で暮らすことになり、入所するやいなや、拒絶反応から心身に異状をきたし急きょ入院するという事態に陥ったことがありました。このとき職員は、ローテーションを組んでつきっ切りの看病を1カ月ほどしたことがありました。
甲山学園は、児童福祉法の第7条（児童福祉施設）と42条「精神薄弱施設」に基づいたものであり、同法第4条が児童と定義する少年（小学校就学始期から、18歳に達するまでのもの）に該当する年齢の子どもたちが、入所措置の対象となっていました。ちなみに、措置延長が認められ、20歳を超えている者も幾人かいましたので、その人たちは短大を20歳で卒業した私より年上でした。

　第二次逮捕で検察側は、新証拠として「園児目撃証言」を作り出し、起訴に踏み切りました。「園児」と聞いて、通常私たちがイメージする年齢は、せいぜい幼稚園児の5、6歳までです。検察官が「園児」と呼ぶところの5人の目撃証言者は、事件当時、11、15、16、12、15歳の年齢で、5年後法廷に立ったときは、17、22、23、18、21歳に達しておりました。このような年齢の者を、普通は園児とはみなしません。どこの誰が、この年齢にある人たちを「園児」などと呼ぶことがありましょうか。
　子どもは社会や人間との関わりの中で、大人へと成長していきます。その関わりの中で彼らが学んだことを自らの内に取り入れ、自らの世界を創造し、成長段階に応じ自らを存在させています。この成長のプロセスは、知的障害を持つ、持たないに関係なく、私たち人間が等しく保持している人間の営みです。人間の自己存立は、他者との関係において存在しています。甲山学園の子どもたちも、同様に彼らを取り巻く環境との関係において存在しています。

検察官は（以下の検察官批判の論述については、本書第1部第3章4を参照）、知的障害者の人間としてのこの営みの能力を否定し、「園児」というレッテルを貼ることで、まるで人間的に未発達な人たちと見なし、「知的障害者は、見ていないことを見たなどという作話の能力はない、見たものは見たとしか言えない。だから目撃証言は正しいのだ。ほかとの関係で証言に矛盾があっても、知的に遅れているから仕方ないのだ。しかし、見ていることには間違いないのだ」と、非科学的で独善的な観点で目撃証言の正当化を図りました。

　検察官は有罪判決を取るために、知的障害者に対する誤った人間観のこのような主張を、21年間も延々と展開し続けたのでした。人間の正義が実現される裁判において、人間への深い洞察と理解が人間の知力の技として働くことがなければ、私たちの社会は、「人間の正義」を実現させることはできません。

　検察官の主張する「正義」は、私たちが自らの人格の責任において最も洞察と理解を必要とする知的障害者に対して、無知であるばかりでなく無理解でした。人間の存在を正しく受けとめる思想を持たなければ、私たちの社会は「人間の正義」を実現し創造していくことは不可能な状態になります。

　甲山事件裁判21年の検察官の主張は、目撃証言を作り上げた時点ですでに思想的に破綻していました。この破綻した思想は病巣となって、検察官の主張はぼろぼろに蝕まれる結果を自ら招くことになったのでした。

4　子どもたちの世界

　今一度、甲山学園に話を戻すことにします。

　就職してから事件発生までの2年間の甲山学園との関わりは、私にさまざまなことを教えてくれました。

　知的障害を持つがゆえに社会から排除され甲山学園での暮らしを強いられていた子どもたちは、富める家の子も貧しい家の子も、学園では平等に扱われました。社会の片隅のこの小さな空間の世界は、確かに子どもたちを貧富の差に関係なく平等に扱っていました。しかし、子どもたちの知に関する扱いにおいては、決して平等ではなかったのです。

私たちの社会が知的に劣る人たちを排除した体制となっている結果できあがっている甲山学園は、社会と同じように子どもたちに、重度、軽度と知の選別をしていたのです。甲山学園という小さな社会の環境下に置かれた子どもたちが、甲山学園のこの制度に影響されないわけがありません。
　この選別は、軽度棟「青葉」の子どもたちに「あほは、若葉に行け」という意識を産み、重度棟「若葉」の子どもたちを蔑んで見る精神世界を作り出していったのでした。
　しかし、この青葉の子どもたちも、私たちの社会に傷つけられ、癒えることのない傷口を抱えたまま生きておりました。
　子どもたちと散歩に出かけたある日のこと、私の前を歩いている2人の女子の会話が、私の耳に届いてきました。

「なあ、Iさん、私らみんなにアホやアホや言われるけど、アホとちがうよね」。
「そうやで、私らアホちがうで、K子ちゃん」。
（ここでのイニシャルの人物は第1部の人物とは関係ありません）

　私は、この会話に衝撃を受けました。そして、子どもたちが深い悲しみを持って生きているのを知らされたのでした。
　それでも子どもたちは、暮らしの場である甲山学園で、日常生活が織りなす悲喜こもごもの感情に溢れ、たくましく生活を送っていました。
　社会から差別され送り込まれてきた子どもたちを、また同じように、重度、軽度と差別することは許されない、せめて学園の中だけでも差別しない環境を作ろうという提案が職員から出され、1年間ほど討議を重ねることになりました。そして、能力別ではなく、若葉と青葉を単に年齢別に、年少、年長と分けるのがよいとの結論が出され、甲山学園は、新年度から新しいシステムでスタートをすることになったのでした。
　その矢先に、事件は起きたのでした。

第2章
事件発生から逮捕まで

1 抑えることのできない怒り

　1974（昭和49）年3月17日、私が当直勤務であったこの日、当時12歳のM子ちゃんが行方不明になるという事態が起こりました。西宮警察署の協力を得て、甲山学園内、甲山学園の近くの各施設、甲山学園近辺の山中や阪神間の要所駅とその近辺等々の広範囲な捜索が続けられたにもかかわらず、3月17・18・19日と見つからないまま、時間だけがいたずらに過ぎていきました。

　1974（昭和49）年3月19日、職員に憔悴の色が目立ち始めたとき、M子ちゃんに続いてS君（当時12歳）もいなくなるという、ただならぬ事態が発生しました。疲れが目立ってきたということで、この日は午後5時で捜索の任を解かれていた職員は、再び緊急招集され学園に駆けつけることになりました。

　そして、職員の必死の捜索の甲斐もなく、2人はその夜、遺体となって学園の浄化槽から引き上げられたのでした。

　こうして書きながら私は胸が高鳴り、冷静ではいられなくなるのを覚えます。事件から30年経過しているにもかかわらず、2人が発見されたときに受けた衝撃が、色あせず私の全身に走り心臓を激しく打ちます。同時に2人の在りし日のいたいけな姿がフラッシュバックしてきて、私の心を痛く包みます。そして、えん罪甲山事件を作りだし21年の裁判を可能ならしめた不正義──そのすべてが人により生み出されたわけですが──に、抑えることのできない怒りが沸き上がってきます。

　怒りが沸き上がるたびに「ツー　ビー、　オア　ノット　ツー　ビー、ザット

イズ　ザ　クエスチョン」と、私は呪文を唱え心を鎮めてきました。わが身に降り注いだ事態を丸ごと受けとめ、自身の立場を冷静に見極め、「おまえは、人間としてどう生きるのだ」と自らに問いかけることは、卑屈に陥ることなく自己存在の確立をはかるために、私にとって必要な呪文でした。現在の怒りを鎮めるため、呪文を今一度唱え書き進めることにします。

2　職員による殺人事件と断定した警察

　2人の子どもが死んで、しかも学園の浄化槽から発見されたということで強い衝撃が走り、学園は騒然となりました。そして、職員は、子どもたちが浄化槽を開けて遊んでいたことを知ると同時に、2人の死に子どもが関与しているのではないかと直感しました。

　私は、自分の当直のときにいなくなったM子ちゃんが浄化槽で死んでいた事実に、打ちのめされました。

　あの日（3月17日）、青葉寮保母室に入って子どものカルテの記入などをせず、外で一緒に遊んで子どもたちを見ていれば、こんなことにならなかったのではないか。あの日、運動場で遊んでいたM子ちゃんが私を見つけ寄って来たとき、つれなくせず、どうして優しく抱きしめてやらなかったんだろう。あの日、私は暖かな保母室にいたのに、M子ちゃんは、冷たい汚物の中にいたんだ。こうした思いがとめどなく沸き上がり、私は自分を責め、泣き崩れてしまいました。

　2人の遺体が発見されるやいなや警察は、職員による殺人事件と断定し捜査を開始しました。何一つ調べることなく、即座に殺人事件と、なぜ警察は断定してしまったのか。この疑問を私はずっと持ち続けてきました。

　3月17日から捜索のため学園に入っていた警察の目の前で、19日の事件は起きてしまいました。3月18日、警察犬が浄化槽のところで反応を示ししばらくそこを動かなかったとき、すばやく浄化槽を調べ、M子ちゃんを発見しておればS君の死は確実に防ぐことができたのに、警察は関心を示さず、調べることを怠りました。

　3月20日の警察が実施した実況見分の結果、浄化槽からは、子どもたちが蓋を開けて落として遊んでいたことをうかがわせる、ピアノの鍵、歯ブラシ、ブリキ製オモチャ、ブローチ、ゴムひも、ボタン、つめ切り、鉄ボルト、園児の名札などが

見つかりました。これらの品を糸口に的確な捜査をしていたならば、子どもの間で起こった出来事として事件は解決し、えん罪甲山事件が起こることはありませんでした。

しかしながら、職員による殺人事件として処理することで、警察は自分たちの捜査の失態の責任を覆い隠してしまいました。

事件の翌日の午前中から、警察は職員による犯行と見て、子どもたちの事情聴取をはじめました。職員の立会いのもとで、自分の考えていることを言語化できる子ども、語彙がとぼしくても物事が理解できる子どもたちから、警察は個別に事情聴取しました。私が犯人であるならば、このときすでに、昨夜S君を連れ出したことが露見されていなくてはなりませんでした。しかし、そのような目撃証言は出なかったのです。5人の子どもの目撃証言は、1人は事件発生から2週間後、そのほかは3年後に作られたものでした。

警察が事件直後にこのように捜査した事実を封じるために、検察官は口止め論を作り上げ（本書第1部第3章参照）、甲山事件裁判の21年を虚しく奔走したのでした。M子ちゃんが死んで発見されたと聞いたとき、私は、遺体を自分の目で確かめるまではその事実を受け入れることができず、浄化槽のところに行って確認しようとしましたが、「あんたは見ないほうがいい」と言われて多くの職員に制止され、そのまま保母室に連れていかれ、鎮静剤を打たれることになり、翌朝目覚めたのでした。その私がどうして口止めなどできたというのでしょうか。

ひとの死に対する悲しみが体の細胞を破壊してしまうような感覚が襲って来たのは、私の人生において後にも先にもM子ちゃんの死を知ったとき以外にはありませんでした。当時22歳の私にとって、念願叶って勤め始めた職場の子どもの死は、あまりにも衝撃的であり当直の責任ということが加わり、受け止めるにはあまりに大きく重い出来事でした。

3　C子さんの隠された告白

福祉施設で発生した殺人事件ということで、連日マスコミが大々的に報道をするなか、警察は新学期が始まるまでに犯人を逮捕すると世間に発表しました。職員犯行説で捜査が進んでいくなか、事件直後は子どもの行為として受け止めていた

職員の意識が変化していきました。一部の職員は自己への嫌疑をかわすため、私とN指導員（2人は3月17日、青葉寮の当直勤務者であった）が犯人である、またはN指導員が犯人であるとほのめかす供述を警察にしています。このように自己保身からだんだん警察に迎合して、しまいには警察と融合していきました。

　2人の死を子どもの行為と見て、ある職員は、遊びをさせる振りをして、重いタイヤの持ち上げ実験をしました。子どもたちは職員の意図を知ってか知らずか遊び感覚で持ち上げておりました。ある一人の女子に順番がまわってきたとき、泣いてどうしても持ち上げようとはしませんでした。実験を見守っていた職員たちは、その様子に色めき立ちました。青葉寮職員の年長のKa保母が女子を個室に連れて行き泣いた理由を尋ねたところ、子どもがみんな帰っていく――学園にいると危険だということで子どもたちはつぎつぎと自宅に帰っていっていた――ので自分も早く帰りたいので泣いたとの答えが返ってきたのでした。

　この女子は、「浄化槽の蓋を開けてM子ちゃんを落としたのは私だ」と、後に裁判で証言したC子（第1部ではC女と表記した）さんでした。

　C子さんにそのとき尋ねたKa保母は、青葉寮で子どもたちにこわもてする保母ワーストワン・ツーを争うような存在の人でしたから、C子さんが本心を告げるはずがなかったのかもしれません……。

　自分が疑われたくないために、警察へのアリバイ説明にきゅうきゅうとなっていった職員たちの意識には、C子さんの隠された告白の声が届くことはありませんでした。このとき学園が適切な対応を行うことができておれば、5人の子どもを証言台に立たせなくてすんだのにと考えると、今なお悔やまれてならないのです。

4　晴天の霹靂の逮捕

　職員のなかに犯人がいると警察が考えているということで、甲山学園は異様な雰囲気に日ごとなって行きました。青葉寮は封鎖状態となり自宅に帰れない子どもは若葉寮に集められ、職員にも危険が及ぶとのことで若葉寮を出る際には必ず同伴者を必要とし、また外出理由を用意されたノートにいちいち記入しなければならないという、戒厳令下さながらで警察の捜査は進行していったのでした。

　職員たちは警察から事情聴取の際に言われたほかの職員のプライバシーのある

ことないことを真に受け、自ら職員間に疑心暗鬼の世界を作り出していったのでした。元凶は警察にありますが、どんなに警察が力強く旗振りをしても旗のもとに集まる者がいなければ、警察は前進することはできません。えん罪作りは警察によって着手されたとしても、警察の意志を受け入れる環境がなければ成立するはずはありません。

　警察の捜査が日増しに犯人逮捕に向けて進むなか、私は自分に疑いがかけられたことなど露知らず、犯人逮捕にやっきになった報道が連日新聞・テレビで行われているのを見ながら、「職員を逮捕するって、犯人でないのに誰を逮捕するの？」と、のんきにも思っていたのでした。

　新学期が始まる前に犯人をあげると警察が明言したとおり、事件発生から19日目、新学期前に学園の今後について学園保護者間で話し合いがもたれた4月7日に、私が犯人にされ逮捕されたのでした。

　逮捕は、晴天の霹靂でした。逮捕されるやいなや警察の車に押し込められた私は、ショックで、腰が抜け声が出ずただ涙と鼻水ばかりが出てくるという有り様でした。そして警察の車は私を兵庫県警本部へと連行したのです。

5　地下留置場へ

　到着後、私はただちに地下留置場に入れられました。ここで最初に私に対して行われたのは、全裸になってのボディーチェックでした。人間がある日突然知らない人に知らないところへ連れて行かれ全裸にされるということが、どういうことなのか読者のみなさんはご想像がつくでしょうか。私はそのとき、人間としてのプライドが根こそぎ剥ぎとられ、存在そのものが否定されてしまったような感覚に襲われました。身に覚えのない罪で逮捕された衝撃に加え、間髪を入れず全裸にされた新たな衝撃は、私の心をずたずたにしました。この洗礼を受けてから警察での取調べは始まったのでした。

　無実の被疑者が堕ちるのは、取調室の刑事の取調べだけで堕ちるのではありません。どんなに逮捕が不条理であっても逮捕された以上、留置場は被疑者にとって生きていく場所となります。留置場での被疑者の生活では、私たちが通常意識にかけない日常生活のすべてが警察の手に握られています。自由のない生活空間

での不自由ななかでの自由が、刑事の胸三寸で与えられます。女性であればロングヘアーを括ったり留めたりする用品の使用、生理用品の制限なき使用が許されたりして留置場の規制がほんの少し解除されると、惨めこのうえない被疑者の生活の上に、刑事の「やさしい心づかい」として降り注いできてしまいます。いつしかこの「やさしい心づかい」の世界にとりこまれ、この世界が取調室で身動きできない被疑者の精神世界をすっぽりと覆ってしまうことになります。少なくとも私がそうでした。

　留置場での日常生活に便宜をはかってもらっている被疑者は、取調室において毅然とした態度で臨むことなどはできません。被疑者が取調べにおいて刑事の懐に深く堕ちて行くための環境設定が警察留置場（代用監獄）の存在であるということを、私は体験から知り得たのでした。

6　刑事たちの罵詈雑言

　全裸にされる洗礼を受けたあとすぐに、取調べが開始されました。取調べを担当したのは、「落としの山」という異名をとった兵庫県警西宮署の山崎刑事に、この道二十数年というベテラン級の、兵庫県警の三木、勝、西宮署の田中という三刑事を加えた４人の刑事でした。山崎刑事を中心に据えあとの３人がそれをサポートするかたちで、私の取調べは行われました。

　取調室に連れていかれた私は、背もたれのない丸いパイプ椅子に座らされるやいなや、三木、勝、田中の三刑事から「沢崎（旧姓）、お前が殺したんやろう」「お前のような極悪非道な女はいやへんぞ」「おまえは何か邪心にとりつかれているんとちがうか」等々の罵詈雑言を、恫喝的に語気荒く浴びせられました。私は、ただ絶対にやっていないというだけしかありませんでした。逮捕当日の午後８時ころはじめて提示された逮捕状で、私はＳ君殺害容疑で逮捕されたことを知ったのでした。その日はさんざん怒鳴りつけられ、取調べが終わったのは、逮捕から９時間ほど経過した夜の10時でした。

　これ以降釈放されるまで私の取調べは、朝９時から夜10時、12時近くまで休むことなく続けられたのでした。

　逮捕されると同時に私には４人の弁護士（弁護人）が付きました。４人の弁護

士は日本社会福祉労働組合甲山福祉センター支部が手配した方々でした。弁護士は短い接見時間のなかで、取調べに応じ供述調書が取られていく私に、黙秘権の行使を強く求めました。黙秘権のもつ真の意味を理解できていなかった当時の私には、弁護士の助言は苦痛なものと映りました。

　私の弁護士に対する理解も、本当にやっている人の情状酌量を求めて弁護するのが弁護士の仕事で、しかも法外なお金を取るというイメージしかありませんでした。4人も付いてどれだけ報酬を払うことになるのかという心配もありました。

　そして何よりも警察が私に求めたのは、自分の手でアリバイを証明することだったので、弁護士の助言はそれと相反するものでした。

7　迫るアリバイ証明

　逮捕の翌日、私はポリグラフにかけられました。「あなたは、S君を殺しましたか」「あなたは、S君を青葉寮から連れだしましたか」「あなたは、2人をマンホールに投げ込みましたか」等々の質問に対しすべて「いいえ」と答え、ポリグラフ台に座って4時間耐えるというものでした。その日の取調べで「重要な点で強い反応が出ている」と刑事から言われ、やっていないのにどうしてそんな反応が出たのだろうと、私の心は不安に乱れました。この日も昨日と同様「純真な子どものいくつもの目が見ていたんだぞ。お前がやったんだ」と恫喝的な取調べが一日続き、いくら無実を訴えても聞き入れてはもらえませんでした。その日、取調室でしばらくの間、私と田中刑事だけになるという時間が出現しました。2日間怒鳴られ続け信じてもらえない私は、このとき田中勇郎刑事の手を取り、「絶対にやっていないので信じてください」と懇願したのです。

　田中刑事は「ほかの職員は皆きちんとアリバイが証明できていたのに、あんただけができていなかった」。

　「アリバイを思い出して証言できれば明日にでも釈放する」と、私に言葉優しく言い聞かせてくれたのでした。

　田中刑事の説明に私は、自分だけがアリバイを詳しく言えていなかったので逮捕されてしまったのかと、逮捕を納得することになりました。

8　与えられたヒント

　行動に伴う時間についての記憶が欠落していた私に、一つの事柄の時間がヒントとしてこのとき与えられ、その時間を中心にアリバイを組み立てていくよう促されました。そして、「あんたがアリバイを思い出せるよう協力しよう」と、田中刑事は私に約束して見せてくれたのでした。
　アリバイが証明できればすぐに釈放との田中刑事の言葉を信じ、その温情にすがって、脳裏に焼き付いていた事件当日の記憶を呼び覚ますため全身全霊を傾けていくことになったのでした。
　私が田中刑事に懇願して以降、前述した「落としの山」さんと呼ばれる山崎刑事が取調室に登場してくることになりました。はじめて山崎刑事に会ったとき、1枚の名刺が差し出されました。名刺には肩書きとともに「山崎清麿」と刷られてありました。
　「やまさきせいまさんですか」と尋ねる私に、「悦ちゃんは、頭がいいぞ。今までこの名刺を見て最初から正しく読んだ人はいないぞ。皆、『きよまろ』『きよま』と読んでしまう。勇さん（田中刑事）に助けてもらって一生懸命にアリバイを思い出すんだぞ」と、応答して見せたのです。
　そして、「悦ちゃん、僕には男の子が2人います。実は、長男が産まれたときみつ口だったんです。僕は、何度この子を殺そうと思ったかもしれません。今までこんな話は誰にもしたことがありませんでした。悦ちゃんにはじめて話をします」と、プライバシーを私に語って聞かせることで、私が当時抱いていた警察に対する信頼をより深めようとしたのでした。
　山崎刑事の登場後、それまでの「沢崎、おまえ」の恫喝的な空気は一変し、「悦ちゃん、悦ちゃん」と呼ばれることになり、警察のテクニックの中に私は深く吸い込まれていくことになったのでした。
　事件の日の行動は覚えていても時系列に組み立てることができない私に、午後7時40分という時間が与えられました。それは、私が記憶している事柄の一つである保護者から学園にかかってきた電話の時間でした。これを中心にして、私が外から学園に戻った午後7時30分ころ（この時間についても私は認識していません）から犯行時間帯とされた午後8時までの時間を埋めることが要請され、それ

に応えるため私は、脳裏にある記憶を引き出しアリバイの証明をしようと努力に努力を重ねていくことになったのでした。

逮捕直後の調べでS君不明を知るまで事務室にいたとの私の主張は、「事務室にいたと言うが、あのとき一緒にいた多田さんが出て行ったと言っている。調書もある」との田中刑事の説明にあっけなく崩れ、多田さんは嘘をつくような人ではないから何かの事情で自分は事務室を離れたのだと思い込まされてしまいました。

このことによりそれまで管理棟の事務室にいた私は、外に出されることになったのでした。この事実は、私にとってはこれから始まるアリバイ証明の瓦解の始まりであり、警察には自白を取るための始まりを意味したのでした。

私の管理棟事務室内での記憶には、何本かの電話のやりとりがありましたが、それらの電話はヒントの時間である午後7時40分以前の電話であり、電話の最後が保護者から学園にかかってきた午後7時40分のものでありそれが客観的事実だと、田中刑事は私に教えたのでした。この教えに従い私は、「それじゃー私は、一連の電話が終わってS君の不明を聞くまで、事務室を出て何をしていたんだろう」と考えるようになりました。

実際は、3月19日行方不明になったS君事件のとき、私は園外でのM子ちゃん捜索活動から午後7時30分ころN指導員と帰園し、T保母と3人で甲山学園管理棟事務室に入りました。そこには荒木園長が外部の捜索活動から帰ってくる職員の報告を待っていました。その後、外部と管理棟事務室の間で6本の電話があり、午後7時40分ころの保護者からの電話は6本の電話のうち最初の電話でした。最後の電話は私が外部にかけたものであり、午後8時20分ないし25分ころでした（詳しくは第1部第1章**2**、**3**参照）。

しかし、電話の時間が圧縮されそのすべてが午後7時40分より前に移動するという、時間操作の情報提供であることなど知る由もない私は、午後8時の犯行時間帯までに作り出された空白の20分を埋めるためアリバイ証明に翻弄されていったのでした。田中刑事曰く「人間が3歩歩く間に、道端では石ころがころがり、空には鳥が飛び交う。それを証明するのがアリバイの証明や」「泥棒は3年前の何百件の事件を思い出して説明できる。悦ちゃんの場合は、1カ月のたった20分ほどのことや。思い出せないはずないやろ」。私は素直にこの言葉を聞き入れ、泥棒が思い出せたのに私にできないはずがないと、アリバイ証明のための記憶を自

分の脳裏に探し続けたのでした。しかし、存在しない空白の時間を埋める行動は所詮探し出せるはずがないのでした。

　しかし、すぐにでも釈放してもらうためにはアリバイを証明しなくてはなりませんでした。思い起こすことができる行動がない私は、「考えられるのはトイレしかない。普段便秘気味の私はそのとき頑張って時間を過ごしたのかもしれない」と、考えたのでした。このことは私の唯一のアリバイ証明でした。

　実際はトイレなど行っていないのですからそのときの状況を説明できる記憶など、私の脳裏にあろうはずがありませんでした。青葉寮保母室・サービス棟でのトイレの使用はことごとく否定され、私は窮地に追い込まれていくことになったのでした。

　私に対する取調べのパターンは、日中は田中、勝、三木刑事の３人と過ごし、日中に提供された情報をもとにアリバイを考え、それを夜に「落としの山」さんが聞きに来てことごとく否定するというものでした。

　日中提供された情報は私の記憶を日ごと攪乱し、私は自分の記憶に自信をなくしていくことになりました。

　そして、山崎刑事は来るたびに私の無実の言い分をその吐く言辞で否定し、夜ごと私を不安に陥れていったのでした。また、山崎刑事は勾留理由開示公判に私を出廷させないために、「あんなところに行くと、また逮捕されたときのように報道陣が来てシャッターを切り騒ぎたてます。そんな時間より、今はアリバイを思い出す方が大切です。１分たりとも惜しいはずです。裁判官に出たくないと手紙を書けば僕が持って行ってあげましょう」と、私に手紙を書かせたのでした。アリバイを証明し一日も早く釈放されたかった私は、山崎刑事の勧めに従うことになったのでした。

　私が勾留理由開示公判に出ないことを知った弁護士は、是非とも公判に出るよう私に求めましたが、刑事裁判のことについてまったく無知であった私は頑なに弁護士の要求を拒んだのでした。一日中取調室で過ごす私に刑事たちは弁護士に対するさまざまな偏見を植えつけ、私の心に弁護士に対する信頼感が芽生えることを阻止しました。

　「あんたの弁護士は共産党系の弁護士や。赤は自分たちの運動のために事件を利用する」。

「あんたが逮捕されてたいへんだというときに、のんきに韓国に旅行に行っている」。

「司法試験に合格したもので一番賢いのが裁判官。その次が検事。一番頭の悪いのが弁護士になるんや」。

こうした刑事の言辞は、私を不思議に説得したのでした。

理由は、田中角栄信奉のばりばりの自民党員であった父に育てられたこともあって、社会党や共産党の区別がわからなくて、それら組織を赤の思想と考えていたこと、また、弁護士に韓国に行ったかどうかを尋ねると刑事の言うとおりだったこと、また、私の当時の法曹三者に対するイメージが刑事と同じであったことにありました。

弁護士の説得に応じない私に対し弁護士は、今度は、父の直筆で書かれた1枚の用紙を携えて接見室に現れたのでした。

それを読んで私は出廷を決意したのでした。

そこには「悦子、法廷で笑って会いましょう。待って居ます。父　信一」と記されてありました。

9　仕組まれた〈父との面会〉

いくら無実を訴えても聞き入れてくれない山崎刑事が、ある日「悦ちゃん、お父さんに会わせてあげましょうか」と、言ってきました。弁護士以外に接見が許されなかった私は、ぜひ会わせてほしいと頼み込みました。そして、実現したのでした。それは、逮捕から10日目、M子ちゃん死亡から1カ月過ぎの月命日にあたる1974（昭和49）年4月17日の夕方に行われたのでした。

父との面会時間を待っていた私に田中刑事は、「今日はちょうどM子ちゃんの命日や。お父さんは昨日来ることになっていたが今日になった。昨夜おっちゃんはM子ちゃんの夢を見た。本当に何もかも不思議や。M子ちゃんは成仏できず迷っているんや」と、さりげなく語って聞かせたのでした。

取調室で父と私の会話の様子を傍らで伺っていた田中刑事が、「今日はM子ちゃんの月命日です」と父に語りかけ、父がそれを聞き「ああー、そうでしたか」と言って合掌したそのとき、すかさず「お父さん、手を合わされたその時間がM子ちゃ

ん死亡時間です」と、含みのある発言を投げかけたのでした。

　30分ほどの面会を終えた父は、取調室を後にしたのでした。

　父との面会は、その後の場面展開をはかるため、警察が自白獲得のために用意したシナリオに周到に描かれたプロローグであったのでした。

10　自白

　父が帰ってしばらくして、山崎刑事が躍り込むようにして取調室にやって来ました。

　「ほら悦ちゃん、お父さんが4万円置いていったよ。悦ちゃんのお父さんはいいお父さんだ。ほらしっかり思い出せよ」と、言って出ていきました（「思い出せよ」とは、3月19日のアリバイのことです）。

　午後7時に再びやって来た山崎刑事はいつものように、私に対する取調べを開始したのでした。

　この夜も、私のアリバイの説明をまったく取りあげようとしませんでした。

　それでも無実を必死で訴える私に向かって、

　「悦ちゃんはやっていないといっているが、警察の捜査では次々と証拠が上がってきています。これはどういうことなんですか」。

　「信じてくれといいますが、アリバイが証明できないのに何を信じるのですか」。

　「桜が咲いて花の匂いがして、この花の匂いはどこからくるのかと、桜の木を断ち割ってみても、匂いのもとはどこにも見つかりません。悦ちゃんの信じてくれというのはこれと同じです」。

　「これだけ黒の証拠が次々と上がり真っ黒になっているのに、それでもやっていないと強情を言っていたら裁判官も人の子、情を憎み重い刑にします」。

　「悦ちゃんが素直に認めないなら、逮捕のときに阻止した学園の人たちを公務執行妨害で逮捕することだってできるんですよ。さしあたって園長を逮捕しようかと検討しています。そうなったら学園はどうなるんですか。子ども2人を死なせたうえに園長が逮捕される事態になれば、学園は潰れます。悦ちゃんは学園を潰してもいいんですか。子どもたちが可愛くないんですか」。

　「やっていないのならなぜ机をたたいて泣いて訴えないのです。あれも調べてきて

くれ、これも調べてくれと我々に頼まないんですか」。
「もう悦ちゃんのやってない、わかりませんはたくさんです。もういいです」。
「もし、我々の間違いであったら僕の給料のすべてをあげて、一生悦ちゃんに尽くします」。
「悦ちゃんは、Ｓ君とＭ子ちゃんを殺したのです」。
「早くしゃべって刑に服さなければなりません。悦ちゃんはまだ若いのです。長い人生ですぐ取り戻せます。Ｓ君もＭ子ちゃんも安らかに眠ることができません」。
「早くしゃべって楽な気持ちになりなさい」。
こうした言辞を吐き、自白をとるために迫ってきたのでした。
そうして、疲労困憊し潰れそうになっている私に、執拗な容赦のない、さらなる追及をしてきたのでした。
「僕の部下が先程お父さんを泊まっている旅館まで送って行きました。送っている車の中でお父さんは、『ふーっ』とため息をしました。悦ちゃん、このため息は何でしょうね」。
「わかりません」と答えると、
「悦ちゃん、このため息はね、『ひょっとしたらうちの悦子がやっているんではないか』という疑いのため息です」。
「そんなことありません。父は信じていると言って帰りました」と反論する私に、
「悦ちゃん、誰が自分の娘に信じていないと言う親がありますか。実の娘であるなら、たとえやっていてももうちの子はやっていないと思うのが親心なのに、悦ちゃんのお父さんはそうではありませんでした」。
「我々捜査員は、人間の一挙一動を見逃さないように完璧に訓練されています」。
「学園の職員も今は悦ちゃんが犯人だと疑っています。それにＮ先生（3月19日に管理棟事務室内にともにいた同僚のこと）までも、女の犯行だと言っています。その調書もちゃんと取ってあります。もはや誰も悦ちゃんを信じる人はおりません」との言辞を畳みかけて浴びせました。
それまで耐えに耐えていた私に、「父が疑っている」の一言は、命の綱がぷつんと切れる衝撃を私に与えたのでした。学園のみんなが疑い、父までも私を疑っている、もうどうでもいいと思ったのでした。
絶望にうちひしがれ泣いていた私のその心に飛び込んできた、「悦ちゃんあなた

は、Ｓ君とＭ子ちゃんを殺したのですね」の山崎刑事の一言に、「はい」と、私は返事をしてしまったのでした。

　山崎刑事は、「悦ちゃん、今までどんなに苦しかったろう。よく言ったぞ」と言って、目頭をハンカチで押さえ泣いたのでした。

　私の傍らにいた田中刑事は私の手を取り、頭を垂れ、大粒の涙を床にぽたぽたと落とし泣いたのでした。

　山崎刑事はさらに、「田中の勇さんは、親が死んでも泣かない人や。それだけ悦ちゃんのことを心配しているんだぞ」と、私に告げたのでした。告げられた甘美な言辞は、次に奏でられる取調べの序奏にほかなりませんでした。

　「自白」した私に山崎刑事は一気に動機、犯行の手口を尋ねてきましたが、無実の私には答えられるはずがありませんでした。私はこのときすでに死を覚悟していました。死ぬことによって自分の無実を訴えようと思い詰めたのでした。

　「すべてを話す前に、学園と父宛に手紙を書かせてください」と言って、私は、便せんと封筒を用意してもらったのでした。それは、私の遺書でした。無実を訴えた私の思いをそれぞれに宛てて綴ったのでした。そして、封をして刑事に預けたのでした。

「今夜は本当のことを申し上げます。Ｍ子ちゃんとＳ君をやったのは私に間違いありません。

　その理由については明日から申し上げます。

　私が本当の気持ちを言う気持ちになったのはＭ子ちゃんとＳ君があのマンホールのつめたい中でどんなにくるしんだか恐かったか、その苦しみを考えるときに私の苦しみなどなんでもありません。

　ですから今夜は勇気を出して思い切って申しあげました。

　私はこの本当のことをお父さん、学園の人たちに対して２通の手紙の中で書きました。

　私が全部しゃべったときにこの手紙を渡してください。Ｓ君とＭ子ちゃんの冥福を祈っております。

　田中部長さんにＭ子ちゃんが死んでちょうど１カ月になることを教えてもらいました。

第２章　事件発生から逮捕まで　　159

忘れてはならないことを忘れていました。

M子ちゃんに悪いことをしたと思っております。

M子ちゃんとＳ君をマンホールに落として殺したのは本当に私に間違いありません。どうぞ御両親の方々もお許しくださいますようお願い致します」との自白調書が取られたのでした。

しかし、2通の手紙は学園にも父にも届いていませんでした。手紙の行方について、弁護士は、手紙を託された警察がこの内容を見ないはずはなく、無実を訴える内容であったから、重要な証拠である手紙を焼いたものと思うと言っていました。

11　自殺未遂、そして再び取調べの朝

この夜私が取調室を出たのが深夜12時を少し過ぎていました。「被疑者、殺人、22歳、沢崎悦子」と、赤い地に黒字で書かれた札が掛かった独房の冷たい惨めな床の上で、差し入れられてあったハイソックスを使って首を絞め命を断とうとしましたが、何度試みても、自分で自分の首を絞めて死ぬことはできませんでした。そして再び、取調べの朝を迎えることになってしまったのでした。

死ぬこともできず取調室に戻った私は、再び無実を訴えたのでした。この日弁護士の接見があり自白したことを伝えると、「あなた、やってるんですか」と詰問され「やっていません」と言うと、「それじゃ撤回の調書を取ってもらいなさい」と、助言を受けたのでした。弁護士の指示に従い、本当はやっていないので撤回の調書を取ってほしいと頼み込むと、田中刑事は、私がものごころついたときにはすでに父と離婚していた母の病気について語り聞かせだしたのです。

12　刑事から聞いた〈お母さんの血〉

お母さんは産後の日だちが悪く健忘症にかかり入院し、見舞いに来た悦ちゃんのお父さんである夫の顔さえ忘れてしまっていた、というものでした。

私は聞いてたいへんショックを受けました。両親が離婚したのは、母との暮らしを記憶するには余りにも私が幼かったときでした。遠い昔の我が家の歴史のあれ

これを饒舌に私に語り聞かせてくれた祖母の口からも、それは一度も漏れることのなかったことだったのでした。

　私が母との再会を許されたのは12歳のときの、春まだ浅きときのことでした。再会は、北陸にある私の家系の本家で行われました。残雪のなかを着物を着て訪れたのでした。着物の上にはおられた道行の濃紫が白い残雪に映え、母は私の前に美しい姿で現れました。このときの光景が幼かった私の脳裏深くに刻まれ、母と暮らすことのない私には、母の存在が美として私の心の中にあったのでした。

　「子どもは両親の血をひいて生まれる。母親から生まれる子どもは、父親の血より母親の血を色濃く受け継ぐ。悦ちゃんにもその血が流れている。お父さんの血より、お母さんの血のほうが濃いんや。悦ちゃんも汚れた血を受け継いでいるんや」

　「いまだにアリバイも思い出せないということは、やったことを忘れてしまっているからや」。

　この田中刑事の台詞は、再び私を奈落の底に突き落とすことになったのでした。母に対する私のイメージを粉々に打ち砕き、事件当夜の埋めることができない空白の時間に人を殺し、母から受け継いだ汚れた血がそれを忘れさせてしまったのだろうかと、私は考えてしまったのでした。

　私は自分の両掌を眺め、あの子たちをこの手で殺してしまったのだろうかと、さめざめと泣きました。そして、本当に殺してしまったのなら思い出し、一日も早く刑に服さなければならないと、真剣に思うようになったのでした。

　「僕が悦ちゃんのかたく閉ざされた心のなかを開いて思い出させてあげましょう。悦ちゃん、静かによく思い出してみなさい」といって、再び山崎刑事の取調べが始まりました。

　山崎刑事は、私がS君を廊下から連れ出したのだと言い、「悦ちゃん、静かに目を閉じてごらん」と促し、私が目を閉じ廊下を想像すると、今度は、「廊下の先には何が見えますか」と質問するので、「非常口です」と答えると、「そうです。悦ちゃんは、S君をその非常口から連れ出したのです」と言い、「こんなふうに少しずつ思い出していったらいいから、心配しなくていいぞ」とも言ったのでした。

　青葉寮の見取図を差し出し、私が連れ出したとされる女子棟の廊下に面した居室部分を指し、「悦ちゃんは、この並んでいるどこかの部屋から入ったのです」「指差してみてください」と言われるまま、どこを指していいかわからない私は、真ん中

あたりを指したのでした。
　そしてこれが犯行の侵入経路になったのでした。
　動機など言えるはずもない私に山崎刑事は、「悦ちゃんは2人も殺すような悪い人ではありません。3月17日、M子ちゃんを捜しに行ったとき、マンホールの中へ落ちていくのを見て助けに行こうとしたが間に合わなくて落ちてしまった。同じ当直のN先生にも言うことができず、何日か過ぎ、誰かほかの人の当直のときに子どもがいなくなれば、そのことがカモフラージュできる。そういうことにしておきましょう。このままの証拠だと悦ちゃんは2人を殺したことになりますから。少しでも裁判で罪が軽くなるよう僕がちゃんとしてあげます」とも言ったのでした。
　田中刑事からは「今の弁護士は左翼やから裁判になったら執行猶予もようとらん。お父さんに手紙を書いて自民党の弁護士に代えたらいい。死体が上がったとき取り乱して泣いたとき鎮静剤を打たれたやろ。その打った人が次の日悦ちゃんに会ったのにお礼もいわん失礼な子やと言っていた調書も、やったことを覚えていない悦ちゃんに有利に使うことができる」と言われ、自分がやったのかもしれないと思っていた私は、今の弁護士を代えてほしいと父に手紙を書いたのでした。
　4月17日から4月21日までの間に、5通の自白調書が取られました。調書がずるずる取られていくなかで、私は、自分が本当にやっているのであろうかと思うようになりました。刑事があれこれ言ってくることが、私の胸にすとーんとまったく落ちてこなかったのです。のちに被告人質問の準備のために弁護士より渡された自白調書を見ましたが、その調書は「……と思います」というもので、断定的なものにはなっていませんでした。
　しかし、自分の胸に落ちてこない理由を私は、自分で自分に証明しなくてはなりませんでした。
　S君までもいなくなったと知ったとき本当に驚き、S君を捜し求めて夜道の甲山を頂上まで一気に駆け上がったときの心配した気持ち、頂上に着き探しても見つからず、眼下に100万ドルといわれる神戸の夜景がオイルショックのために薄暗く揺らいでいたのを見たとき、思わず切なくなって涙を流した気持ち。もし私が本当にやっていたなら殺したことを忘れ、すぐにあんな真剣な気持ちで探せたのだろうか、やっていないから切ない涙も流したのだ。あのときの気持ちは嘘ではない。そうだ私は、やってないからやったことなど思い出せないのだ。と、自分で自分の無

❼ 園児供述の鑑定証人

石松 この事件は国賠訴訟があってから起訴されたので、国賠訴訟を抜きにしては起訴を考えられないんです。このことを前提にして、園児供述にはそういう問題があるとして、そのほかに何かありますか。

上野 園児供述の鑑定証人ですね。

石松 裁判所は採用するでしょう。

渡辺 いや、それはわからないですよ。裁判所は何を明らかにするための心理鑑定であり、鑑定書から立証または反証に役立つ何が出てくるのか、これまで以上にていねいに検討するのではないでしょうか。園児供述の信用性それ自体ということになってくると、信用性判断に特殊な法則性がなければ、そこから心証が形成できない特殊な証拠かどうかを弁護人側は十分に説明し疎明することになると思うのです。裁判員がいるのは、市民常識に従ったときの信用性の判断を、裁判官と共に行うこと、幅の広い市民の良識により証拠を見るために裁判員裁判がある、そここそが裁判員を入れた意味だとすると、その信用性判断自体について専門家の評価をあらかじめ聴くために心理鑑定を行なう必要はありません。ただ、信用性を判断するために市民の良識では足りない専門的な法則性を加味することが、信用性を判断するのに不可欠な特殊な証拠であれば別かと思います。が、もし立証趣旨が当該園児供述の信用性そのものにしかないとすれば、不採用になる可能性は十分あると思います。

上野 園児供述の信用性の鑑定については、第一次控訴審が必要とする理由を3つ言っているんです。①として、精神遅滞者について健常者との間でどのような差があるのか否か、またその行動、供述について特別な専門的知識を必要とするか否かについての証拠調べをする必要性、②として、各供述者についての行動、供述特性についての証拠調べをする必要性、③として、各園児供述の具体的な内容の信用性に関する証拠調べをする必要性の有無というふうに3つに分けまして、③は裁判所のほうが判断するので必要ないと。当面は、第1段階の、要するに一般人と違っているので特別な専門的知識が要るかどうかということに絞って鑑定人を取調べしましょうかということになったんです。だから、理屈では①のことであれば調べるということになる可能性が高いと思います。僕らは、①は必要ないと

言ったんです。そのためにこちらとしても証人も出したんです。

石松 岡本夏木鑑定というのは第一次第一審で出ていたんですか。

上野 第一次控訴審です。要するに、対抗証拠で控訴審で出したんです。

山田 裁判所は不採用とするだろうと先生は言われましたけれども、逆のことも言えるんで、裁判官だけでは決められないから、裁判員に聞いてみましょう、ということで採用するかもしれませんでしょう。

石松 これはまったく予測の問題で、私はどっちの可能性もあると思うんだけれども、僕は弁護人として刑事裁判はわずかしかやってないけれども、その感覚からすると、検察官が申請したものだったら裁判所はほとんどのものに飛びつくという印象です。弁護人が申請しているんだったら全部却下するけれども。それが現実だと思います。

上野 現に①と②の点において第一次控訴審で採用されましたからね。

❽ 証拠採用は変化するか

渡辺 公判前整理手続という特殊手続が入ったことを前提としたときにどう闘えるかという想定で今議論を試みております。実際に上野先生が甲山事件の一審を闘われたころは、準備手続は不十分ではなかったでしょうか。今は、公判前整理手続でまさに争点と証拠の整理ができてしまいます。しかも、それだけじゃなくて、厳選証拠の原則など新たな原理原則が入ってくる中で、裁判官が裁判員裁判の有効適切な実現のインフラ整備に向けて動き始めています。そのひとつの問題として、いわばたくさんの証拠を検察官が出した場合、今までとは異なり、裁判所が、簡単に全部証拠とはしないでしょう。なぜなら、書面を証拠に採用したら評議の場には記憶喚起のためにも全部裁判員に見せることができるようにコピーを用意しないといけないし、いわば「読書」の自習時間を設けないといけない場面も出てくる。被告人側からみても、「調書裁判」に対応した防御のありかた、「弁護の書面主義」では有効適切な弁護はできない時代になりつつあります。鑑定書自体を証拠として採用してしまったならば、鑑定書を証拠方法にすることになるでしょう。鑑定人に口頭で鑑定内容を報告してもらうのであれば別ですが。

上野 その内容を説明するということで鑑定人の証拠申請するわけでしょうか？

渡辺 今までのように書面を五月雨的に証拠調べ請求して五月雨的に証拠を採用

し、雨水がたまるように証拠をためる運用はなくなるでしょう。
上野　書面は採用するけれども、証人は採用しないんだという意味ですか。
渡辺　書面自体を証拠にすることがベストエビデンスである場合はさておき、証人の証言が得られるのであれば、これを優先し、書面は証拠厳選の原則に照らして必要性が乏しいので採用しないことになるでしょう。証拠から何かを推認していくとき、専門家の提供する専門的知識や判断を借りなければ市民の良識だけでは判断できない事項はたくさんあります。たとえば、死因鑑定がそうです。他方、甲山事件における鑑定の場合、園児の供述が信用できるかどうかということについて判断できる専門的な経験科学があり、鑑定人にその法則性について説明を聞かなければ、市民の一般良識的な判断では信用性の適切な判断できないことを疎明して、その証拠としての採用を求めることになるでしょう。

9 園児供述の信用性

上野　だけど、検察官の立て方でいったら、精神遅滞児は特有の行動特性があるので、その行動特性を理解しなければ、園児の言ったことの真偽は判定できないんだという立て方です。
山田　渡辺先生のような裁判官だといいんですけれども、日本の裁判官はそうじゃないですもんね。
上野　甲山事件では、園児の供述の信用性が最大の争点で、その園児には特性があって、特性を理解しなければ信用性の判断もできないという、信用性判断の前提を投げかけている鑑定書なんです。
渡辺　この採否の論争は、今ではまず公判前整理手続で突っ込んで闘わせることになると思います。裁判員裁判を伴う場合、市民良識での判断でよいのか専門性が要るのかそれぞれ理由を説明し採否が決まるでしょう。
石松　結論としては、僕はそんなに甘くはないという感じがしています。現に第一次控訴審の高裁が採用したように、ああいう伝統は残っていますよ。
山田　一般感覚の社会の常識としては、知的障害者と言われる人は健常者と違うという意識がありますから、裁判官も、知的障害者がどのような人たちかというのはよくわかりませんから、第一次控訴審の裁判官は、やっぱりどこか違いがあるんだろうということで、「何で養護学校と普通の学校があるの？」というふうに一谷証

人と岡本夏木証人に尋ねたんです。それに対して、2人ともちゃんとした答えが出なかったんです。区別があるから区別する学校があるんでしょうと言われたら、それはそうなんです。

石松 今、渡辺先生が言われた、鑑定書は必ずしも採用しないけれども、口頭鑑定を許すということはあり得るんですか。

渡辺 それはありうるでしょう。

石松 だから、裁判員裁判になれば、こういうのはおそらく口頭鑑定で行くと思うんです。

2 裁判員裁判での証拠調べのあり方

上野 甲山事件の公判では、検察側から園児の証言能力や繊維鑑定なの鑑定書が提出されました。この鑑定書や鑑定証人については、裁判員の前にどのように提出されるか問題があります。つまり、裁判員に鑑定書を読むことを要求することは不可能です。さらに、鑑定人を証人として法廷に呼んで証言させた場合、その証言がどのような意味をもっているかを理解するのも困難ではないでしょうか。

❶ 裁判員裁判と専門家証人

渡辺 検察官が専門用語などが満ちている鑑定書の全文を朗読しても、要約しても市民にはわかりにくいものになります。むしろ裁判員にも聞きたいことを専門家に説明してもらい、わからなければくり返し説明してもらう機会をもったほうが、かえって迅速で公正な判断につながるでしょう。

石松 そのほうが結果はいいのかもしれませんけれども、いずれにしても鑑定人として供述させる可能性のほうが高いような気がします。第一次第一審の角谷コートが全部却下したのは、彼が公判を受け継いでからある程度記録を読んで、部で合議してある程度の結論を出してからでしょう？

上野 そうだと思います。

山田 第一次第一審の途中までの高橋コートだったら採用してるかもしれませんね。

石松 うん、高橋コートだったら採用してるかもしれませんね。

山田 だから、甲山事件はたまたま裁判官との出会いがよかったわけです。ただ、裁判員制度になると、市民の常識で甲山のような事件が無罪になるか……。よしんば一審で無罪になっても、検察官は控訴するわけですし、控訴審からは一般市民がタッチできないわけですから、有罪になって確定する可能性だって高いわけでしょう？ 甲山事件の場合、差戻しになって一審に戻りましたけれども、一審に戻ったらまた裁判員が参加できるんですか。
渡辺 それは、もちろんそうなります。
石松 一審だったら何度しても裁判員裁判です。それは法律で決まっていますから。
山田 その差戻審ではまた違った人が来るわけですよね。
石松 そうです。
山田 それなら、違う結論が出るかもしれない。どこまで行っても危険性に変わりはないですね。

❷ 供述証拠の全部証拠申請

上野 園児証言の供述の信用性についてもう一つ言っておきたいことがあります。弁護側は供述変遷を立証趣旨にして、供述調書を全部証拠申請したんです。検察庁は自分に都合のいいものだけ証拠申請したんですけれども、弁護側は有利不利を問わずに全部洗いざらい出したんです。すべての証人についてそういう態度をとったんです。向こうは都合のいい調書だけ申請をするけれども、私どものほうでは全調書を出して、それで供述の変遷過程を調べて、このように変遷しているのは不合理であって信用できないというふうに論を持っていったわけです。裁判員裁判になったときに、口頭主義ということですから、そういう論法ができるかどうかですね。
石松 非常に難しいと私が思っていることがあります。捜査側が調書の形で残さないおそれが強いと私は見ているんです。同じように捜査はするけれども、それはメモか何かで残しておいて、捜査復命書とか報告書というきっちりした形、まして供述録取書という形にはしない。そして、調書としては最終的な供述しかない、そうすると、それしか原則として開示されないという事態が起こるんじゃないかということを一番おそれているんです。それと、仮に甲山事件のようにずっと供述の変遷

231

過程があるとした場合、それを裁判員の前に全部出せるんですか。
上野 理屈としては出せると思うんです。不同意にされた場合でも、弾劾証拠として出せばいいんですから。
石松 弁護人がその要旨をまとめるというか、問題点について、いつにはどういう供述をし、いつにはこういう供述をしたというような一覧表をつくって出すという努力をしないと、法廷ではなかなか立証できないですね。
上野 裁判所には出していませんけれども、弁護側としては各証人ごとの供述変遷の一覧表をつくっているんです。だから、そういうものをパネルにして説明するということになるんだと思うんです。
山田 それは裁判員に対してですか。
上野 裁判員に対してです。どの段階でするかということは別にして、証拠申請して採用されたときに説明することになるんでしょうか。渡辺先生、どうなんですか。

❸ 弾劾証拠の申請の仕方

渡辺 主尋問で何をどこまで話すのか、公判前整理手続の段階でどこまで具体的個別的に予想できるのかということとの兼ね合いで、刑訴法328条の弾劾証拠の申請はどの段階で可能になるのかを考えなければならないのですが、運用は未確定かと思います。

事の性質としては、弾劾しなければいけない状態が手続上生じないかぎり、その必要性の疎明も含めて、証拠申請はできません。ですから、基本的には、公判前整理手続段階では証拠調べ請求ができないのが当然なので「やむを得ない事由」(刑訴法316条の32)に当たることになるとは思います。

仮に、あらかじめ主尋問で尋問事項書も出ており、関連する供述調書、捜査復命書等も開示されていることを前提とすれば、事前に弾劾証拠申請の蓋然性と必要性の予測ができるかもしれないのですが、だからといって、事前に弾劾証拠の証拠調べ請求をしないことを違法とまではいえないでしょう。

ただし、ケースバイケースであるかもしれず、運用がどうなるのか、様子をみることになります。

石松 しかし、それがないと連続して証人尋問できないでしょう。
渡辺 でも、弾劾証拠の請求まであらかじめしておくことは、自己矛盾の予測によ

ることとなり、それでは証拠調べ請求の要件を充足していることにはならないのではありませんか。

石松 ただ、日本の裁判の現実で、刑訴法321条1項2号の関係で、主尋問の段階で自己矛盾の供述が弁護人には示されているわけなんですよ。

渡辺 そうですね。

石松 たとえば、園児のD男証人は、第二次捜査段階でも細かい点でかなり変遷しています。しかも、それが複雑なんですね。そこまで証人尋問をやるべきでないといえばそれまでかもしれないけれども、捜査の段階ではそれが非常に問題になっているわけだから、簡明な証人尋問というのがどういうことを考えているのか。自己矛盾の供述が隠されたまま、結論だけをさっとやられて、反対尋問は終わって、それから以後にまた弾劾するのかということになると、これはまた大変なことになるんです。

捜査は細かいところまでやらないということになってしまえばいいんだけれども、D証人のように一番最後の供述だけしか出てこないということになると、真相はまた隠されてしまうんじゃないかという危惧の念を持つんです。

❹ 有罪証拠だけの提示になるか

山田 公判前整理手続というのは、よりふるいにかけられて裁判に行く手続なわけでしょうから、今まで以上にピュアな有罪証拠だけが法廷に提示されて、それを使って裁判員の人たちが審理するわけですね。

石松 弁護人が相当関与して、出させていい証拠しか出してないんだということにすべきですが、それが本当にできるかどうかという問題があります。今までの無罪の発見というのは、これは普通の証人の場合もそうですが、まさに供述の変遷をつかまえて、そこに突破口を見つけてきたわけですね。それができなくなるというのは一番の問題点ではないかと思っているんです。

上野 甲山事件では時間が経過して初めてわかったことがあるんです。たとえば、私たちが時間によって得た着想というのは、職員の供述内容と園児の供述内容をドッキングさせて総合的に見るということは、上告審になるまであまり考えてなかったんです。これは上告審になって、もっといろいろ考えないといかんということでいろいろ頭を使って考えて、同じ時間帯に起こった出来事なんだから、両者の間に

相違があったらおかしい、とくに時間の問題に関してはそうだ。ところが、僕らの検討した感じでは、園児供述を再現すると割合時間がかかるんだけれども、実際にはものすごい短い時間帯の出来事なんです。7時58分から8時2〜3分までの3分とか4分の間の時間帯のことなんです。

石松 そうでしたね。L指導員、O保母供述と園児供述の矛盾は非常に大きな意味を持っていました。

上野 我々は、L、O証言については割合敵対的にとらえていましたから、どちらかというと警察に対する協力者だ、彼らは山田さんとNさんを警察へ売り渡して、自分たちは犯人じゃないんだということを証明した人間だということで、その証言自体をあまり重く見てなかったんです。ところが、3月19日に事件現場の供述に関してはあまりうそを言っていないんじゃないか、そうだとしたら、園児供述と当てはめてみたらどうなんだという考えが出てきたんです。

石松 まさにそれは訴追側の証拠なんです。それは、訴追側の証拠と園児供述が矛盾しているという発想というのは、公判前整理手続の段階で弁護人は気がついてやるべきだという議論になると思うんですけれども、それは実際なかなかできないんですね。

山田 ひらめきというのは時間がかかりますものね。

上野 今から思うとうかつなことですけれども、まず偏見があるんです。私たちがLさん、Oさんに対して、あいつらの言うてることはでたらめや、とんでもないと。また、そういう形で尋問のときに弾劾しましたからね。ところが、仕事の内容に関してはそんなに大きなうそはなかったと思うんです。

石松 全部が全部うそということはありえないんですが、青葉寮で行われた当直業務の一連の経過は彼らしか知らないわけですね。

山田 うそは言ってないんですけれども、犯行時は時間が短いわけですから、通常の仕事を割愛しないといけないわけです。だから、ふだんしてる作業を、その日は一部しなかったと、それだけの話なんです。その前後は全部いつものとおりやってるんです。

5 2段階の争点整理手続

石松 裁判員裁判になったら、検察官立証が終わったところで中断して、弁護人

側で検討する余地を与えて、それからもう一回期日間整理手続を行って争点を絞り直して、それで証拠決定をやり直すというように2段階ぐらいでやれば、弁護人側はかなりできるんじゃないかと思います。それが全然できないということになると、弁護人は大変な困難な立場に追い込まれます。その努力をせいと言われたら弁護人はしないといけないけれども、それを今の弁護人に一般的に期待するのは、相当頭のひらめきの早い人で、しかもそれに集中できる人でないとできないんじゃないかなという気がするんです。

渡辺 確かに審理全体が5日間ぐらいで終わると仮定して、前半3日間で検察官立証が行われて、有罪立証が終わった段階で、裁判員を含む裁判体の心証がどのあたりになるのかを読み取るのは難しいでしょうね。その読み取りをしながら、無駄のない、しかも効果的な反証を即時的に現場の状況に応じて展開することになりますね。模擬裁判をみていても、この判断・見通しを立てることは、大変だと思います。若手の弁護士だけでは世間知が足りず、裁判員の心の流れが読み取れないといった問題も生じるでしょうね。これを弁護士の力量として鍛えることはかなり難しいと思います。

山田 私、3〜4年前に司法修習の春の集会に呼ばれて行ったり、その間も細かいところに呼ばれて行きましたけれども、1970年、80年代に青法協に入ってくれた若い人たちと比べたら、こう言ったら失礼ですけれども、本当に劣化してます。えっ、こんな人たちが刑事弁護するのかなと思ってしまいました。

石松 それは山田さんが進歩してるからじゃないの？

渡辺 歳をとったんですよ。私も、失礼ながら修習生などは本当に幼く見えてしまいます。

石松 それで、甲山事件の証人の場合、その変遷は2段階に分かれていて、園児5人それぞれに問題があって、初めから山田さんの名前を出している園児もおるし、途中から入ってきて急に詳しくなった者もおるし、それもその途中で変遷している。そういう過程を分析して弾劾するというのは、それはやっぱり反対尋問の前にやっておかないといかんのでしょうね。

上野 本当はね。現に、私らも、開示された証拠によって変遷過程についての一覧表をつくって事前に研究はしていたんですけれども、現実に見たらまた違いますね。たとえば、私らは、E男はそもそも供述能力はないという判断をしました。自

分の言葉でしゃべってないと。

石松 園児の間に精神遅滞の格差が相当あるんですね。

上野 格差があるんです。それから、G女は割合能力は高いけれどもしゃべるのが下手、D男は能力は低いけれどもしゃべるのがうまいという違いがあるんです。

山田 それは知的障害者でなくても、一般の人でも同じことが言えるんですよ。

上野 口下手だけれども、書かせたらすばらしいものを書くとか。

❻ 園児証言弾劾の特殊性

渡辺 健常者の場合だったら、調書を手前に置いておいて、反対尋問の段階で弾劾できると思います。「ちょっと待って。あんた、捜査の初期の段階では……と言っていたよね」と問い詰めれば、調書内容を再現できますが、こういう特殊な事件の場合はそれができないですね。

上野 できないですし、現に私たちはそれはしなかったです。

山田 実際、してもできません。

渡辺 そうすると、調書を何らかの形で証拠とせざるをえないでしょう。さらに、それを裁判員にわからせるようにしておかないといけないのですから、捜査段階から公判を見通した調書作成を考えなければならず、これは新しい工夫が必要になるでしょう。

上野 それは調書を持ってきて、昔はこう言ってました、今はこういうふうに変遷してますという一覧表みたいなのをつくって裁判員に説明する、そのためには調書を出さないと仕方がないということになってくると思うんです。

石松 調書を出さざるをえないでしょうね。それを要約して説明するにしても。

上野 ただ、同じような争点を持った事件で、今、甲山みたいな事件が発生したとして、その場合はまた違ってくるんでしょうね。石松先生が言われたみたいに、昔のように復命書、調書という形でずっと残していくか、記録化していくかどうかわからなくて、単なるメモにとどめている可能性がありますね。

❼ 警察の捜査は変化しているか

渡辺 公判前整理手続が浸透しはじめ、さらに裁判員裁判がすぐに始まろうとしているこのとき、警察の捜査が質的に変化しているかどうか、検察の有罪立証の

構造が是正されているのかどうか、検証作業が要るのですが、それはまだよくわからないのです。よくお聞きするのは、検察官が当初証拠等関係カードに記載する証拠の量、質が大きく変わってきているということのようです。要するに、ベストエビデンスしか出さなくなっている。それが、従来と同じような「調書中心捜査」がなされていることが前提になったうえで、検察官が必要な資料のみ証拠としているのか、調書作成の質・量にも変化があるのかよくわかりません。今のところ、見込み捜査に基づいた取調べ、自白中心の捜査という基本構図に大きな変化はなさそうです。

石松 裁判員裁判になった場合、警察捜査の実態が変わるのかどうかという問題はあるんです。その実態は一切変わらずに、それを書面化する作業だけが変わってくるというのが一番悪い状態だと思うんです。

渡辺 捜査機関が見込みに従って調書にしたい場合のみこれを作成するということになりますと、供述の変遷状況も全然わからないことになりますし、これに応じて捜査過程の進展も読み取れなくなります。

山田 そのために先生は取調べの可視化ということをおっしゃるんでしょうね。

渡辺 そうです。被疑者取調べでの供述の変遷を知り、取調べ自体の適正さを知るのには、可視化がもっとも効果的です。

石松 被疑者であれば取調べ時間は大体弁護人で把握できますけれども、被害者とか目撃者の場合は、何回調べられたかということがなかなか把握できないんです。被害者の供述なり目撃者の供述なりを突き合わせるために、4回も5回も呼ばれて取り調べられている事件というのは今までたくさんあったんです。そういうことをやって最後の供述だけを調書にとられると、わからなくなると思うんです。

渡辺 そうですね。被害もつくられますからね。捜査機関からみて、このぐらいの大きさの事件にしておいたら都合がいいし、立証しやすいといった判断が働くのではないでしょうか。そのために、調書上、被害者と目撃者との供述の突き合わせをして内容を一致させて、最後の調書だけまとめられてしまったら、真相解明は極めて困難になるでしょう。

山田 根幹の問題は、英米法のシステムを採用しながら、英米法の精神がない、これが大問題ですよね。だからうまくいかないんです。

石松 英米法をとりながら、実体は職権主義的な捜査をやって、検察官の精神

は当事者になっていて、公正にやろうという気がない。それで、旧刑事訴訟法で許されていた職権捜査を糾問主義的にやっている、しかも予審判事がやっていた仕事までやっている。そして、態度はまさに当事者に徹してしまっているというのが一番の問題で、これはすべての事件がそうだと思っているんですけれども、それに対して闘うことが非常に大変になっているということは基本的な問題としてあると思います。

❽ 公判前整理手続で繊維鑑定はどうなるか

上野 ちょっと論点を変えて、繊維鑑定のことですけれども、差戻審判決は、繊維についての鑑定結果は、色相や繊維片が類似すると言っているにすぎず、繊維の同一性まで言っているものではないので、状況証拠としての意味はきわめて小さいという判断になったんですね。指紋とかDNAのように99.9%、もしくは100%に近いという形で、同じものはほかにないというものじゃなくて、あくまでも繊維とか色彩、しかもそれは両方とも同じものが大量生産、大量消費されているものなので、そういうものの同一性を判断するという極めて難しいことを、色相のグラフをとってみればあたかも同一なんだという形の鑑定を出してきたわけです。しかし、同一性まで言ってないということであれば、調べる意味はまったくなかったんですけれども、これについてたくさんの証人を延々と調べているんです。審理の半分か3分の1ぐらい、公開の法廷では半分ぐらいの時間を使っているんです。2年ぐらいやったと思います。鑑定の内容について、あらゆる学者を呼んできて、延々と主尋問と反対尋問をやりましたね。

石松 接触の機会があるかということに関してもかなり証拠調べをやったのでしょうか。

上野 はい。これが公判前整理で採用されるか採用されないかということは非常に大きな問題になると思います。弁護側としては当然今僕が言ったようなことを言って、同じものがいっぱい出回っているものの同一性を言うてるわけですから、人間の指紋とかDNAのように同じものがないということを前提とする場合とはまったく違うんじゃないかということを僕らは言っていたんですけれども、結局、裁判所は採用して調べたわけです。

石松 この問題は難しいですね。今言われた差戻審のような結論をすぱっと出し

てもらえるかどうかというのは……。

山田　あれだって、弁護人が別途鑑定に出したからわかったんですよね。

石松　公判前整理手続の段階でああいう結論が出て、この点の証拠調べはやめましょうという結論になるということは難しいでしょうね。

上野　あれは2つありまして、1つは、第一次捜査が終わって第二次捜査までの間に、当時の警察の捜査主任官がつくったメモを新聞記者に配っているんです。その中に繊維鑑定のことがいっぱい書いてあったんです。そのメモを入手したところ、捜査側にとって不利な鑑定もたくさんあったのに、それをネグレクトしていることがわかったのと、現に私たちはいろんなところに行って、警察から繊維鑑定の依頼がありませんでしたかと聞いて回ったんです。それで、警察に不利な鑑定が大分あるということがつかめて弾劾できていったわけですけれども、それもラッキーなというか、本当なら全面証拠開示で出すべきなのに、自分の都合のいいものしか申請してなかったんです。それが、我々の下手な鉄砲も数撃ちゃ当たるみたいな感じで、だめもとでいろんなことをやった中に当たりがあって、まさにラッキーだったんです。

山田　そしたら、公判前にそういうことをやらないとあかんということになるんですか。

渡辺　はい、証拠開示は公判が始まるまでにすませておくことになります。

山田　そんなことなかなかできないですよね。2年間ででしょう。

上野　科学性をまとっているから、光を当てたらどういう波長になるとか、目に見える形で示されるので、つい信用してしまうんです。だから鑑定というのは怖いんです。

石松　裁判所が繊維鑑定を比較的問題としなかったからよかったけれども。第一次控訴審は、繊維鑑定に重きをおきましたね。

上野　第一次控訴審はかなり力を入れていました。本件における繊維鑑定は、事件当時の被告人の着衣とS君の着衣を構成する各繊維が相互に付着した事実を明らかにし、これによって被告人が検察官主張のような経過、方法で本件犯行に及んだことの裏づけをするものであるという判決でした。

石松　純粋に評価していたんですね。

上野　「繊維相互付着の事実は、前記のとおり、その証明力に限界があり、この

事実のみをもって本件が被告人の犯行であるとすることはできず、その犯行を決定づけるためには、その他の状況証拠である園児供述あるいは被告人の自白の信用性の判断いかんにかかわり、そしてこれらを総合して結論づけられるものとはいえ、少なくとも右の鑑定結果は、それ自体、被告人と本件犯行とを結びつける相当有力な物的証拠と言えるものである。してみると、原判決が検察官において本件犯行時以外の場面で相互付着を生じる可能性のない旨主張し立証しようとした証拠を取調べないで、右鑑定結果は本件犯行を裏づけるものと解されないと評価判断し、本件との結びつきを否定したことは誤りと言わなくてはならない」。だから、鑑定結果それ自体、被告人と本件犯行とを結びつける相当有効な物的証拠であると評価しているんです。ところが、差戻判決は、これは全然評価できないと言っているわけです。

石松 それで接触の機会の問題について、証拠調べはしたんでしたか。

上野 やりましたけれども、結局何も出てこなかった。

それから、昭和58年11月2日付で「供述調書等一覧表の提出について」と書いていますが、この段階では、尋問が終わったときにまとめて出せと言われて、検察官が裁判所に出したものです。だけど、整理して出したけれども、大体の復命書は反対尋問前に開示を受けていたと思うんです。

私が「甲山事件から陪審裁判を考える」(季刊刑事弁護23号〔2000年〕76頁)に書いたのですが、検察側が請求した繊維鑑定について、公判は19回使っているんです。しかも全日開廷ですから、朝から晩までやっていました。これを公判前整理手続で採用しないということになると、集中証拠調べも期間が少しは短縮されると思います。これを採用させないようにどう働きかけていくべきか、どういう主張ができるかということですね。鑑定は科学の鎧をまとって、数値とか図形とかいう形で出てきますので、これが似ている似てないという議論です。結果的には無駄な証拠だったんです。

石松 無駄なゆえんを弁護人のほうで調べ尽くすというのは大変な労力が要りますね。

上野 このとき一番問題になったのは、捜査側には検察側主張と矛盾する反対の鑑定の結果もあったのに、検察側は裁判所に証拠申請していないんです。しかし、弁護人側がそこまでも公判前整理手続の段階で調べ尽くすことはちょっと難しいん

じゃないかと思うんです。

石松 警察がどこに依頼して反対鑑定が出ているかということまでわからなくとも、弁護人が専門家を探し当てて鑑定してもらわないといけないですからね。その説明を聞いて弁護人が理解して、そして議論するというのには大変な時間を要する。私も、繊維鑑定をやっているほかの事件にぶつかったことがあるんだけれども、結局決定的なものにならなかったね。

渡辺 それは何か類型的な理由があるんですか。

石松 やっぱり完全に同一物という立証はできないんです。結局、詰めていけば類似性ということだけになってしまう。しかし、ほかの争点整理もやっているときに、なかなか繊維鑑定の必要性に対する反論までやれないですね。

上野 繊維鑑定を公判前整理で除外させるのは非常に難しい。実際には、証拠調べ、鑑定的な証人の尋問をしないというのは難しいんじゃないかなと思います。

渡辺 実際、繊維鑑定に関連して行った鑑定書ができ上がっていれば、それ自体の開示は相当程度できるでしょう。そうだとしても、検察官側がその中の信用できるものを証拠調べ請求したとき、被告人側がこれを却下させるのは難しいでしょうね。

9 裁判員にとってのわかりやすさ

渡辺 そうだとすると、次には、裁判員にいかにわかりやすく双方の主張に沿った鑑定の説明ができるかではないでしょうか。鑑定の内容の信用性も最後は裁判員の良識にゆだねざるをえないですからね。

石松 こういう問題は陪審になっても当然あります。

渡辺 そう思います。その場合、そうした審理に必要な時間をかけることを前提としなければならないでしょう。その省略化はできないでしょうね。その期間を含み込んで審理に耐えられる裁判員を選ぶできでしょう。今は新聞を見ていても、審理は短ければ短いほどいい、とったトーンが見られます。しかし、アメリカでも、大きな事件であれば陪審裁判に、2カ月、3カ月かかる事件はいくらでもあります。日本での議論は、今は審理の効率化、短縮化に傾きすぎています。

石松 裁判員になるのは嫌やというのが極端に報道されているものだから、最高裁はそれをつなぎとめるために、すぐ終わると言っているんでしょうね。

3　任意性の立証

上野　山田さんの自白の任意性も争点になりました。それでは、次に任意性立証について進めていきましょうか。

❶ 任意性立証の時期・方法

石松　任意性関係の立証をどこでやるかというのは、公判になってからやるということになってるんですか。

渡辺　公判前整理手続が導入されてから本格的に自白の任意性が争いになる事件がまだ少ないので、実際その場合どうなるのか確定的なことはわかりません。ですが、今までの法曹三者の議論といくつかの実例によると、公判前整理手続段階で、検察官が請求した被告人の自白調書について任意性がないということで取調べに異議があるということになったならば、その点についての立証計画だけは公判前整理手続で策定して、検察官請求の警察官証人尋問等の証拠調べ自体は公判廷で実施することになるでしょう。自白の任意性、排除法則の適用が問題になる場合には、このようにいわば問題処理を公判前整理手続と審理手続にまたがって行うことになるのではないでしょうか。

上野　甲山事件では、第一次第一審での尋問は、警察官の勝忠明、山崎清麿、それから担当検事だった佐藤惣一郎、この3人です。ですから、そんなに長い時間はかかってない。山田さんの取調べ状況についての話は、法廷では2回か3回ぐらいやったかな。

山田　3回ですね。反対尋問はその日にしましたかね。

上野　第53回公判から第60回公判まで8開廷を使ってやっています。全日です。この中に山田さんのものも入ってたはずです。それでも朝から晩までの全日の8開廷を使ってやったんです。

石松　裁判所の結論は、これは任意性なしといってはねたことは1回もないんですね。

上野　ないです。結局、信用性の問題になりました。

石松　だけど、この任意性の立証のときの証人尋問というのは、信用性の判断に非常に大きな影響を及ぼしているのが今の現実なんですね。つまり、任意性があ

ると認めながら、信用性がないなんていうのは本当はおかしな話なんだけれども、実務はまさにそれで動いているんです。

❷ 任意性とは何か

山田 裁判員の人たちは、任意性とか信用性ということをどう理解するんでしょうか。

渡辺 信用性はわかるでしょう。供述の内容が信用できるかどうかだから。任意性という特殊な法概念については、実は裁判官など法曹三者でも的確に定義はできないのではないですか。そうした概念は、裁判官も市民の人にわかってもらうこと自体四苦八苦することになります。もちろん、法律上裁判員は証拠採用の責務はないので、証拠能力を判断する決定権限はないんですよ。だけれども、公判廷で警察官の証人尋問を聞いた後に、自白を証拠とするかどうかの評議の場から裁判員だけ外すというわけにいかないので、一応一緒に議論を聞いてもらったうえで、最終的には構成裁判官のみで任意性があるか否か決めることになるでしょう。それにしても、裁判官たちは自分たちが決めた内容を裁判員たちにもわかる状態にするはずです。そうすると、任意性概念についてどこかで説明してないといけない。でも、裁判官も的確には説明しようがないと思います。学説では単純明快な基準が示されていますが、判例はそうした割り切った判断はできません。諸事情を考慮して、要するに大まかに言うと、証拠にするのが適当な自白か否か判断することになります。

　自白を証拠にするか否かは、有罪・無罪にかかわる重大な問題です。ですから、これを公判前整理手続段階で決めてしまわないで、裁判員がいる前でその点について、警察官などの証人尋問などをやったうえで、裁判員も一緒に評議し、ただ最終の証拠採用は裁判員の意見も尊重したうえで、法律に従い裁判官が判断するのが妥当でしょう。今の運用の方向性もこのように動いています。それにしても、任意性なるものはとらえどころがなく、裁判員が的確に理解するのは困難を伴うでしょう。

山田 要するに、任意性というのは進んでしゃべるということでしょう。

渡辺 そのように理解されると、法の精神とは異なります。

山田 しかし、一般はそう理解しちゃいます。任意にしゃべる。自白の研究をして

いる浜田寿美男先生は、自白は被疑者と取調官の共同作業だととらえていますが、取調べられるほうから見たら、決して共同作業じゃないんですよ。本人はもう仕方なしにしゃべってるんですよね。それを仕方なしにしゃべらされているのを任意性ありと見られてしまっているのが自白の任意性なわけでしょう。

渡辺 日本の法律家たちがつくってきた、自白を証拠とするかどうかを判断する基準としての任意性はもっと広いのです。法律概念としての任意性は、市民があきらめて署名する、言うことを聞いてくれないからやむなく署名する、その程度の取調べであれば任意性があるほうに入るんです。その「任意」という日常用語にこだわると法律家の理解とは食い違います。

山田 こだわりますよ。自分の自白調書が任意性ありなんて認められたら、ものすごい傷つきますもんね。

渡辺 任意とは、「私は、記憶にあることを心から意欲して話します」という意味では使いません。法律家の概念の使い方と、「任意の自白」という日常用語とのズレがあります。そこに誤解が生まれる原因があります。

山田 一般常識で理解できないような概念で裁判が行われてるというのは、変じゃありませんか。

渡辺 法律家が「任意の自白」に含める自白の範囲が一般人に理解しがたくなっている背景の一つは、捜査機関が行う密室の取調べのプロセスが外からはわからないことにあります。にもかかわらず、逮捕・勾留中には出頭滞留義務が伴う取調べが適法にできるのです。これとあわせて、「反省悔悟に基づく自白がベスト」という独特の取調べの価値観が浸透しています。この結果、日本では取調べは単に被疑者が記憶していることを引き出す場ではなく、反省させて自白させる場、強い働きかけが当然に許される場となります。「自由な気持ちで記憶のままに」ではなく、「厳しく追及されて、自己の非を突き付けられて、やむなく自白し、反省へのきっかけにする場」でよいのです。こうして生まれる自白も任意なのです。

山田 先生の説明を聞いてますますわからなくなりました。

渡辺 そのとおりだと思います。被疑者取調べの場で捜査機関がやらなくちゃいけないのは、有罪であれば、事件について反省しているかどうかという反省状況を聞き出すことです。反省と一体となって、どういうことをやったのか詳細に追及します。その場合、捜査機関は一定の見込みを持って取調べに臨みます。その前提

で、「おまえは犯人だ、ならば反省しろ、反省して自白しろ、反省に基づく自白は検察官も裁判官も信じてくれる、寛大な処置が期待できる」、概ねこういった構造で取調べにおいて自白追及がなされるのではないでしょうか。

山田 そうですね。だから、えん罪事件の場合も、自白の後、すぐ反省調書をとられますもんね。

渡辺 反省と自白を類型的に結びつける異様な構造になってるのです。いくつかの外国から見たならば、反省して自白するという内容の供述、道徳的な反省悔悟に基づいてする、法律上の事件に関する意思表明になっているのです。

山田 では、アメリカの場合は、虚偽の自白は任意性ありという判断をされるんですか。

渡辺 アメリカと日本では、自白を証拠に使うかどうか判断する法的な枠組みが異なります。アメリカでは、取調べの手続自体を規制します。ミランダルールがその典型です。取調べがこのルールに反していれば、その結果である自白は証拠には使いません。

山田 そのほうがさっぱりしていていいですね。

渡辺 そのことと別に、日本と類似の「任意性」基準でも証拠能力の判断をします。そのときには、虚偽のおそれがあるかどうかも判断します。ミランダルール、ミランダ警告の考え方は簡単です。逮捕・勾留されているとき、捜査機関の支配下に置かれた被疑者のする供述は一般的に任意とはみれないから、防御のため行使できる権利の告知をすることを求めます。権利告知が適切になされていれば、とりあえずは証拠としてとってもいい。ただし、それがそのおそれもあるということが別の証拠で明らかになるんだったら証拠にはしません。

　しかし、ともかく手続をきちんとしろということになってるんです。そこが日本は逆なんです。さっき言ったように、お上が逮捕・勾留するのは、それだけの嫌疑がある者を捕まえているんだから、問いただして、反省悔悟するかどうかも含めてきっちりと事情を聞くのが正しく、そこでそういう形で話をしたことは逆に基本的に信用できるんですよ。だから、日本の独特の証拠構造になっているんです。

上野 被告人質問は、61回の公判でＭａ指導員の尋問をやってて、その途中から被告人質問に入って、62回から65回までやっています。

渡辺 ここの被告人質問は、任意性だけじゃなくて、罪体も含めてですね。

上野　全部ですね。だから、結局は、今言ったところからいくと相当の期間やっているんです。任意性立証の立証趣旨に関しては53回から60回までです。

渡辺　向こう側の主張ですね。

上野　はい。被告人の供述も含めてということであれば、1984年6月1日から1984年12月までです。

山田　裁判員制度になると、自白の問題は公判前ではどんなふうになるんですか。

渡辺　それは、取調べに異議がある、任意性がないというふうに主張すれば、直ちに証拠にできませんから、今言ったように、実際に取調べにかかわった警察官なり検察官なり、検察官側がこういう形で立証するという立証計画を出して、立証計画まで公判前整理手続段階で策定して決定します。公判の段階で、裁判員を前にしながら、それに従った立証を行ったうえで、証拠としての採否を評議し決定することになると思います。

上野　採否の決定自体は裁判官がやるんですね。

渡辺　それは構成裁判官のみの責務です。

山田　では、そこで排除されたら？

石松　それは排除すればもうおしまいです。

山田　結構楽勝ですね。でも、そうはならないと思いますけどね。

石松　しかし、その採否の判断は裁判員が関与しないで、裁判官だけでやるわけです。

山田　そうすると、えん罪事件の場合は唯一の証拠となるわけですから、自白というのは最大の証拠になりますよね。絶対排除になりませんよね。

石松　今までの例は、任意性で排除された例はまず絶無に近いです。

山田　刑事司法の理念が、無辜の不処罰、無罪の発見にあるわけですから、えん罪事件になった場合、大問題なわけでしょう。えん罪事件ですから、証拠なんかないから、やってないんですから、唯一の証拠は自白しかないわけですよね。

石松　いや、それはそうとは限りませんけれども。

山田　いろいろ証拠があっても、やってないんですから、うその証拠です。

石松　いや、私はそこはそう割り切るわけにはちょっといかんというか、その問題は別として、自白は重要な証拠である場合が多いですね。

3 任意性がないという立証をいかにするか

石松 ただ、裁判員制度になった場合に、公判前整理手続で任意性はないという主張を被告人側ですると、検察官は、何を申請するかというと、やっぱり警察官、取調官を申請するんでしょうね。そのときに、取調べ経過を立証するんですね。それに基づいて証人尋問をする、そうすると反証はどうなるんですか。

渡辺 反証も立証計画の中に組み込むことになります。被告人側の主張に従い、任意性に関する被告人質問を先行させるなど任意性を疑わせる事情に関する主張と立証をすることになるでしょう。

石松 反証としては、被告人質問が考えられますけれども、それ以外に何か有力なものを発見するということは、まず検察側の証人尋問をやってみないとわからんという場合もありますね。

渡辺 たとえば、「被疑者取調べノート」を準備しておくこと、そのほか捜査段階で取調べの違法性を争った弁護活動のいわば軌跡を証明する各種証拠を出すべきでしょう。

石松 できますけどね、それは、どれだけの資料があるかどうかという問題があって、それだけで一発勝負でやってしまうということになると、非常に制限されるような気がするんだけど。

渡辺 捜査弁護の質と量次第でしょう。

石松 だから、それに対する反証というのを事前に公判前整理手続の段階で全部準備しておけというのは大変なことになるんじゃないかと思います。

山田 それは手の内を見せることになりますね。

石松 もちろん手の内を見せちゃうことになります。

山田 そうすると、公判前整理手続は防御権にどうつながるんですか。私の素人の発想なんですけれども、結局は証拠開示を検察官にもさせる、しかしこちらも手の内を見せろということなわけでしょう？

渡辺 そうです。

山田 そしたら、手の内を見せて、向こうにまた新たに構えさせるということを生み出す以外の何物でもないのではないかと私なんかは思うんですね。非常に検察官に得な制度だなと思いますけどね。

石松 私もそう思って、刑事裁判の民事訴訟法化、民事訴訟と同じになるんじゃないかと言ってるんですけれども、そこはそれを克服しなきゃいかんと、やるべきだと皆さんおっしゃってるんだけど。

山田 そうでしょう。そして、今まで以上に弁護士のスキルが問われるんですよね。

上野 あなたの場合だと、たとえば午後7時45分に電話とかも全部終わったんだ、それ以後のアリバイを証明しろというふうに言われたわけでしょう。これが仮に録音されていたとしたら、取調官はそんなこと言わへんわね。そんなうその事実を言ったりしないと思うね。それとか、遺書を書いて、遺書を破っておくとかというような問題だとか、警察官が取調べ中にいろいろなことを言いましたよね。今度出てきたら養子にしてやるとかという話もあったし、そういうたぐいの話がいっぱいあったでしょう。

山田 ええ。

上野 いわゆる自白の任意性に影響を与えるような話がごまんとあったわけです。

石松 取調官が「えっちゃん、えっちゃん」と言い、山田さんが抱きつくなんていうのは、まさに任意性のない供述の徴表だと思うんだけどね。

山田 そうです。西宮で一番高級なティールームに連れていってくれたりですね。

上野 信じられないことをやってるんです。

山田 大谷重工の社長のおうちに連れていってくれて、おせんべいをくれて、テレビを見せてくれたりですね。

上野 それ、逮捕・勾留中ですよ。

石松 そういうことは、丹念に聞けば被疑者の口から大体はわかるんでしょうけどね、そういう資料を全部出せるかな。それは反対尋問でやらなきゃいかんのでしょうね。

上野 尋問したときには、連れていったのは認めましたね。でも、大したところじゃないという説明だったんです。

山田 レストランもしょっちゅう行ってたんですから。

上野 そういう歓待をしたり、普通ありえないことをしたりとか、あげくの果てには、大した刑にならへんねんから、出てきたら養女にするという話があったね。

山田 ええ。世間の目が冷たいからって。

石松 そういう荒唐無稽の話をするから、裁判所が、それは効力がないという判

断をいつもするんです。でも、そういう荒唐無稽なことを言うというのは事実らしいね。

上野 それが仮に録音・録画されていたらそういうことは絶対言わないと思うんです。

石松 全過程を録音・録画すればね。しかし、取調べでない状態のときに何をやってるかわからんという問題があるんですよ。何せやっぱり代用監獄の問題はそのまま残ってるんでね。

山田 そうです。

❹ 日本の身体拘束状況の異常性

上野 裁判官のところに連れていって、またそれを警察に引き戻すいうようなことは、世界標準から言ったらありえないでしょうね。

渡辺 被疑者の身体拘束を行う物理的な場所とこれを管理する組織の性質の問題ですが、基本的には取調べのありようの問題ではないでしょうか。

上野 だけど、職権主義だったらありうることだと思うんですけど。

石松 アメリカは、引致したら、その後調べられるんですか。

渡辺 できます。ただ、そのときには弁護人の立会いが必要になります。日本の手続との比較では、被告人と同じ立場になります。取調べ権限がなくなるわけではありません。

石松 取調べ権限はあるかもしれんけど。

渡辺 実際にはやらないと聴いております。ですが、答弁取引をするときには、検察官による取調べも行います。

山田 アメリカは、逮捕されたら留置所に何日間入るんですか。

渡辺 州によって違いますが、24時間から48時間以内あるいは合理的な期間内とされています。

山田 そうでしょう。日本のようにこんな長い先進国はないんでしょう。

渡辺 身体拘束の期間の問題と、取調べ権限の問題は法的には区別できます。

石松 それは別です、もちろん。

渡辺 日本は、逮捕・勾留による身体拘束の期間をフルに取調べのために使う運用が通常であり、しかもその取調べを規制するルールがほとんどありません。記録

についても、捜査機関がまとめる調書が主体です。密室の中で、捜査機関が主導した取調べで捜査機関の見込みにそった供述が生まれやすい構造ができあがっていることが問題なのです。他方、刑事手続の円滑かつ適正な運用上、被疑者について合理的な理由に基づき身体拘束をすることはやむをえないことです。ドイツなどは審理前の勾留期間は日本以上に長くなっております。フランスも同様です。

石松　私は、ドイツの裁判官に、日本では勾留期間中に夜に日を継いで警察官が調べるんだ、夜討ち朝駆けだ、夜中まで調べると言ったら、それはちょっと勾留期間が短か過ぎるんじゃないですかと言われました。

山田　それは、だけど警察の手元じゃないわけでしょう。身体拘束場所は、警察の留置場ですか。

渡辺　それは、日本で言うと拘置所です。

山田　そうでしょう。そこが問題なんですよ。

渡辺　留置場で勾留すること自体を取調べの問題と切り離して議論しても意味はないでしょう。

山田　いや、先生わからないから。

渡辺　取調べ権限行使のあり方が問題です。

山田　いや、そうじゃないです。拘置所と留置場は精神的に全然違います。

渡辺　まあ、そうかもしれないですけどね。

山田　ええ。私2度体験しましたから、留置場と拘置所。留置場にもう一回入れられたら、自白をまたしたかもしれないと思いましたね。全然違うんです。

石松　アメリカの場合は、捜査機関の取調べ権限というのはいつまであるんですか。

渡辺　そういう形で聞かれると、当該事件に関する取調べ権限が法的に消滅するという時期を特定することはできません。

石松　事実上やってないんでしょう。

渡辺　はい。日本で言う被告人という地位にたつ手続、勾留決定以降については、被告人としての防御権と弁護人依頼権に手厚い保護を与えます。弁護人がいないから取調べをやらないでくれとあらかじめ弁護人が申し出ていれば、取調べをなおかつ実施した場合、取調べ自体に問題はなくても、それ自体が弁護権侵害になります。その際、自白をしていても、警察官がその内容を後の公判廷で証言するな

どの方法で証拠にすることはおよそ許されません。

石松 だから、裁判所に引致した後は、もう被告人になって、それで弁護人の立会いなり、あるいはオーケーがなければ取調べできないから、2日ぐらいしか調べる期間がないわけですね、事実上の問題としてはね。

山田 警察の留置場は、取調べの刑事が留置場までやって来るんです。

渡辺 わが国刑事手続が取調べに求める法構造上の機能があります。その取調べ権限を正当に行使することを法が認容する以上、それにふさわしい、便利な場所に身柄を置くことを不当とは言えません。それがいゆわる「代用監獄」でした。

問題は、日本的な取調べのありようを是認するのかどうかです。

日本の刑訴法は、検察官に起訴猶予権限を与えています（248条）。つまり、犯人の性格、年齢、境遇、犯罪の軽重、情状、犯罪後の情況に照らして、訴追の必要がなければ起訴しない処理を選べるのです。犯行前の状況、犯行態様の悪質性、犯行後の情状など広範囲の刑事政策的諸事情を考慮することになるでしょう。

そうであれば、捜査段階では、被疑者から、公訴権行使、起訴猶予権限の適正行使に必要な情報を引き出すことは正当化されるし、せざるをえません。現にそれを行っています。被疑者の供述調書の最初に身上経歴関係の調書があり、また、事件に関する調書でも、その結びに「今は反省し後悔している」といった文言で結ぶ慣例があるのも、この権限の反映です。

捜査機関は、起訴権限と起訴猶予権限に対応した材料集めをしなければいけないのです。それが捜査の機能です。逮捕・勾留される被疑者は、一定程度の犯罪の嫌疑があると捜査機関が認め、裁判官も認めています。その限度で犯行にかかわっていることについて、犯行関与の有無だけでなく、反省の有無程度も聞かざるをえなくなっています。それをするためには、長期間の勾留が必要です。

この点は、アメリカ、イギリスのように、主として犯行に関与したかどうかを中心に事実を確認すれば足りる捜査あるいは取調べの機能とは異なります。

山田 それは拘置所であれ、留置場であれ、先生は長期間の勾留はいいとお思いですか。どっちでもいいということですか。

渡辺 この権限の構造を前提にするのであれば、取調べの適正化がより強く求められるのです。取調べの中身、それが適正化されることと、取調べの目的自体がもっ

と明確化することが必要になります。勾留される場所の問題は二次的です。

石松 それは理論的にはおっしゃるとおりなんですが、ただ、取調べの目的と内容を規制するためにはやっぱり場所の問題が切り離せないということがあるからね。

山田 現実、代用監獄制度で自白がとられてるんです。

石松 同じ警察の留置場に入れておくと、朝から留置場から取調室に呼び出してきて、そこで何を食わせようと何しようと、取調官がやっぱり身体を支配してるんですよ。そういう状態なんだけど、拘置所に行ってる場合には、警察官が尋問に行って、取調室に入れてもらって、そこで取調べだけにしか使えないんですよ。ところが、代用監獄にいると、管轄は確かに管理官がやっているけれども、取調べ時間に取調室に入れてからは完全に取調官の支配下にある。病院に連れていくのも、検察庁に連れていくのも、裁判所に連れていくのだって全部取調官が連れていってるんです。そういうふうにずっと支配できる状態にあって、私はやっぱり場所の問題は決しておろそかにできないと思います。

山田 そうですよ。場所の問題は大きいですよ。

上野 それと面倒見といって、取調べと称して、たばこを吸わせてやったり、店屋物をとってやったりとかいうのはできるんですね。

渡辺 そのことに異論を挟むつもりは全然ないのです。取調べは何のために行うのか、何を明らかにすれば足りるのかを再検討する作業と、次に、その取調べのあり方をどう適正化するのか検討し、基本的には可視化を実現するこが不可欠かと思います。

石松 それを変えるためには、取調官の影響の及ばないところにやっぱり取調べの場所を移すという前提条件が1つ必要じゃないかということですね。

渡辺 私は、そういうふうに思っておりません。

山田 代用監獄制度は、余り問題じゃないって先生おっしゃるんですね。

渡辺 はい。

石松 むしろ取調べの目的となる内容さえきちんと規制できればそれでいいんだと、そうですね。

渡辺 はい。

石松 まあ、理論的にはそのとおりだと思うんだけど。

上野　ただ、代用監獄は、日本的な制度だと思うんですよ。江戸時代の番所に通じるね。

渡辺　上野先生は、日本の取調べというのは江戸時代から続いている伝統だといった趣旨のお話をよくされてますね。まさにそうだと思います。お上の前で反省悔悟する姿を見せること、これが取調べの理想だという価値観が、法務省の表だった取調べ可視化反対論の基礎にあります。

石松　だから、そいつを認めるかぎり、この任意性の問題は片づかないんです。

渡辺　最終的に反省して事実を述べましたという調書の書きぶりがあるかぎり、裁判官は一般に任意性を否定することができなくなってしまう、そんな構図の中で刑事手続を捉えなければならないのが現状です。

5 日本的取調べ

石松　そのもとは、取調権の規定が入るのをなぜ日本の法律が許したかということなんです。あんなもの、日本の刑訴法でかつて入ったことはないでしょう、取調権なんていうのは。

渡辺　第一次捜査権は、検察官にしかなかったのですから。

石松　そうです。全然ないんですよ。検察官の取調権もなかったんです。尋問権しかなくて、尋問できる場合はきわめて限定した場合しかなかったんですよ。それが、ああいう形で取調権という何か得体のしれないものができたでしょう。あれは、かつて江戸時代からやられていた取調べ体系を維持するためにつくられた規定なんですよね。それがなぜ日本の新刑訴法に入ってきたか、その過程はあまり究明されてないんですよ。

上野　私の理解だと、江戸時代では自白するまでは番所にいて、番所で自白して口述書ができ上がって初めて奉行所の牢屋に入れる、そういうシステムだったと思っています。

渡辺　量刑で、被告人の自白を含めた供述状況をどこまで重視するのかということについては、簡単に割り切れないところはあります。イギリスなどでは、陪審員は有罪か無罪かだけを判断すればよく、あとの量刑には関係しません。量刑については量刑ガイダンスで相当明確な基準が定められています。裁判官はこれに該当する事情の有無を判断すればよいことになります。

上野　私は個人的に言えば、そういう反省まで迫る捜査が基本的にはえん罪をつくってるんだと思います。一瞬の面倒見をして、あたかもこれからも君とつき合っていくよ、まじめになれよな、なんて言ってるけど、実際には転勤したら終わりなんですから、捜査官は。そういう幻想を抱かせて自白させて、反省の弁を引き出してというのが日本的な捜査のやり方だと思います。

渡辺　逆に、イギリス型の録音・録画が非常に有効なのは、犯罪に関与しているか関与していないかということに関する、被疑者の心の中に記憶されている事実を供述という証拠としてうまく引き出せるかどうかだけに割り切っているからではないでしょうか。その点について、言うか言わないかは被疑者に任せておけばよく、黙秘権の告知もしているし、もし争いになるんだったらその全取調べ状況の録画を陪審員に見せればいいのです。信用できるかどうかは陪審員に任せることになります。だから、巧妙な警察官であれば録音・録画があったほうが有罪の心証を陪審員に与えやすいと思うでしょう。実際イギリスで、取調べの録画テープを見てみますと、警察官は挑発などを露骨にするわけじゃないのですが、被疑者に「犯行現場近くの監視カメラに映っていた、なぜだ？」「理由が説明できないのは犯行に関わっていたからではないか」と証拠に基づきながら弾劾していくと、的確な答えを出せない被疑者の言動は、有罪を雄弁に語ることになります。取調べの全状況の録音・録画は、取調べを適正化し、真相解明を歪めない合理的な措置ですが、それは場合によって被告人に致命的な証拠となるのです。

山田　可視化のことでしょう。

渡辺　そうですよ。

山田　でも、可視化、可視化って大合唱ですよね。

渡辺　審理の場で取調べの様子、とくに取調官の違法行為の有無、被告人の反省による自白の有無という取調べの事実面の有無を争うための証拠調べという日本的な不毛の争いがなくなるのは、意味があります。

石松　逮捕・勾留中の自白は、原則として任意性がないという原則が確立されれば、私は裁判員制度でもいいと思うんだけどな。

山田　でも、確立されてないから問題なんです。

石松　だから、任意性がないと争ったら、とくに検察官が任意性を立証しないかぎり証拠として採用しない、そういう原則ができれば裁判員制度でも私はやってい

けると思うんだけど、そうじゃなくて任意性を裁判員制度に持ち込んだ場合、これ、やれるんだろうかなという気がするんだけどな。

渡辺 市民の民度が高まって、日本的取調べの独特のムードみたいなものの実情が、裁判員にも理解してもらえて、「いくら言っても聞いてくれない、だから、やむをえず署名した」という弁解が取調室の雰囲気をそのまま語っていることを理解してもらえたら、法的に見たときそんな取調べの成果である自白を証拠として使わないほうがいいという判断を市民も共感を持って支持してくれるでしょう。

山田 そんなん無理です。

渡辺 無理でしょうか。テレビ番組などは、シンボリックな意味しかないのかもしれないけれども、イギリスの刑事物ドラマでは、取調室でビデオテープを入れて、法に従った録音・録画を前提にした取調べをしていますね。

山田 イギリスのテレビドラマ、ヘレン・ミレンの「第一容疑者」はすばらしい。

渡辺 実際の取調べでも、ほぼドラマのとおりでしょう。それが逆にドラマにも反映し、イギリス市民の法常識、法文化を形成していると思います。日本の刑事物は、机を叩く、怒鳴る、胸ぐらをつかむといったことを実際にもやっているから、ドラマににもそうした画像が自ずから反映するのです。

石松 ずっと昔からそうなんです。探偵小説自体がいかに法律にきちんと従ってるかというのは、日本の探偵小説と英米系の探偵小説の決定的な違いなんですよ。

　しかし日本の裁判というのは、任意性というのは全部あることになってるんです、今の現実はね。

渡辺 そうですよね。

石松 それで、それが裁判員制度になって変わるかというと、変わらないと思うんですよ。結局、信用性の問題に転換されてくるということなんですわ。だから、そこが同じ状態が続くので、それを市民の人がうまく判断できるかなという気がしているんだけど。

６ 取調べ可視化の必要性

上野 今の制度を前提にする場合は、取調べの全過程を録音・録画しないと、やっぱり任意性立証はできないですね。

石松 それは、今の取調べを前提とすると大変なことでしょう。否認事件では

100時間の取調べというのは普通でしょう。200時間ぐらいすぐなりますからね。それを全部録音しておくという場合に、それを後で見るだけでも、聞くだけでも大変なんですわ。

渡辺 だけど、記録が残ってること自体が大切です。

石松 それはそうなんだけど。

渡辺 検察官側も被告人側も双方とも、取調べに関していかなる事実があったのかについては、録音・録画があれば、これを点検すればわかる、これが一番のポイントだと思います。今の運用では、警察官が「いや、そんなことは言ってません」、被告人が「言いました」という本当に不毛の供述のぶつけ合いになってしまいます。

石松 取調べも不毛なことを続けてるんですよ。取調べの段階の不毛な争いを聞いて、これだったら任意性がないなという判断がうまくできるようになるかな、どうかなと思ってるんだけど、やっぱり全過程の録音ができればそれは効果はあると思います。それはおっしゃるとおり。ただ、検察庁・裁判所への同行中の会話とか、引当り捜査中の会話とかは、闇に包まれたままですね。

上野 抑止的効果は出てきますよね。だから、撮られてるということであれば、山田さんがやられたみたいな、ああいうことは捜査官はできなくなりますよね。

渡辺 それはそのとおりです。

石松 だから、今猛烈に抵抗してるんです。

渡辺 そうです。取調べによる自白獲得を捜査の主軸に置く以外の捜査技法を警察官は身につけていないとさえ言えます。自白をまずとる、それに合った証拠を集めるという自白中心型の捜査の能力しかないとすれば、録音・録画によって、自由に自白をとる余地が奪われてしまったら、日本の警察は事件解明力ががた落ちになりかねません。

山田 録音・録画は、公判前整理手続で見るんですか、それとも裁判員が見られるんですか。

上野 被告人、弁護側に渡すようなテープが初めから用意されているということが前提だと思います。だから、検察官を通じて裁判所に持っていくものと、被告人・被疑者に渡すものと、2つテープがあるということなんでしょう。

山田 それは、法廷に出されるんですか、裁判員も参加した場合に。

渡辺 それは争い方次第です。

上野　取調べの必要が出てきたら、何月何日こういうことを言われましたということになったら、そのときの該当部分のテープを回してみるということになります。

石松　全部回してくれと要求したら、全部やることになるんですかな。

上野　ええ、しないといかんことになりますね。弁護側のほうは、その必要性を言わないといけなくなると思うんです。

山田　全過程を見ないとわからないでしょう。部分的に見たって。

上野　だけど、こんなことを言われたんでとかというストーリーみたいなことは一応しゃべらないといかんでしょう、取調べられた側が。あなたの場合でいうたら、初めはどなられてから始まるわけでしょう。最初は、「この女、何考えてるんや」とか「何かにとりつかれたんと違うか」とか。

山田　極悪非道とかね。

上野　そうそう。そういう罵詈雑言を浴びせられる。

渡辺　もしそうだとすれば、それは全過程の録音・録画を再生する必要があります。裁判員はそれを見ることになります。当たり前のことです。この点について、長い、しんどいという理由で省略することはできません。

山田　とくに争ってる事件ですね。

渡辺　もちろん、そうです。

石松　基本的には、そういうことを被告人側から言う必要は本来ないはずなんですよ。本来、検察官側で立証しなきゃいかんことなんです。本来、任意性を争うといえば、録画したやつを全部出してやればいいので。

上野　ただ、どこを見るかということになってくると、多少必要性を言わないといかんということにはなりますね。

石松　能率の問題がありますからね、訴訟経済という問題がありますから制約はありますけど。

4　アリバイの問題

❶ 検察官によるアリバイ不存在の主張

上野　次に、アリバイの問題に入ります。園長の出発時刻の問題とか電話の時間の問題とか、ああいうのは一般的な証人だから、被告人の行動を裏づける関係

証人ということになると思います。それはそれで証拠の採用については問題ないんだと思うんです。ただ、甲山事件の第一次第一審では、アリバイ問題に入らずに裁判所が判断しましたから、必要性がなかったわけです。犯人性を否定してしまったから、そこまで踏み込むことがなかった。

石松　検察官のほうが山田さんのアリバイのないことを主張して、しかもアリバイを作出したのが証拠隠滅工作だという主張は第一審からしていたわけですか。

上野　はい。47人のアリバイに関する証人を第一次第一審の終結間際に申請してきたんです。これは、基本的には、当時園とか近くの関連施設などにいた人たちが犯行に及ぶ可能性はないということを立証するということで、甲山学園の当時の職員とか寮にいた職員とか、甲寿園という老人ホームにいた人たちや職員の行動を立証すると。だから、被告人だけにアリバイがない、ほかの人は全部アリバイがある、だから犯人だ、こういう主張を出してきたわけです。これについては、第一次第一審は退けたわけですけれども、差戻審は全部調べたんです。

石松　第一審で、被告人側の主張として、被告人にもアリバイがあるという主張はしたわけですか。

上野　弁護側はそういう形の主張はしなかったんです。というのは、それを言うとき、アリバイの有無が争点になるので、そうじゃなくて、犯人性が問題になる余地がないんだという立て方です。園長が午後8時15分ごろ出て、青葉寮でS君がいないと騒ぎ出したのが午後8時の直後ぐらいですから、その段階で事件は発生しているわけです。だから、犯人ではありえないという、こういう形の立て方だったんです。

石松　園長が出発したのは8時15分だという主張は、一審からしてたわけですね。だから、犯人であるはずがないと、そういうことなんですね。

山田　なぜアリバイをとらなかったかというと、これは弁護人の一人であった高野嘉雄先生が主張されたんですけれども、要するに関係者がワンフロアみたいなところにいるわけです。場所は、少し離れていますがまったく同じところでしょう。アリバイをそこで言うのはとても危険に陥るんじゃないか、泥沼化するから避けようということになったんです。別の場所にいたらアリバイは成立するけど。

上野　同じ敷地内におるからということです。だから、距離にして30メーターとか。

石松　だから、全部アリバイがないといえばないし、そういう見方をされるからということでしょう。アリバイの関係の証拠調べをするようになったきっかけは何なん

ですか。

上野 控訴審で命じられたからです。

石松 それを命ずるというのは、裁判所としては一般的な感覚なんですかね。

上野 そこが問題になると思うんです。だから、第一次第一審はこれは必要ないとしたんですけど、これが裁判員裁判になったときにそういう証拠申請が公判前整理手続で認められるかどうかということが1つの論点だと思います。

石松 検察官の主張は、園長が出ていった午後8時15分というのは間違いだという主張なんですね。8時より前に出たという主張ですね。これは一審からしてるんですね。それで、山田さんのお花の先生へのお礼電話というのは一審でも出てたんですか。

上野 言ってるんですけど、それは、検察側は余り触れてなかった。つまり、逃げてたんですね。私どものほうは言ってました。言ってたけど、検察は証人申請もしなかったし、こちらも証人申請しなかった。

石松 第一審裁判所がその問題に入るまでもなく嫌疑はない、犯人性がないということでやったからそこへ入らなかったのを、控訴審がそこに踏み込めと言ったものだから、差戻審はやむを得ずそこに入ったわけですね。

上野 ええ。

❷ 裁判員裁判でアリバイ問題はどうなるか

石松 こういう事件は、裁判員裁判の場合、一審で公判前整理手続の段階でそういうところに踏み込むだろうかということなんですよ。

上野 そうなんですね。その施設の近くにいた人たち、極端に言えば、外部から侵入した形跡はないんですけれども、だれでも入れるところですからね。正門だって、上をはねたら簡単に開くし、外からだって容易に入ってこられるところですから。そういう意味では閉鎖的な空間ではないので。

石松 そういう主張はずっとしておられるんですね。

上野 ええ。

石松 検事のほうで、ほかの人は皆アリバイがあるという主張をして、山田さんだけがアリバイがあいまいだと。自白の過程でもちゃんと弁明できなかったという問題があるんですね。そういう問題を提示してきたときに、裁判員裁判のもとで、と

くに公判前整理手続でアリバイの問題に踏み込まずに済むだろうかということですね。

上野 そうですね。

山田 私の場合は、逮捕される前にアリバイ関係の調書を何度となくとられてるんです。それがないって言ってるんですね。そんなことはないんです。それが結局はこの21年間の公判でもないことになってしまってるんですね。知ってるのは、逢坂検事です。だって、再逮捕のとき、捜査資料の調書一覧表に私の調書が書いてあったんですから。私、見たんですからね。それをないと言ってしまえば、もうそれでアウトなんですね。逮捕前に、事件が発生した17、19日に関係していた職員みんな調書をとってるんです。私の調書だけがないというのも不思議なことでしょう。私は、2日間にわたって7時半から8時前後のアリバイを聞かれたんです。そして調書化したんですね。そのときにすべて話してるんです。逮捕によってそれは、もう忘れてしまってたんですけど、それに似たような捜査復命書があったんです。あんたは捜査復命書と勘違いしてるんじゃないかと弁護団に言われて、それで終わりになってるんです。

上野 私は、あるから出せと言ったけど、結局ないって言われた。とにかく、普通はアリバイがないからというのは、もう少し限られた人数がターゲットだと思うんですよ。3人、4人とか、犯行の可能性がある人の中でということですからね。その数が膨大な場合に、しかも問題なのは、犯行時間帯が特定されてないんですよ。

石松 問題は基本的にそこにあるのですね。検事の主張は、犯行が午後8時と言ってるけど……

上野 言ってるんですけど、それが裏づけられてないわけです。

石松 それを固定して主張したわけじゃないんですよね。そのころというわけなんで。

山田 だから、私に求められているのは、犯行時間帯の8時を挟んでその前後でしょう。だから、3～4分、5分以内のアリバイですよね。それはとても危険ですよね。5分間のアリバイ証明ですから。

石松 実際は、差戻審で園長の出発時刻をめぐってかなり証拠調べをしてるでしょう。そのときは私も関与してたからある程度記憶に残ってるんだけど、ああいう証拠調べを裁判員裁判になったらやるんですか。

山田　8時15分と園長が言ってるのを否定しようと思ったら、時間を早めてもっと前にしないとだめなんです。
上野　だから、8時より前だと。
石松　山田さんにはアリバイがないんだ、しかもアリバイ工作をしていたという主張をしてきた場合に、これを調べるか調べないか、そんなことは調べる必要はないというので公判前整理手続の段階で打ち切ってしまうことができるのか。
上野　それが第一次第一審の角谷コートです。
石松　角谷感覚なんですね。そういうふうに裁判員の前で裁判所がやるだろか、そういうところをどう見るかというのが大きな問題ですよね。
上野　それをカットするのが裁判員裁判における公判前整理手続の役目だと思います。だって、まず通常のアリバイ立証というのは、アリバイの時間帯がはっきりしてて、しかも対象になる人がある程度特定されていることが必要です。その施設に働いている人、出入りする人、その施設のやってる法人の関係する近くの施設の人、全部をターゲットにしてアリバイがあるかないかということをやるのは、どこかに抜け道があって間違う可能性があるので。
石松　無駄なことだと。
上野　ええ。無駄なことになるんじゃないかと私は思うんですけど。
石松　しかし、第一次控訴審の裁判官はそれを無駄だと思わなかったんですよね。
上野　そうですね。
石松　そういうことも調べておかないといかんのだというふうに公判前整理手続で考えるかどうか、かなり微妙な問題があると思います。
上野　訴追側は、非常に特定しているわけです。要するに、8時を挟んだ2～3分やというふうに特定してるわけです。
石松　その時期は、園長が出てから山田さんの行動がはっきりしない、そういう論理ですね。
上野　ええ、そういうのが検察側の主張なんです。ところが、証拠を調べてみると、職員が確認してるのは7時前とか6時半とかそれぐらいの時間帯ですから、確かな時間帯はそれだけで、それから職員がS君がいないと騒ぎ出したのが8時2～3分。だけど、当直職員が実際にS君がいないことを確認しているのは、その8時よりか前の段階なんですよ。

渡辺　争点としては検察官が犯行があったと主張する時間帯、つまりアリバイがあったら犯行が成立しない時間帯がいつかを公判前整理手続の段階で特定させて、これと異なる主張を公判が始まった段階では検察官は出せないという前提を作り、そのうえでアリバイ関係の争いを出すことになるのではないでしょうか。

上野　そこが問題になるのは、検察官のほうは8時ジャストを挟む2〜3分だというふうに言ってるわけだけど、私たちのほうは開示証拠を見て、そうじゃないと。職員が確認しているのは6時半とか7時前という時間帯だから、アリバイが問題になるのはもっと1時間以上あるんだということを反論したときに、訴訟指揮はどうなるのかということですよね。検察側の主張に限定してアリバイの有無を論じるのか、それともこちらのほうが指摘した職員の証言、供述調書でのことを前提にして訴訟指揮するかということですよね。

石松　普通の場合と逆なんですよね。普通は、検察官側のほうが、たとえばこの5分間だといえば、むしろ被告人側のほうではもっと犯行時間は短いんでということになるんだけど、この場合、逆に長いから。

上野　そうなんですよ。ほかの人は犯人ではないということを立証するからそうなるんですよ。ばかげた立証で。

石松　だから、アリバイのあるないの立証は、検事のほうは、ほかの人にアリバイがあって、山田さんだけにはないという立証をしたいものだから詰めてるんですよね。

上野　そうなんですよ。だから、そんな勝手な理屈が許されるのかと。

山田　S君の存在自体が8時前後にいたかどうかなんて全然わからないわけです。

石松　それはG女証言しかなかったわけでしょう。

山田　そうなんです。だから、大人が確認したのは西田証言しかない。それ以降、S君が存在したかどうかというのはだれにもわからないことなんですよね。でも、えん罪事件というのはこんなものですよね。

石松　うん。そういう細かいところが問題になってくるんですよ。

山田　こういう細かいところを公判前整理手続でやるわけなんですか。

石松　それは一応やるでしょう。それを証拠として調べるほうに行くか、調べないほうに行くかは別として。

山田　細かい手続をやって、全部クリアしていったときに何が残るんですか。

石松　そういうことを全部裁判官だけでやってるわけですよ、裁判員抜きでね。それはやらざるをえないと思うんです。その後で裁判員が入ってくるところに僕は一番問題があると言ってるんですけど。

山田　もし甲山が裁判員裁判になったときに、何がクリアされて裁判員が目にするんですか。

石松　それは今言っとるんだけど、わからない。だけど、たとえばアリバイのほうの証拠は出るだろうか、出ないだろうかということです。そこを議論しちゃうと、ある程度調べてきて角谷コートはそんなものも必要ないという判断に達して相手にしなかったけど、取調べに入る前にそこが議論になったときに、そこをいきなり切り捨ててしまうとか、そこは調べるとかという判断ができるんだろうか。

　僕はそれが一番危ないと思う。

5　公判前整理手続でえん罪を防げるか

上野　かなり、甲山事件の各証拠の採否やその評価をめぐることを議論してきましたが、それらを踏まえて、さらに公判前整理手続の本質的な問題を検討したいと思います。

❶ 公判前整理手続は心証の先取りか

渡辺　気になるのは、公判前整理手続で中途半端なまま心証の先取りをやってるのではないかという点です。

山田　被告人が本当はやってない事件のときが問題なわけですよね。えん罪を裁判員裁判は本当にきちんと防ぐことができるのか、ここが問題ですよね。

渡辺　そうです。ただ、裁判員裁判がえん罪を防げるかはどっちとも言えないでしょう。

山田　でないと、司法制度改革にならないわけでしょう。迅速裁判だけだったら司法改悪になるわけですよ。ただ、刑事司法の理念をちゃんと実現するための司法制度改革でなくてはならないわけでしょう。

石松　それはおっしゃるとおり。

渡辺　公判前整理手続段階で裁判官の心証の構図がどうなるのかよくわからない

のですけれども、争点を明確化するということになれば、逆に言うと、争点にならない事実関係は、当事者がこれを認めたもの、事実はあったものと判断することになるのでしょうか。

　たとえば、実行行為性は争わないが、殺意の有無を争点とするとした場合が一番典型です。公判前整理手続を終了した段階で、裁判官の持つべき心証としては、実行行為は争いにはならないという心証にとどめるべきでしょうが、実際には被告人は犯行行為は行っていると認定する、そうした心証をもって公判廷の証拠調べに臨むことになるのではないでしょうか。つまり、争点にしない事実は、あったもの、という実体判断を前提にすることなるのではないでしょうか。

石松　そこは免れがたいと思いますよ。

渡辺　それは、手続の構造上やむをえないことなのでしょうか。今はまだ、プロの裁判官のみが裁判をしているので、あまり矛盾がないのかもしれません。ですけど、殺意がないことを争おうとしているときに、裁判員が公判段階から参加するとき、心証形成にギャップが生じないでしょうか。裁判官は、実行行為性はあると心証をもっているが、裁判員は、その点について白紙で臨むことになる、だから、事実認定のレベルに差が生じるのではないでしょうか。

石松　それはどうしようもないと思います。裁判員制度は、そこに一番大きな問題があると思ってるんですよ。

渡辺　これは構造的な問題点でしょうか。

石松　大体そういう状態で評議ができるのかという気がするんです。

渡辺　裁判官が今後形成していく心証について聞いてもらって、裁判員にそれでもいいというお墨付きをもらう場に留まりかねないのではないでしょうか。

石松　ええ。お墨つきをちょっともらうというだけです。

渡辺　あなたたちも納得してくれますよねという、こういう評議ですよね。

石松　ええ。

❷ 公判前整理手続のとらえ方

渡辺　公判前整理手続のとらえ方には2通りあります。我々が今議論しているのは、いわば甲山事件で無罪を獲得する方向で使えるかという分析です。他方、公判前整理手続は、両当事者がどれだけの主張をしたくて、どの程度の証拠を持ってい

るかが明らかになればいいと割り切る捉え方もあります。裁判官が積極的に手続に関与して争点の整理と絞り込みを行い、それに必要な範囲内で事案に関する心証の外枠形成をする機会をなるべく与えないようにするためには、双方の主張と提出予定の証拠の数を確認し、裁判員がわかりやすい順序立てを行う形式的な整理にとどめてしまったほうがいいという考え方です。公判前整理手続の基本的な役割をここに置くと、今のアリバイを巡る争点を絞り込む必要はなく、全体としての事実認定の枠内の論点として判断を裁判員に任せることになります。

石松 公判がいくら長くなってもそれは当然だと。

渡辺 はい。

山田 それは許されるんですか。

渡辺 いや、それはわからないのです。今は、最高裁は、積極的な争点整理と証拠の切り捨てと両方をやってるのです。それが、大局的にみて今まで以上に検察官の有罪立証に構造的に有利な運用なのかどうかまだわからないのです。

山田 それはまだデータが出ないからでしょう。

渡辺 検察官から相当程度証拠開示がなされている限度では、被告人側にとって全般的に見ると証拠開示問題が相当程度解消されているのは事実です。

石松 と言ってるんですね、証拠開示は進んでいると。だけど、本当のえん罪事件に当たった場合にどうなるかですね。

山田 そうです。進まないと思います。だって、えん罪事件は隠すのが前提ですから、隠さないとえん罪は成立しないんですから。

渡辺 隠す隠さないが問題になりやすいのは、警察手持ち証拠です。警察が検察に全部送致しているわけではないようです。事件の周辺的なものだという扱いで未送致になる記録の中に、被告人側から見れば有利に使える材料が隠されていた場合、これを確実に開示させる解決策はないです。

山田 そうですね。検察官もそれはわからないからでしょう、警察から送られてないから。

渡辺 そうです。

❸ 裁判員制度はどのように運用されるか

石松 今度の司法制度改革は、現在の刑事裁判が非常にうまく機能しているとい

う見解の上に立ったものですから、限界がある。大ざっぱに言えばそういうことなんです。我々は、今の刑事裁判は、非常に問題をはらんでいて悪いと思っています。なぜ悪いかというと、必ずしも無罪の数が非常に少ないということよりも、無罪を救済することが本当に困難だということなんですよ。それは甲山事件もそうだし、これは上訴の問題も加わりますけれども、そういってるんで、そういう点に関する配慮が全くないと思います（詳しくは、石松竹雄・土屋公献・伊佐千尋著『えん罪を生む裁判員制度』〔現代人文社、2007年〕参照）。

山田 ええ、まったくありませんね。

　私の場合、差戻審になって無罪が出ましたが、控訴されました。そのときの法務大臣のコメントを朝日新聞が載せてました。そのコメントが、真実はよく調べてみないとわからないと。そう言ってる法務大臣を抱えている日本の司法制度ですから、この国だめだなと、それを見ただけで私は思っちゃいましたね。

　河合塾の文化講演というのがあるんです。私は、何年か前に呼ばれて行ってお話しさせていただいたんですが、そこに来ている塾生が、真実は調べてみないとわからないから、一審で無罪が出たからといっても、控訴してよく調べてみないとそれが本当かどうかわからないからとそんなふうに言ってました。私は、その発言に驚きましたけれども、それはやっぱり日本人の感覚なんですね。

石松 そうでしょうね。検事控訴を問題にしても、検事控訴がつぶれないのはそういう背景があると思います。そして、裁判は真相究明の場だと、本当の真実を明らかにするところが裁判だという期待を持っているかのごとく新聞も書くし、そしてまた一般の人もそうかもしれない。

山田 裁判員裁判によってえん罪事件を発生させるものは何ら変わらないと。

石松 少なくとも変わらないと思う。私は、しかしそれよりも少しはよくなると考えたい。たとえば証拠開示が非常に進展しているとか、現に一審の無罪判決が増えているとか、そういうことを挙げて、司法への市民参加が始まる前の段階でさえこれだけよくなっているんだから、よくなるだろうという希望を持っている人は多いし、そういう希望がないと一生懸命やれないというのは、それはそのとおりだと思います。

山田 今までのえん罪事件は、無罪が出たら必ず検察官は控訴しますでしょう。今度、裁判員制度が導入されたときに、市民も一緒になって無罪を出したんだから、

それに対して控訴を断念するのかしないのか、そういう意識が検察官に働くのかどうかといった場合に、私は働かないと思うんですけれども。
石松 少なくとも働くという保証はない。どうでもいい事件と言っては悪いけれども、そういう事件では控訴しないかもしれないですが、これというえん罪事件で検察が非常に力を入れた事件については、それは最後までしますよ。

6　裁判員裁判で甲山事件は無罪になるのか

上野 時間もなくなりましたので、まとめをしようと思います。問題は、裁判員裁判でも甲山事件は無罪になるのかですね。
石松 僕は非常に困難だという結論を持っているんだけれども、しかしそれで投げ出したらいかんと。
山田 私も困難だと思います。弁護士が、裁判員に陪審裁判みたいなああいう論陣を張らないとあかんわけです。だから、本当に俳優にならないといけませんね。
上野 私たちは、常にそれはしてましたよ。怒りをいつもあらわしてたから。
石松 怒りをあらわしても、裁判官に対するよりも、裁判員に対したほうが受け取られやすいという利点はあるでしょうね。
山田 そういうのを大いに生かすんです。今までは裁判官にアピールする場でしたでしょう。だから、同じ法曹ということで、どうしても被告人抜きのやり方だったでしょう。でも、裁判員は普通の人ですから、普通の人にわかりやすい、要するに映画に描いたような感動の法廷を弁護士はつくり出して、無罪獲得していかないとあかん。だから、考えようによっては非常にハッスルできますよね。
石松 そういう点はハッスルできるけど。ただ、日本人はそれが非常に下手なんです。
山田 弁護士はやらないとあきません。要するに、裁判員裁判になったら弁護士は、裁判員に訴えるために法廷劇を演出しないとあかん。アメリカの陪審裁判の映画のように感動的な弁論を張る。それは弁護士の腕の見せどころで、ハッスルできるんじゃないかなと思います。
渡辺 教育、福祉、医療そして司法、こういう社会のインフラに相当額を投入しなければ文化国家にはならないでしょう。また、社会を建設し、社会の病理を正

すインフラ整備がなされないかぎりは、安定した国家にもならないでしょう。日本は、その点では貧弱です。我が国の裁判官は、意識する・しないにせよ、大局的には「司法消極主義」の政策を採っているのです。行政、立法への介入、さらには当事者の紛争の積極的な解決への介入も可能なかぎり避けて、「事件」の法的な処理をすることに司法の機能を限定するのです。アメリカ型の司法積極主義を採り、司法の正義を貫くためには、場合によっては州の政策をひっくり返す判断を地方の裁判官が1人でやる、そういうことは日本では回避されます。裁判官は官僚組織の一員として職務を行ってきました。裁判官の人数を抑え込んでいたのは、司法消極主義の中でなるべく役割を小さくし、法律のプロらしい業務のみ行い、それにふさわしい資質の者のみ裁判官に採用する、という長年にわたり形成されてきた意識構造でしょう。

　ただ、歴史は必ず躍動します、歴史は必ず動きます。マイナスの方向にだけ動くものではないでしょう。そうであれば、司法機能はすでに崩壊しています。

山田　日本国憲法が制定されてから司法がマイナスになってきましたよね。

渡辺　それは、どの現象をどうとらえるか次第でしょう。今が、「暗黒国家」とまでいうべきかというと、司法の側面からみてもそんなことないです。

山田　それは極端です。でも、先進国の中で見劣りするじゃないですか。

渡辺　そうです。

上野　甲山事件は、裁判員裁判でも絶対に無罪になります。というのは、実際の決め手になったのは、C子ちゃんの「3月17日の事件は私がやりました」という期日外尋問、あれがターニングポイントなんです。その調書の内容自体は開示されて私は知っていましたから、やっぱりあれがターニングポイントだったので。警察のほうが調べてそういう供述を引き出してしまったんですね。だから、3月17日のことを深く聞いていったら、ついやったことを言ってしまった、それを調書に書かざるをえないということで調書に書いて、検察官のほうも、ちょっと観点を変えて、とにかくその場に山田さんがいたんだということにつくり変えた形でやったんですけれども、しかし「17日の件は私がやりました」というショックはやっぱり大きいですよ。そしたら、19日の件もそうじゃないのかなということになるわけで。

渡辺　そうすると、犯行の動機が崩れでしまうのですね。

上野　そうなんです。だから、あれがターニングポイントだったわけだから、事実

関係のもとでは、どんな形であれ、無罪になる事案だったと思います。ただ、すべての事件がそういう形で進むかどうかということは、裁判員裁判については、私は公判前整理手続をいかに乗り切っていくかということが非常に大事だと思います。

渡辺 市民6人が入りますから、裁判官たちが強引に有罪にすることはできないでしょう。これはすごい歯どめです。

石松 甲山事件は無罪にしなければいけない事件です。ただ、それが容易にできるかという点になると、それほど容易ではないという感じはします。

さらに、上訴の問題もあるんですね。職業裁判官だけで、今の上訴理由で同じようなやり方で上訴審が繰り返されちゃうと、裁判員裁判の意味がなくなります。

山田 だからどこが市民参加なのかという疑問がわくんです。控訴審にかかわれないわけでしょう。

石松 事実誤認が控訴理由にあるものだから、上訴判決の拘束力という問題がまた起こってくる。

上野 破棄されたときにどうするのか。差戻しはできないんじゃないですか。

渡辺 むしろ、今以上に自判ができなくなるのではないですか。

石松 自判はなじまないはずなんですよ。そうすると、事後審の制度を本来的なものに直して、これは経験則違反だけしか判断できないと。しかし、これもやっぱり事実誤認という控訴理由を残している限り、破棄判決の拘束力の問題はやっぱり残ってきます。

上野 だけど、無罪にした裁判体の理念的なものというのがありますからね、自己完結的なものが。

渡辺 少なくとも事実誤認を理由とする検察官控訴はできないものとすべきでしょう。

石松 できないようにしなきゃならんのですね。

上野 甲山事件を裁判員裁判でやった場合どうなるかについて、かなり悲観的な意見もありましたが、弁護人としては、できることはすべてして無罪の獲得に努力するしかないですね。今日、議論したことが少しでも今後の弁護活動の一助になればありがたいです。また、裁判員裁判のなかで活かされることを期待します。それでは、この辺で終わりにします。長い間、ありがとうございました。

〔終〕

甲山事件仮名一覧

●死亡園児

M子　3月17日死亡の青葉寮女子園児。昭和37年2月生。

S君　3月19日死亡の青葉寮男子園児。昭和36年9月生。

●3月19日山田さんがS君を連れ出した状況を目撃した又はそれと関連する事実を体験したとして、検察官が証人申請した青葉寮園児

C　　女子、昭和32年3月生。
　　　M子死亡に関与したと第2次捜査で供述。

D　　男子、昭和36年12月生。
　　　「目撃」供述の中核的事実を第2次捜査で供述。

E　　男子、昭和33年8月生。
　　　「3月19日夜ディルームでテレビを見ていて、振り返ったら、山田さんとS君が女子棟廊下にいるのを見た」と第2次捜査で供述。

F　　男子、昭和33年3月生。
　　　D男供述と関連する事実を第2次捜査で供述。

G　　女子、昭和37年4月生。
　　　「3月19日夜S君がG女の居室にいて、山田さんが呼びに来て連れて行った」と第1次捜査で供述。

●証人ではないが、本文中に登場する園児

R　　男子、昭和35年12月生。
　　　青葉寮園児のリーダー格の園児。D男の供述に出てくる。

P　　女子、昭和38年6月生。
　　　S君と仲良しの青葉寮園児。

●学園の職員

　N　　指導員、青葉寮職員。山田さんと当直が同じ。
　　　　3月19日夕方から行動をともにしていた。

　Ma　 指導員、青葉寮職員。第1次第1審での唯一の弁護側証人。
　　　　青葉寮の日常業務について証言した。

　K　　若葉寮保母。
　　　　3月19日外出していて、外出先から甲山学園に架電し、Q保母と会話している。

　Q　　若葉寮保母。甲山学園内の宿舎に居住。
　　　　3月19日夜K保母からの電話を若葉寮職員室内で待っていた。

　O　　青葉寮保母。3月19日の当直者。

　L　　青葉寮指導員。3月19日の当直者。

　Ka　 青葉寮保母。

　J　　青葉寮保母。

　Y　　甲山学園副園長。

●3月19日夜甲山学園管理棟事務室での電話に関係する人

　A夫妻　山田悦子さんが、そこのお家で華道を習っていた華道の先生（女性）とその夫。
　　　　　3月19日夜山田さんと電話で2回話しをした。

　B夫妻　A女から華道を習っていた近所の女性とその夫（ラジオ大阪の役職者）。

　H　　　男、学園に出入りするボランティア団体の人。
　　　　　3月19日夜Nと電話で会話。

　I　　　男、同上ボランティア団体の責任者。
　　　　　上記電話の際、同団体の部屋内にいた。

　Ta　　ボランティア団体が入居しているビルの保安係職員。
　　　　　国賠訴訟で証言し、偽証罪で逮捕されたが勾留請求が却下された。

甲山事件の経過一覧

●第1次捜査

1974年 (昭和49年)	3月17日	甲山学園で女子園児（M子）が行方不明になる
	19日	男子園児（S君）が行方不明になる 2園児の遺体が浄化槽から相次いで見つかる
	4月 7日	兵庫県警、保母の山田さんを男子園児殺害の容疑で逮捕
	28日	神戸地検尼崎支部、処分保留のまま釈放する
	7月30日	山田さんら3人が、国と兵庫県を相手取り、神戸地裁尼崎支部に国家賠償請求訴訟を起こす
	11月22日	国賠訴訟の第1回口頭弁論
1975年 (昭和50年)	9月23日	神戸地検尼崎支部、嫌疑不十分で不起訴処分
	10月 3日	男子園児の遺族が検察審査会に不服申し立て

●第2次捜査

1976年 (昭和51年)	1月16日	国賠訴訟の第9回口頭弁論で荒木園長が山田さんのアリバイを証言
	10月15日	国賠訴訟の第15回口頭弁論で多田指導員が山田さんのアリバイを証言
	28日	検察審査会、「不起訴不当」を議決
	12月10日	神戸地検が再捜査開始
1977年 (昭和52年)		園児らが新たな目撃証言
1978年 (昭和53年)	2月27日	神戸地検、男子園児殺害容疑で山田さんを再逮捕。荒木園長と多田指導員を国賠訴訟の偽証罪で逮捕
	3月 9日	神戸地検、殺人罪で山田さんを起訴
	17日	国賠訴訟の第28回口頭弁論。審理中断
	19日	荒木園長、多田指導員を起訴
	24日	山田さんを保釈

●第一審

1978年 (昭和53年)	6月 5日	神戸地裁で初公判（3人の併合審理）
1980年 (昭和55年)	1月14日	非公開で5人の園児の証人調べ始まる（計17回）

1985年　4月18日　神戸地検、懲役13年を求刑
(昭和60年)　10月17日　神戸地裁が山田さんに無罪判決
　　　　　　　29日　検察側が控訴
1987年　11月17日　荒木園長と多田指導員に無罪判決
(昭和62年)　　27日　検察側が控訴

●控訴審

1988年　10月12日　大阪高裁で控訴審始まる
(昭和63年)
1990年　3月23日　大阪高裁、山田さんの一審無罪を破棄し、審理を神戸地裁に差し戻す。弁護側が上告
(平成2年)

●上告審

1992年　4月 7日　最高裁が上告棄却決定
(平成4年)

(1993(平成5)年1月22日　大阪高裁が荒木園長と多田指導員の第一審判決を破棄し審理を神戸地裁に差し戻す)

●差戻審

1993年　2月19日　神戸地裁で差戻審始まる
(平成5年)
1998年　3月24日　神戸地裁、山田さんと荒木園長に2度目の無罪判決
(平成10年)　30日　神戸地裁で多田指導員に無罪判決
　　　　　4月 6日　検察側が大阪高裁に再び控訴

●第2次控訴審

1999年　1月22日　第2次控訴審始まる
(平成11年)　2月19日　大阪高裁が検察側申請の園児証言テープの証拠採用を却下
　　　　　3月31日　結審
　　　　　9月29日　大阪高裁が検察側の控訴棄却
　　　　　10月 8日　検察上告放棄書提出
　　　　　　　22日　荒木園長に無罪判決
　　　　　　　29日　多田指導員に無罪判決

あとがき

　1999年秋、救命船「甲山丸」は、21年の長き航海を終え、無事陸路への接岸を果たしました。船は絶えず嵐に見舞われ、1度は転覆しそうになりながらも、性能の良い羅針盤で確実に進路の舵をとり、航海途中、灯台守の光に3度導かれ、目指す正義の港に錨を降ろしたのでした。
　赤ん坊が生まれ成人に達するまでの時間に十二分に匹敵する年月を要したこの大航海は、私にとって、自らの人生に未来図を描くことができない漂流の旅としてありました。しかし、いつ終わるとも知れなかった、この日本の司法の漂流の旅の過程で、私は、人間社会の統治に不可欠な、私たち人間が法に託さなくてはならない、人間の尊厳という思想の存在を知ることになったのでした。
　無罪獲得のために、不法、不正義、欺瞞を善とし正義とする者に抗し、徹頭徹尾心血を注いで頂いた弁護士諸先生の姿に、人間の勇気と情熱を見たのでした。そして、その真の勇気とほとばしる情熱こそが、人間社会の不正義を排し正義の実現を可能にしていく、社会の原動力となりうることを学ぶことにもなったのでした。
　漂流の旅は、どんなに真実と正義がこちら側にあっても、長い不断の闘争がなければ、正義を実現させることはできない人間社会の過酷な現実を、私に教えることになりました。
　人間の正義が包摂されているべき法の精神とは、なんと厳しいものでありましょうか。
　人間の未来を創造していくため不可欠な優れた思想が法の精神であることを、また、人間が自らを律し、責任ある行動を持続して行くことがなければ法の精神の創造は不可能なこと、甲山事件裁判は、21年の歳月をかけて、こんこんと、私に説いて聞かせてくれたのでした。

無罪確定から9年の歳月が流れ、国民の司法参加が、裁判員制度という新たな法システムの採用によって実現されようとしています。司法は誰のものでもない、日本という国家を構成している国民ひとりひとりのものであり、司法のあり方の善し悪しが、裁判で被告人となった個の国民に帰結していくことを、私は、自らの体験で学びとることになりました。

　重大事件に限って共に裁判官と審理するこの制度が、「無実の者を罰してはならない」とする刑事司法の理念を実現することができるのか。またそのためにはどうすべきであるのか。このことについて、自らの体験を今一度振り返ることで考えてみました。ここに稚拙な筆をとることにさせていただきました。

　この作業が、甲山21年を無報酬で支えて下さった弁護団の、善と正義の行為に対するささやかな答礼となることを願いつつ。

2008年5月
山田悦子

◎執筆者プロフィール

上野　勝
うえの・まさる

1945年、兵庫県に生まれる。
1968年、関西学院大学経済学部卒業。
1974年、司法研修所26期修了。現在、弁護士（大阪弁護士会）。
2008年度、大阪弁護士会会長。同年度、日本弁護士連合会副会長。
主要著作に、『憲法的刑事手続』（共著、日本評論社、1997年）、「浅井・若松両判決の実務上・憲法上の問題点」（『接見交通権の現代的課題』〔日本評論社、1992年〕所収）、「活動の基本は接見である」季刊刑事弁護8号（1996年）、「被疑事実の把握と反対証拠の収集・保全」同15号（1998年）、「甲山事件から陪審裁判を考える」同23号（2000年）、「刑事司法制度改革とこれからの闘い──大阪の実践を踏まえて」（『司法改革の最前線』〔日本評論社、2002年〕所収）、などがある。

山田悦子
やまだ・えつこ

えん罪被害者。
1951年、富山県に生まれる。
1972年、甲山学園職員として採用。
現在、法・国家・人間の関係や、戦争責任など国家の犯罪に興味をもつ。
主要著作に、『無答責と答責』（寿岳章子・祖父江孝男編、お茶の水書房、1995年）がある。

甲山事件　えん罪のつくられ方

2008年6月25日　第1版第1刷
2008年9月30日　第1版第2刷

著　者　上野勝・山田悦子
発行人　成澤壽信
発行所　株式会社現代人文社
　　　　〒160-0004　東京都新宿区四谷2-10 八ッ橋ビル7階
　　　　振替　00130-3-52366
　　　　電話　03-5379-0307（代表）
　　　　FAX　03-5379-5388
　　　　E-Mail　henshu@genjin.jp（編集）
　　　　　　　　hanbai@genjin.jp（販売）
　　　　Web　http://www.genjin.jp
発売所　株式会社大学図書
印刷所　株式会社シナノ
装　丁　Malpu Design（長谷川有香）
装　画　中村隆

検印省略　PRINTED IN JAPAN　ISBN978-4-87798-378-9　C3032
ⓒ 2008　Masaru UENO, Etsuko YAMADA

本書の一部あるいは全部を無断で複写・転載・転訳載などをすること、または磁気媒体等に入力することは、法律で認められた場合を除き、著作者および出版者の権利の侵害となりますので、これらの行為をする場合には、あらかじめ小社または編著者宛に承諾を求めてください。